FACULTÉ DE DROIT DE PARIS

DES
INCAPACITÉS CIVILES

RÉSULTANT DE

L'ALIÉNATION MENTALE

THÈSE POUR LE DOCTORAT

PAR

Louis BOURDON

AVOCAT A LA COUR D'APPEL.

> Combien plus naturel que notre entendement
> soit emporté de sa place par la volubilité de
> notre esprit détraqué, que cela qu'un de nous
> soit envolé sur un balai au long du tuyau de
> sa cheminée, en chair et en os, par un esprit
> étranger! Après tout; c'est mettre ses conjec-
> tures à bien haut prix que d'en faire cuire un
> homme tout vif.   (MONTAIGNE.)

PARIS

LIBRAIRIE A. MARESCQ AINÉ

A. CHEVALIER-MARESCQ, GENDRE ET SUCCESSEUR

20, RUE SOUFFLOT, 20

Au coin de la rue Victor-Cousin.

—

1881

DE LA CONDITION CIVILE DES ALIÉNÉS

EN DROIT ROMAIN

DES INCAPACITÉS CIVILES

RÉSULTANT DE L'ALIÉNATION MENTALE

EN DROIT FRANÇAIS

THÈSE POUR LE DOCTORAT

L'acte public sur les matières ci-après
sera soutenu le vendredi 3 Juin 1881, à 1 heure et demie

PAR

Louis BOURDON

AVOCAT A LA COUR D'APPEL.

PRÉSIDENT : M. DESJARDINS.

SUFFRAGANTS............ MM. BEUDANT, professeur.
GARSONNET, professeur.
LAINÉ, agrégé.
ESMEIN, agrégé.

> Combien plus naturel que notre entendement
> soit emporté de sa place par la volubilité de
> notre esprit détraqué, que cela qu'un de nous
> soit envolé sur un balai au long du tuyau de
> sa cheminée, en chair et en os, par un esprit
> étranger! Après tout, c'est mettre ses conjec-
> tures à bien haut prix que d'en faire cuire un
> homme tout vif.   (MONTAIGNE.)

PARIS

LIBRAIRIE A. MARESCQ AINÉ

A. CHEVALIER-MARESCQ, GENDRE ET SUCCESSEUR

20, RUE SOUFFLOT, 20

Au coin de la rue Victor-Cousin.

1881

2859-81. — CORBEIL. - Typ. et stér. CRÉTÉ

A LA MÉMOIRE DE MON GRAND-PÈRE

N. P. ADELON

PROFESSEUR DE MÉDECINE LÉGALE A LA FACULTÉ DE MÉDECINE DE PARIS,
MEMBRE DE L'ACADÉMIE DE MÉDECINE.

AVANT-PROPOS

S'il est des questions qui suscitent chez les physiologistes, chez les médecins, chez les philosophes, chez les
juristes, des études passionnées et d'ardentes discussions,
ce sont assurément celles qui se rattachent à l'aliénation
mentale. On peut dire d'un tel sujet qu'il est vraiment
universel et qu'aucune science n'y saurait rester indiffé-
rente. Les causes mystérieuses de ce mal étrange et
terrible qu'on appelle la folie, sa nature même, les phénomènes qu'elle produit, le traitement qu'elle peut recevoir, les redoutables problèmes philosophiques qu'elle
soulève, les précautions qu'elle exige pour la sécurité
publique, la protection dont on doit entourer les
malheureux qu'elle frappe, les résultats qu'elle doit
produire sur leur capacité civile et sur leur responsabilité pénale, ce sont là autant de difficultés à résoudre
qui mettent en jeu, à des points de vue divers, toutes
les forces de l'intelligence et de la raison humaines.
Dans ce vaste travail qui rassemble les savants et les
penseurs de tout ordre et où chacun s'attache à exa-

miner quelqu'une des faces de cette importante matière, une large part revenait et devait revenir aux jurisconsultes. Quelle influence l'aliénation mentale n'a-t-elle pas sur tous les actes de la vie sociale ! Et s'il est vrai de dire que le droit est l'ensemble des lois destinées à régler les rapports des hommes entre eux, quelle place la théorie de la folie ne devait-elle pas tenir dans la législation ! Mais aussi que d'obstacles à surmonter pour formuler des règles sages, pour établir un système aussi éloigné de l'oppression que de la faiblesse, pour défendre la société sans traiter l'individu avec une dureté trop arbitraire, pour protéger le fou contre lui-même sans sacrifier trop tôt et trop légèrement le respect de la dignité et de la liberté humaines! Il y avait là toute une œuvre législative à construire au milieu d'obscurités scientifiques que les progrès de la physiologie et de la médecine légale n'ont pas encore aujourd'hui dissipées, au milieu de difficultés pratiques qu'on ne saurait encore se flatter d'avoir vaincues.

Parmi les nombreuses questions que l'aliénation mentale fait naître pour le législateur et pour le jurisconsulte, nous en détacherons une sur laquelle porteront spécialement nos recherches : c'est l'influence de la folie sur l'exercice des différents droits civils. L'étendue du sujet nous oblige à laisser de côté tout ce qui est relatif au droit criminel et à la séquestration des aliénés; nous nous attacherons surtout à l'examen des principes qui ont régi autrefois et qui régissent aujourd'hui la capacité juridique des aliénés. (En droit romain, la matière étant moins vaste et les éléments de discussion moins abondants, nous ajouterons quelques détails sur les pouvoirs tutélaires chargés de veiller aux intérêts du fou.)

Dans cette étude où l'analyse des faits pathologiques jouera forcément un certain rôle, nous n'hésiterons pas à appeler à notre aide les lumières de la médecine légale, l'expérience et les avis des hommes de l'art. Le temps n'est plus où les différentes sciences se cantonnaient chacune sur un domaine particulier et faisaient isolément leur œuvre sans s'inquiéter de leurs voisines. Il est bien établi désormais que, pour conduire l'homme à la vérité, elles doivent se prêter un mutuel concours, s'éclairer l'une par l'autre, tenir compte en un mot de cette intime connexité qui les unit entre elles. Peut-on concevoir, à l'heure actuelle, une philosophie qui, pour établir ses doctrines, ferait complètement abstraction de l'examen et de la connaissance des phénomènes physiques? Et, d'autre part, une physiologie qui prétendrait pénétrer les mystères de la vie humaine sans prendre en considération les faits intellectuels et moraux, ne risquerait-elle pas de ramper misérablement sur le sol dans un stérile asservissement à l'étude de la matière? De même, pour la question qui nous occupe, les ressources de la science expérimentale, les observations recueillies par les hommes compétents et les conclusions qu'ils en ont tirées, doivent nécessairement venir préparer et faciliter les décisions du jurisconsulte; comme aussi c'est au juriste à fonder sur les données scientifiques un système conforme aux intérêts de l'individu et de la société, une jurisprudence saine, équitable, sagement protectrice de l'ordre public et de l'indépendance privée. Toutes les sciences se tiennent par un côté quelconque et sont faites pour collaborer à une œuvre commune, la découverte du vrai, l'amélioration et le perfectionnement de l'humanité ; si elles diffèrent parfois dans leurs procédés et leur méthode, elles se ressemblent quant aux services qu'elles rendent et quant au but qu'elles poursuivent, et l'on peut dire d'elles avec le poète latin :

.... Facies non omnibus una,
Nec diversa tamen, qualem decet esse sororum.

DROIT ROMAIN

DE LA CONDITION CIVILE DES ALIÉNÉS

CHAPITRE PREMIER

PRINCIPES GÉNÉRAUX SUR LES ALIÉNÉS A ROME.

Si nous sommes encore aujourd'hui bien loin de concevoir une idée précise et nette sur ce que peut être la *folie*, s'il nous est difficile et même impossible de définir ce mal mystérieux ou d'en classer avec certitude dans des catégories bien arrêtées les différentes manifestations, au moins sommes-nous arrivés à réaliser ce double progrès : étudier scientifiquement, avec sang-froid, les maladies mentales sans faire intervenir les préjugés de la superstition ; traiter les aliénés avec la compassion et la sollicitude d'une société qui protège des malheureux en même temps qu'elle se défend elle-même, et non avec la sévérité implacable d'une autorité qui tirerait vengeance d'un coupable. Bien des siècles se sont écoulés avant que l'humanité ait appris à porter tant de circonspection dans ses études, tant de charité dans sa législation.

Passionnée pour le merveilleux, l'antiquité considérait l'insensé, non comme un malade, mais comme un être frappé par une divinité supérieure ou possédé par un génie malfaisant.

Aussi voyons-nous les cérémonies expiatoires constituer à l'origine le remède forcé de ce mal ; les prêtres présidaient à ce genre de traitement dont ils avaient le monopole. Mais, chose singulière, il ne semble pas que ce soit dans les temps les plus reculés qu'on ait conçu sur la folie les opinions les plus funestes aux infortunés qu'elle atteignait. Si l'on voyait en eux des victimes de la colère divine, on les regardait aussi souvent comme des êtres chers à la Divinité ; de toutes façons, on les respectait, ils étaient atteints d'une maladie sacrée. Cette manière de penser et d'agir se rencontre encore dans certaines contrées de l'Orient où la personne d'un fou est, quoi qu'il fasse, inviolable pour tous. C'est sous l'influence des mœurs et des idées du moyen âge que les préjugés de la foule se modifièrent au détriment des fous : dans l'antiquité, on peut penser que la nature même des erreurs relatives à l'origine de la folie préserva les aliénés des étranges violences dont ils souffrirent plus tard (1).

C'est à la loi des Douze Tables que commence la série des dispositions législatives prises à l'égard des fous.

On y voit apparaître la trace d'une distinction dont l'importance pratique était considérable et qu'on retrouve

(1) Albert Lemoine, *l'Aliéné devant la philosophie, la morale et la société* (Paris, 1865), pages 11 et 12.

dans les premiers monuments vraiment sérieux de la science médicale.

Les *furiosi*, c'est-à-dire les hommes dont le dérangement intellectuel se manifeste par des idées extravagantes ou des violences, entrecoupées d'intervalles lucides, les *furiosi* sont soumis à une institution particulière, celle des curateurs.

Les autres, les *mente capti*, les *insani*, sont laissés de côté par la législation des Douze Tables. On a expliqué cette apparente anomalie : le *mente captus*, celui dont l'intelligence est si faible qu'on n'en pourrait pas apercevoir les manifestations, celui qui, chez nous, s'appellerait l'idiot ou l'imbécile, celui-là ne peut pas compromettre son patrimoine ; il est sous le coup d'une incapacité continuelle, absolue. Quant au *furiosus*, qu'on ne pouvait, à cause des intervalles où il recouvrait la raison, frapper ainsi d'une incapacité permanente, on était en droit de craindre qu'il ne portât atteinte à sa fortune, sacrifiant ainsi les intérêts et les espérances de ses agnats. De là cette institution de la curatelle fondée bien plutôt sur le désir de protéger les héritiers présomptifs que sur une idée de sauvegarde pour l'aliéné lui-même (1).

Il existe encore certains textes d'où l'on peut induire que les deux termes *furiosi* et *mente capti* n'étaient pas synonymes. Ainsi, Marc-Aurèle avait permis au fils du *mente captus* de se marier sans le consentement de son père : se fondant sur l'expression qu'avait employée l'empereur, une partie des jurisconsultes se refusait à

_____

(1) Accarias, *Précis de dr. rom.*, I, § 167.

étendre au fils du *furiosus* la faveur dont le fils du *mente captus* avait seul été l'objet. Il fallut une décision de Justinien pour mettre fin à cette interprétation rigoureuse (L. 25, C. *De nuptiis*, V, 4).

Sommes-nous donc autorisés à admettre que les jurisconsultes romains aient créé une classification nette, méthodique et sérieusement étudiée, parmi les différents types de folie ?

La facilité avec laquelle ils emploient une expression pour une autre, quand ils parlent des divers cas d'aliénation mentale, permet de penser que cette classification a été inconnue des Romains. Les progrès de la science médicale, dont les premiers principes furent posés par Hippocrate, vers l'époque de Socrate et de Platon, puis développés plus tard à Rome même par d'illustres médecins, ces progrès ont apporté une amélioration notable dans la législation, mais ne se sont guère reflétés dans la langue juridique en lui donnant, sur le sujet qui nous occupe, plus de méthode et de précision. Quelle que fût la manifestation de la folie, d'après les idées philosophiques romaines, le libre arbitre disparaissait entièrement ; la loi comprenait dans une même expression générique, variable du reste, tous les genres de folie. Aussi, dans les Institutes ou le Digeste, ne faut-il pas trop s'attacher au sens spécial du mot qui désigne l'aliéné. Excepté dans quelques cas restreints, comme celui que nous avons cité plus haut et où nous voyons le terme *furiosus* avoir une acception et une portée particulières, les épithètes de *furiosus*, *insanus*, *fatuus*, *demens*, *mente captus*, sont à peu près synonymes.

Une idée philosophique domine la matière : la volonté libre fait défaut chez l'aliéné. De là la nécessité d'établir pour son patrimoine une garantie différemment comprise et organisée suivant les époques ; de là la nécessité de lui refuser l'exercice des actes de la vie civile ou publique. Paul, citant l'opinion de Pomponius, dit que le fou est comme un absent, « *furiosus absentis loco est* » (L. 124, § 1, D., 50, 17). Dans un autre texte, il le compare à un homme endormi (Loi 1, § 3, D., 41, 2). Nous pourrions multiplier les exemples. Voilà donc le principe :

Abolition complète du libre arbitre chez l'aliéné.

De ce principe, découlent naturellement deux conséquences :

1° Le fou, tant que dure sa démence, ne peut faire que des actes nuls pour défaut de consentement.

2° Dès que cesse la démence, ne fût-ce que pour un instant, l'insensé recouvre toute sa capacité.

Ainsi, l'insensé n'est frappé d'aucune incapacité légale continue; on ne l'interdit point ; tant que le trouble de ses facultés mentales n'est pas constaté, la présomption de capacité existe en sa faveur, elle ne peut tomber que devant la preuve contraire. Et encore cette preuve n'aurat-elle aucun effet dans l'avenir : la valeur d'un acte s'apprécie au moment même où cet acte est accompli.

L'aliéné a, pendant ses accès morbides, un curateur qui veille sur sa personne et qui administre ses biens ; mais, quand l'accès est passé, il rentre en possession de lui-même.

Telles sont les règles générales que nous pouvons formuler et qui ont présidé tant aux dispositions législatives qu'aux décisions des jurisconsultes. Nous aurons à examiner l'influence de ces principes, d'abord sur les questions d'état et les droits de famille, puis sur le patrimoine et les différents droits dont il se compose.

CHAPITRE II

DE L'INCAPACITÉ PERSONNELLE DES ALIÉNÉS.

SECTION I. — Droits de famille.

§ 1. — Des effets de la folie sur le mariage.

Il était d'usage à Rome, avant de conclure un mariage, de se lier d'abord par un engagement connu sous le nom de fiançailles (*sponsalia* ou *sponsalitia*). Les parties n'étaient pas par là juridiquement obligées à consentir au mariage et à le parfaire ; mais ce genre de conventions, qui affectait d'abord la forme d'une *sponsio*, se résolvait en des dommages-intérêts déterminés par le juge, dans le cas où l'une des parties n'exécuterait pas sa promesse (1).

Cette habitude de la stipulation dans les *sponsalia* se maintint jusqu'à la loi Julia qui étendit le droit de cité aux Latins. A partir de cette époque, on se contenta d'un simple consentement : et la conséquence principale d'une telle innovation, fut qu'elle permit les fiançailles entre absents. Nous voyons au Code (*De sponsalibus*, 5, 1) qu'elles étaient souvent accompagnées d'arrhes, de donations ou

______

(1) Loi 2, D., *De spons.*, 23, 1. — Aulu-Gelle citant Servius Sulpicius, liv. IV, chap. IV, § 2, et citant Neratius, *ibid.*, § 4.

de présents réciproques ou non. Si le mariage venait à manquer par la faute de l'un des futurs, il y avait pour le contrevenant perte des arrhes données ou obligation de restituer le double des arrhes reçues ; les donations dont il avait été gratifié devaient être rendues, et celles qu'il avait faites étaient perdues pour lui.

La validité des fiançailles exige en principe la réunion des conditions requises pour le mariage (L. 7, § 1 ; LL. 15 et 16, D., *De spons.*). Cet engagement, comme celui du mariage, ne pouvait se former que par le consentement des parties ; il n'était donc pas possible quand l'une d'elles était atteinte de folie.

La folie ne détruisait pas les fiançailles déjà formées (Loi 8, D., *De spons.*).

Ce sont les principes que Paul déclare applicables au mariage (L. 16, § 2, D., *De ritu nuptiarum*, 23, 2) : « *Furor contrahi matrimonium non sinit, quia consensu opus est; sed recte contractum non impedit.* »

Ulpien dit même que, si les deux conjoints sont atteints de folie, le mariage demeurera valable (L. 8, pr. *in fine*, D. 1, 6).

Ainsi, quand elle existe déjà au moment des fiançailles ou du mariage, la folie est un cas d'empêchement et de nullité ; survenant après les fiançailles ou le mariage, elle n'en altère pas la validité.

Quel était l'effet de la folie sur le divorce ?

On sait que le divorce peut s'opérer de deux manières : soit par le consentement mutuel des époux (on dit alors qu'il a lieu *bona gratia*), soit par la volonté d'un seul (on dit en ce cas qu'il y a répudiation).

Le divorce *bona gratia* ne semble pas possible quand un des époux est aliéné, car alors il ne peut donner un acquiescement valable à cette rupture du lien conjugal.

L'époux aliéné peut-il envoyer le *repudium ?*

Les lois 4 D., *De divortiis*, 24, 2 et 22 § 7, *Soluto matrimonio*, 24, 3, s'accordent pour dire que l'époux atteint de folie ne peut répudier. Cette règle est absolue si l'époux aliéné est *sui juris :* les pouvoirs du curateur ne vont pas jusqu'à exercer un droit exclusivement attaché à la personne. Quant à envoyer lui-même le *repudium*, il est évident que le fou ne peut accomplir un acte qui exige autant que celui-là une volonté libre.

Si au contraire l'aliéné n'est pas *sui juris*, le père de famille peut signifier la répudiation.

C'est l'application du principe général admis dans l'ancien droit; on sait en effet que jusqu'à l'époque d'Antonin le Pieux ou de Marc-Aurèle, une des conséquences de la puissance paternelle était de pouvoir imposer le divorce à ses enfants et d'envoyer pour eux le *repudium*. Cette règle trop large fut restreinte, et le droit exorbitant conféré au père ne fut conservé qu'en cas de motif tout à fait majeur ou lorsque la folie mettait l'enfant dans l'impuissance de manifester une volonté (1).

Plusieurs textes nous montrent que le père ne pouvait plus à son gré briser l'union conjugale où son enfant était engagé (2), mais nous voyons réservé formellement le cas où le père agirait pour sa fille folle. » *Quamvis enim furiosa nuncium mittere non possit, patrem tamen*

____

(1) Accarias, *Précis de dr. romain*, I, p. 191.
(2) *Sent.* de Paul, V, 6, § 15, et Const. V, C. 5, 17.

ejus posse certum est » (Loi 22, § 9 D., 24, 3). Dans la même loi, Ulpien nous explique bien quel intérêt pécuniaire avait le père à faire dissoudre le mariage de sa fille; il ressaisissait la dot que le mari compromettait par sa mauvaise administration.

D'ailleurs, en admettant que la fille n'eût plus son père pour prendre la défense de ses intérêts et faire rompre le mariage, nous voyons dans la même loi, § 8, les précautions prises pour sauvegarder la fortune de la femme aliénée. Si son mari, par ruse et par calcul, ne veut pas divorcer, s'il se joue du malheur de sa femme, s'il est évident qu'il ne lui donne aucun soin, et qu'il maintient l'union conjugale afin de dissiper la dot, en pareil cas le curateur ou les cognats de la femme pourront s'adresser au juge compétent, et faire contraindre le mari à fournir les aliments et les soins proportionnés à l'importance de la dot.

Est-il urgent d'enlever au mari dissipateur la possession de cette dot? Elle sera placée sous séquestre, et on prélèvera les ressources nécessaires pour la femme et les personnes de sa maison. Rien du reste ne sera changé aux pactes dotaux, et leur effet demeurera subordonné à la guérison de la femme ou à la mort d'un des époux.

Cette mesure qui, sous l'empire de la loi Julia *De adulteriis*, peut avoir pour objet de conserver non seulement la dot mobilière, mais aussi la dot immobilière située hors d'Italie, trouve encore après Justinien sa raison d'être dans la nécessité de protéger la dot mobilière, ou d'empêcher la mauvaise administration des immeubles, quelle qu'en soit la situation.

A la dissolution du mariage, si la femme était en état d'aliénation, son père pouvait agir *de dote*, bien qu'en principe il ne pût le faire sans le consentement au moins tacite de la femme elle-même. On regardait ici l'absence de contradiction comme un consentement (1). Ulpien rapporte un rescrit de l'empereur Antonin où il est dit : « *Filiam, nisi evidenter contradicat, videri consentire patri :* » et, citant Julien, il fait application de cette règle au cas où la fille est folle.

Nous venons de voir les effets de la folie quant à l'envoi du *repudium* au conjoint d'un aliéné.

Examinons la question inverse, et cherchons quels sont les effets de la folie quant à la répudiation de l'aliéné lui-même.

La folie est-elle une juste cause de divorce?

La législation sur ce point a varié suivant les époques. Du temps des jurisconsultes classiques, on admettait une distinction que nous rapporte Ulpien dans la loi 22, § 7, D., 24, 3. Si la folie est entrecoupée d'intervalles lucides, si même, étant continue, elle est supportable pour l'entourage du malade, il faut que le mariage ne puisse pas être rompu : l'époux sain d'esprit qui enverra le *libellus* aura provoqué le divorce par sa faute et en subira les conséquences. N'est-il pas en effet conforme à l'humanité que le mari prenne sa part dans les malheurs qui frappent sa femme, et la femme sa part dans les malheurs qui frappent son mari?

Si au contraire la folie est déchaînée avec une vio-

---

(1) L. 2, § 2, D., *Soluto Matrimonio*, 23, 1.

lence telle qu'il ne reste aucun espoir de guérison, et qu'il y ait péril pour les personnes environnantes ; si d'autre part le conjoint veut se soustraire au danger, ou si, n'ayant pas d'enfants, il désire en avoir d'un nouveau mariage, il pourra envoyer au fou le *repudium*. En pareil cas, le divorce aura lieu sans la faute d'aucun des conjoints.

Ainsi la distinction de ces hypothèses laisse intacte la validité du *repudium* envoyé par l'époux sain d'esprit, elle n'a d'effet que sur les conséquences du divorce à l'égard de l'époux qui en a pris l'initiative : si la folie est intermittente, ou tolérable malgré sa continuité, le conjoint qui rompra le mariage encourra les peines pécuniaires infligées aux répudiations injustes. Telle est la théorie classique. Le divorce pénétrant de plus en plus dans les mœurs, nous voyons à l'époque d'Adrien une jurisprudence plus large : un texte de Gaius, énumérant plusieurs justes causes de divorce, cite, entre autres, la mauvaise santé, *valetudinem* (L. 61, D., 24, 1). Dans cette expression, nous sommes autorisés à faire rentrer la folie sans distinctions.

Au Bas-Empire, les peines édictées contre ceux qui divorcent sans justes motifs sont aggravées, et en même temps ces justes motifs sont déterminés limitativement : nous les trouvons énumérés dans une constitution des empereurs Théodose II et Valentinien III, et la folie n'en fait point partie (Const. 8, C. 5, 17). Justinien dans deux novelles développa les règles qu'avait déjà posées cette constitution, et, pas plus que ses prédécesseurs, il ne comprit la folie parmi les causes légitimes de répudiation (Nov. 22, ch. 15, et Nov. 117, ch. 8, 9 et 10). L'opinion d'Ulpien peut donc être regardée comme abandonnée.

Beaucoup plus tard, Léon le Philosophe modifia cette théorie par deux constitutions.

Dans la première (Novelle 111) il prévoit le cas où la femme deviendrait folle, et alors il prescrit qu'au bout de trois ans le mariage soit rompu. « *Si enim nullus adeo truculentus est, ut vel momento quemquam cum feris in eumdem locum includere sustineat, quomodo legis benignitate prædita illa lex est quæ perpetuo efferatæ furore conjugi cohabitare maritum jubet?*

L'empereur ajoute donc qu'au bout de trois années il y aura rupture du mariage, « *matrimonium divellatur.* » Ces expressions indiquent-elles que le mariage sera dissous de lui-même et nécessairement, ou bien que la folie sera une juste cause de répudiation? En présence des termes si absolus du texte, j'inclinerais à admettre la première interprétation. A la fin de cette novelle, l'auteur suppose le cas bien bizarre où le mari aurait, par je ne sais quelles machinations et quels maléfices, provoqué la maladie mentale de sa femme; le mariage n'en sera pas moins dissous, mais « le mari sera fait « moine et enfermé bon gré, mal gré dans un cloître pour « y expier sa faute et se soumettre à ces remèdes sacrés « que l'âme puise dans les divins canons. »

Dans la Novelle 112, il est question de la folie du mari. La femme pourra divorcer quand, *après cinq ans*, le mari sera encore aliéné.

Cette législation a été confirmée dans la suite par une novelle de Nicéphore Botaniate.

Terminons cette étude sur les effets de la folie quant au divorce par une observation relative à l'affranchie qui avait épousé son patron. Si ce patron, qui est en même temps son mari, est frappé d'aliénation mentale, et si sa femme lui envoie le *repudium*, pourra-t-elle se remarier à un autre individu ? Le divorce même sera-t-il valable ?

Cette question naît d'une règle posée dans la loi Julia et Papia : « *Invito patrono libertam quæ ei nupta sit, alii nubere non posse.* » Une fois mariée à son patron, l'affranchie ne peut plus, sans le consentement de ce patron, épouser aucun autre homme. Or le patron devenu fou ne peut donner aucun consentement sérieux : plus de mariage possible pour la femme. Nous trouvons cette espèce prévue dans la loi 45, § 5, D., *De ritu nuptiarum*, 23, 2 : « *Invitum accipere debemus eum qui non consentit ad divortium; idcirco nec a furioso divertendo solvit se hujus legis necessitate, nec si ab ignorante diverterit: rectius enim hic invitus dicitur quam qui dissensit.* » Ce n'est pas toujours là le sens attribué au mot *invitus*. Dans certains cas, nous le verrons, on ne considère comme *invitus* que celui qui proteste formellement ; et, par exemple, pour l'émancipation d'un fou, l'on se contente de l'impossibilité où il se trouve de refuser explicitement son adhésion.

Mais dans notre hypothèse on comprend fort bien que le rôle actif appartenant au patron exige un consentement positif et catégorique. Ce consentement ne peut émaner d'un fou.

L'affranchie qui aura ainsi divorcé ne pourra plus se

marier tant que son patron sera en état d'aliénation ; mais son divorce même sera-t-il valable ? Un texte d'Hermogénien inséré au Digeste (1) permet de penser que le divorcé était nul. Examinant le sort des donations entre époux, le jurisconsulte se place dans l'hypothèse qui nous occupe d'un divorce entre une affranchie et son patron *invitus*, et s'exprime en ces termes : « *Si ab eo invito divertere non licet...* » Le divorce, étant interdit dans ces conditions, serait donc nul.

§ 2. — Des effets de la folie sur la puissance paternelle.

L'étude de cette question exige que nous distinguions deux hypothèses : celle où le père de famille est atteint de folie, et celle où la maladie s'attaque au fils.

I. — *Cas où le père est aliéné.*

L'enfant conçu *ex justis nuptiis*, mais alors que son père était atteint déjà d'aliénation mentale, n'en tombe pas moins sous la puissance paternelle ; qu'il ait été conçu avant ou pendant la maladie, qu'un seul de ses parents ou que tous les deux en ait été atteints, le résultat est toujours le même. En effet, si le fou n'a pas le droit de contracter mariage, il a du moins le droit de demeurer en état de mariage, et il acquiert les attributs qui se rattachent naturellement à cet état. Il n'est pas besoin, pour justifier cette doctrine, d'en chercher l'origine dans

____

(1) L. 62, § 1, D., *De donat. inter vir. et uxor.*, 24, 1.

un reste de volonté qui subsisterait chez les parents et qui, d'après Ulpien, serait le fondement de la puissance paternelle (1). Outre que chez un aliéné cette supposition d'un acte volontaire est singulièrement hardie, il n'est pas certain que la puissance paternelle résulte positivement de la volonté même du père.

Ainsi les enfants d'un aliéné sont sous la puissance de leur père, et ils y demeurent tant qu'ils n'en sont pas sortis par un des modes accoutumés.

Des trois causes qui font acquérir généralement la puissance paternelle, je veux dire la paternité *ex justis nuptiis*, l'adoption, et enfin ces faits multiples que les commentateurs ont rangés sous le titre commun de *légitimation*, la première est la seule qui puisse produire ici son effet. Les deux autres exigent la volonté de celui qui adopte ou légitime, et en conséquence ce sont deux modes dont le fou ne peut user.

Nous voyons donc la *patria potestas* établie sur les enfants de l'aliéné. Comment va-t-elle s'exercer? Suivant les principes généraux, les actes du fils de famille profiteront au père toutes les fois qu'ils emporteront une acquisition de droit ; la folie du père n'empêchera pas le droit commun de s'appliquer ici (2). On doit excepter l'acquisition par *in jure cessio*, interdite aux personnes *alieni juris* (3), et l'adition d'une hérédité qui ne pouvait être faite par le fils sans l'ordre du père (Gaïus, Comm., II, § 87). Antonin le Pieux modifia cette rigou-

(1) L. 8, D., *De his qui sui vel alieni juris sunt*, 1, 6.
(2) *Ibid.*, § 1.
(3) Gaïus, Comm., II, § 96,

reuse jurisprudence, et par un rescrit que nous rapporte Marcien (Loi 52 pr., D., *De acquir. vel omitt. hered.*, 29, 2), il autorisa le fils du fou à faire adition d'hérédité comme si le père en avait donné l'ordre, et même à affranchir les esclaves héréditaires.

Le père de famille fou ne pouvait constituer un pécule à son fils ; mais la survenance de la folie chez le père n'entraînait pas la révocation du pécule constitué auparavant (1). Le père continuait donc à être tenu *de peculio* des obligations du fils. C'est la seule hypothèse où le fils de famille puisse diminuer le patrimoine paternel quand la folie ne permet pas au père de faire agir sur ses ordres les personnes soumises à sa puissance.

Si l'autorité paternelle appartient au fou, que dirons-nous de l'exercice de cette autorité quand il exige une manifestation de la volonté ? Nous sommes obligés d'admettre qu'alors la puissance du père ne peut s'exercer. De là, de graves difficultés dont la solution n'est sortie que peu à peu des progrès de la jurisprudence. Un des cas les plus connus parce qu'il a donné lieu à controverse était celui-ci :

Le consentement du père de famille est nécessaire à la fille ou au fils qui désire se marier. Si ce père est fou, le consentement exigé ne peut être donné ; le mariage ne pourra-t-il donc avoir lieu ? De très bonne heure, la fille d'un aliéné fut autorisée à contracter mariage aussi librement que si elle était *sui juris ;* mais pendant longtemps on put soutenir que le fils devait rester célibataire tant que son père aliéné ne pourrait lui donner un con-

____

(1) Arg. d'anal., L. 7, § 1, D., *De peculio*, 15, 1.

sentement valable. Une telle exigence s'expliquait par la règle : *Nemini invito heres agnascitur*. On ne voulait pas qu'un héritier sien pût survenir à quelqu'un malgré lui ; ce danger n'était pas à craindre par le mariage de la fille ; elle pouvait donc être traitée plus favorablement que le fils. Pour le fils il y avait discussion, *super filio dubitabatur*.

Nous voyons dans un texte d'Ulpien (L. 9, pr. D., *De ritu nupt.*, 23, 2) un premier tempérament apporté à la rigueur du principe qui aurait condamné le fils au célibat : *si pater furit, avus sapiat, sufficit avi voluntas*.

Marc-Aurèle alla plus loin, et décida que le fils du *mente captus* pourrait se marier sans consentement aucun, sans même avoir à s'adresser à l'empereur. Ceci nous montre qu'avant le règne de ce prince l'autorisation impériale pouvait suppléer celle du père.

La constitution de Marc-Aurèle donna lieu à des controverses nouvelles : devait-on la prendre à la lettre et refuser au fils du *furiosus* ce qu'on permettait au fils du *mente captus*? Une telle interprétation paraissait plausible: en effet, dans son acception étroite et précise, le mot *mente captus* ne s'applique pas au fou dont la démence est intermittente ; ensuite il était assez naturel de laisser pleine liberté aux enfants d'un homme dont la raison était à jamais perdue, on pouvait au contraire sans trop d'iniquité imposer seulement un délai au fils du *furiosus* jusqu'à ce qu'une éclaircie dans l'intelligence de son père lui permît d'obtenir l'autorisation exigée par les principes. Quoi qu'il en soit, cette jurisprudence semblait trop dure à une partie des interprètes ; s'attachant peut-être plus à l'esprit qu'à la lettre de la constitution, ils dispensaient d'autorisation le fils même du *furiosus*.

Leur doctrine fut consacrée par Justinien qui, dans un seul et même texte, nous donne l'historique de la question et la tranche en faveur des enfants de tous les aliénés (L. 25, C. *De nuptiis*, 5, 4). Désormais les enfants des fous purent non seulement se marier librement, mais encore faire à leur guise leurs pactes dotaux. Le curateur du fou fut chargé de constituer une dot ou une donation *ante nuptias* dont le montant était déterminé, en présence des principaux parents, par le préfet de la ville à Constantinople, par le président ou par l'évêque dans les provinces. La dot ainsi constituée par le curateur n'en est pas moins profectice (1).

II. — *Cas où le fils est aliéné.*

Le fils de famille atteint d'aliénation mentale ne pouvait faire, pour celui à la puissance duquel il était soumis, aucune acquisition demandant l'intervention de la volonté.

Un individu *alieni juris*, n'ayant pas de biens, n'a pas besoin de curateur ; aussi la loi des Douze Tables n'avait-elle point soumis le fils de famille insensé à la curatelle. Mais, depuis l'introduction des pécules, le fils put avoir une fortune personnelle : Justinien en confia l'administration au père dont la sollicitude et l'affection rendent inutile la nomination d'un curateur (L. 7, pr. C. *De curat. fur.*, 5,70). La puissance paternelle se trouve donc, dans notre hypothèse, non pas amoindrie, mais renforcée.

1) L. 5, § 3, D., *De jure dotium*, 23, 3.

Le fils de famille aliéné devenait, comme tout autre, *sui juris* par la mort, la *maxima* ou la *media capitis deminutio* de celui qui l'avait sous sa puissance. Mais pouvait-il sortir de cette puissance par l'émancipation ou par l'adoption ? De même pouvait-il y entrer par la légitimation ?

Les textes s'accordent à exiger, pour ces divers changements d'état, la présence, le consentement ou au moins la non-contradiction de l'enfant ; ainsi, par exemple, nous voyons Celse à propos des adoptions poser cette règle : « *Utriusque arbitrium spectandum est, vel consentiendo vel non contradicendo.* » C'est vraisemblablement dans ce sens de *non-opposition* qu'il faut interpréter le mot *invitus* employé par les textes dans les deux autres cas de légitimation et d'émancipation (1). Justinien répète et consacre la formule de Celse lorsque, simplifiant les anciennes formes de l'adoption, il ordonne encore que cet acte ait lieu « *præsente eo qui adoptatur et non contradicente* (2). »

Le silence peut-il être regardé comme approbatif chez un être qui ne peut avoir ni la conscience ni la volonté d'une approbation ? est-on autorisé à dire qu'il ne *contredit* pas, alors qu'il est évidemment hors d'état de contredire ? Enfin peut-on considérer comme présent celui-là même dont on a dit qu'il est « *loco absentis* » ? Quelque spécieux que soient ces arguments, je crois qu'on peut se contenter du silence que garde le fou : libre ou forcé, ce silence est la condition suffisante pour les actes dont

---

(1) Loi 5, D. 1, 7. — *Sent. de Paul*, II, 25, § 5. — Loi 11, D. 1, 6.
(2) Loi 11, C. 8, 48.

nous parlons. Nous en voyons un exemple frappant dans cette loi insérée au Digeste qui permet d'adopter un *infans*, uniquement parce qu'il ne réclame pas contre l'adoption (1). Le rôle purement passif joué par l'enfant justifie à nos yeux cette théorie que, suivant l'exemple de M. Accarias, nous n'hésiterons pas à étendre au fou (2).

Avant de terminer ce qui est relatif à la puissance paternelle, disons que, suivant nous, un fou *sui juris* ne peut s'y soumettre par l'adrogation : un acte aussi grave ne doit pas être l'œuvre d'une volonté tierce ; et c'est pourquoi on demandait à l'adrogé, dans les comices, si son intention formelle était bien de passer sous la puissance de l'adrogeant. La réponse du fou n'aurait eu aucune valeur.

§ 3. — Des effets de la folie sur la puissance dominicale.

La folie ne faisait pas disparaître la puissance dominicale ; le fou conservait toute autorité sur ses esclaves ; il pouvait les faire enchaîner, mais cet acte ne produisait aucune conséquence juridique, et l'esclave, affranchi plus tard, ne tombait pas dans la classe des déditices (Paul. *Sent.*, IV, 12, § 7).

Le maître insensé ne pouvait perdre son droit de propriété ni en transférant volontairement son esclave à autrui, ni en l'affranchissant. Il n'avait pas, comme le sourd-muet, la ressource de faire procéder à cet affran-

(1) Loi 42, D., *De adopt.*, 1, 7.
(2) Accarias, *Précis de dr. rom.*, I, p. 206.

chissement par un ordre donné à son fils (L. 10, D.,
De manum. vind., 40, 2). Le fils ne pouvait ainsi remplacer son père que dans le cas, cité plus haut, du rescrit
d'Antonin (1). Quant au curateur, nous verrons que l'affranchissement direct ne lui était jamais permis, mais que
seulement, si l'affranchissement avait été imposé par
fidéicommis, il devait être accompli par une tradition à
un tiers : c'était alors ce tiers qui opérait la *manumissio*.

L'esclave de l'insensé ne pouvait recevoir un pécule de
son maître ; mais il conservait le pécule antérieurement
concédé (2), et continuait à acquérir pour son maître *ex
causâ peculiari*.

Pour l'adition de l'hérédité à laquelle était appelé
l'esclave, les jurisconsultes étaient divisés. En principe,
l'esclave ne peut faire adition que sur l'ordre formel de
son maître, et cela se comprend, car nul ne peut être
obligé, malgré soi, par le fait des personnes placées en sa
puissance. Si le maître est fou, l'esclave pourra-t-il faire
adition ? Il est bien difficile de le lui permettre, et ce
droit lui est positivement refusé par Africain (Loi 47, D.,
De acquir. vel omitt. hered., 29, 2). Notons cependant
que Javolenus, entraîné sans doute par l'esprit qui ani-
mait le rescrit d'Antonin, semble accorder à l'esclave
aussi bien qu'au fils de l'aliéné la faculté de faire adition
(L. 63, D., 29, 2). Peut-être Javolenus suppose-t-il ici
que l'ordre nécessaire a été donné par le curateur du
maître insensé, et nous sommes autorisés à croire qu'un
tel ordre pouvait émaner du curateur, puisque nous

(1) Loi 52, D., *De acquir. vel omitt. hered.*, 29, 2.
(2) Loi 7, § 1, D., *De pecul.*, 15, 1.

voyons un texte parler du cas où il émanerait d'un tuteur (1).

Telle paraît être l'interprétation de M. Accarias (2), elle supprime l'antinomie entre les deux lois précitées.

§ 4. — Des effets de la folie sur la tutelle et la curatelle.

Rien n'eût été plus inique que de laisser un fou veiller aux intérêts d'une autre personne alors qu'il est incapable de gérer son propre patrimoine. Les Romains l'avaient bien senti, et des mesures avaient été prises pour éviter un état de choses aussi absurde. Mais les textes que nous possédons sur ce point sont assez incohérents, peu clairs et peu précis.

Tutelle de la femme pubère. — On sait que la tutelle des femmes pubères, supprimée par Claude, fut conservée néanmoins dans le cas spécial où elle appartient au patron. On peut donc se demander, avant comme après cet empereur, quel était le sort de la tutelle quand le tuteur était atteint de folie. Ulpien (Reg. 11, § 21) et Gaïus (1, § 180) déclarent que la femme dont le tuteur est frappé d'aliénation pourra pour la constitution de sa dot obtenir un autre tuteur. Mais le tuteur précédent perdra-t-il définitivement ses fonctions, ou bien ses pouvoirs subiront-ils en quelque sorte une éclipse passagère jusqu'au retour de sa raison ? Faut-il distinguer à ce sujet le tuteur agnat et le tuteur patron ? Gaïus dit positivement (§ 181) que le patron aliéné conserve la tutelle,

(1) L. 50, L., *De acquir. vel omitt. hered.*, 29, 2.
(2) *Précis de droit romain*, I, p. 657, note 2.

bien qu'il cesse de l'exercer. Cette règle doit-elle être étendue aux agnats? On peut admettre que non, en présence des paragraphes précédents où l'on voit retirer la tutelle à l'agnat pour cause d'absence, et où le patron nous apparaît bien plus énergiquement protégé que l'agnat dans ses droits de tuteur (§§ 173 et 174).

Tutelle des impubères. — La tutelle des impubères pouvait être déférée par le testament du père de famille, par la loi (et je fais rentrer dans cette classe de tutelles la tutelle fiduciaire), enfin par le magistrat conformément à la loi Atilia. Plusieurs textes nous apprennent que le tuteur frappé de folie devait être remplacé (1) : plusieurs sénatus-consultes en décidèrent ainsi, ce qui permet de supposer qu'avant eux la règle n'existait pas, et que sans doute la tutelle, organisée en faveur du tuteur lui-même, continuait à lui appartenir s'il devenait aliéné. Du reste, l'aliénation mentale était une cause d'excuse, même pour la tutelle commencée (2), et le tuteur ainsi excusé était définitivement remplacé. Cette dernière proposition s'appuie sur un passage de Gaïus cité dans une note précédente (1, § 182) : « *Si tutor pupilli ex justâ causâ fuerit excusatus, in locum ejus alius tutor detur, quo dato prior tutor amittit tutelam,* » sur une loi de Paul déjà rappelée (L. 17, D., *De tutelis*), enfin sur une constitution de Philippe l'Arabe insérée au Code (Loi 1, 5, 67) où nous lisons : « *Furiosus vel perpetuâ valetudine tentus tutelæ aut curæ excusationem habet.* » Cependant un rescrit impérial d'Alexandre Sévère, faisant allusion peut-être aux mala-

---

(1) Loi 17, D., 26, 1. — Cf. Gaïus, Inst., I, § 182.
(2) Loi 40, pr. D., 27, 1.

dies mentales guérissables ou intermittentes, prescrit de nommer seulement un curateur intérimaire (1).

Ici se place une question délicate. Le tuteur testamentaire, dans notre hypothèse de l'aliénation mentale, ne doit-il pas être traité d'une façon particulière? Le respect que les Romains ont toujours attaché au testament et le soin qu'ils mettaient à exécuter scrupuleusement la volonté des morts, devaient naturellement les conduire à conserver au tuteur testamentaire, malgré sa folie, son titre et sa qualité, sinon ses fonctions. Longtemps, il est vrai, les jurisconsultes furent divisés, et plusieurs d'entre eux, esprits formalistes, attachés à la lettre même des sénatus-consultes, soutenaient que la nomination testamentaire d'un aliéné comme tuteur était nulle, sauf le cas où elle serait accompagnée de la clause « *cum sapere cœperit* ». Proculus professait cette opinion, mais elle ne l'emporta point, et l'on décida généralement que si cette condition, « *cum sapere cœperit* », n'était pas écrite dans le testament, il fallait l'y sous-entendre (2). Telle est la doctrine consacrée par les Institutes : « *Furiosus tutor testamento datus tutor erit quum compos mentis factus fuerit* (2). » Si le tuteur testamentaire devient fou au cours de la tutelle, le texte des Institutes doit faire penser qu'il sera seulement suppléé à titre provisoire.

En exposant cette doctrine, nous nous heurtons à la constitution de Philippe l'Arabe qui, sans distinctions ni réserves, admet le remplacement de l'aliéné par un autre

(1) Lois 10, § 8, D., *De excus.*, 27, 1 — et 12, pr. *ibid.*
(2) Loìs 11, D., *De tutelis*, 26, 1 et 10, § 3, D., *De testam. tutelá*, 26, 2.
(3) Instit., I, 14, § 2.

tuteur. Il nous paraît bien difficile de concilier ce texte absolu et général avec la théorie de Justinien.

L'influence de la folie est la même sur la curatelle que sur la tutelle ; mais, comme il n'y a pas de curatelle testamentaire, nous n'appliquerons jamais au curateur les règles exceptionnelles dont on avait accordé le bénéfice au tuteur nommé par testament.

Section II. — Patrimoine.

Le patrimoine se compose de deux espèces de droits : les droits réels et les droits de créance. Il peut aussi comprendre le patrimoine d'une autre personne ou une quote-part de ce patrimoine venant se confondre dans le nôtre. Nous allons donc examiner d'abord l'influence de la folie sur la possession qui est souvent le fondement de la propriété, sur la propriété même et sur ses démembrements ; nous verrons ensuite l'effet de la folie sur les obligations, puis sur l'acquisition des hérédités. Il nous restera enfin à étudier comment était régie la succession du fou.

§ 1. — Des effets de la folie sur les droits réels.

Le rôle que joue bien souvent la possession dans l'acquisition ou la jouissance des droits réels est trop considérable pour que nous ne cherchions pas d'abord quelle est l'influence de la folie sur la possession.

La possession se compose nécessairement de deux éléments : le *corpus* et l'*animus* ; sans leur concours elle ne peut être acquise, par leur concours elle se produira forcément. Le fou pourra-t-il donc acquérir la possession, lui qui est incapable d'avoir l'*animus possidendi*? Évidemment non. Telle est la règle générale. Paul nous la fait comprendre par une comparaison pittoresque et frappante : le fou ne possède pas plus que l'homme endormi dans la main duquel on placerait quelque objet (1). Celsus nous dit ailleurs que, quand on livre une chose à un fou que l'on croit sain d'esprit, on cesse de posséder cette chose, sans que pour cela le fou en acquière la possession (2). Le fou pouvait néanmoins acquérir la possession par l'intermédiaire de son fils ou de son esclave agissant *ex causâ peculiari ;* il était censé emprunter alors l'*animus* de la personne soumise à sa puissance (3). Cette personne devait, bien entendu, avoir elle-même l'*animus possidendi*. — Hormis ce cas, l'aliéné ne pouvait acquérir la possession, et nous ne trouvons pas ici le tempérament que, pour l'*infans*, on avait apporté à la rigueur du principe. La jurisprudence, probablement sous l'influence de Papinien, avait admis que l'*infans* autorisé par son tuteur pourrait acquérir la possession ; rien de pareil pour l'aliéné.

La possession n'était-elle pas plus facilement conservée qu'acquise à l'aliéné? Cette question est fort délicate et devait embarrasser les jurisconsultes ; on se trouvait dans une sorte de cercle vicieux : le fou n'a plus l'*animus possidendi*, mais il n'a pas davantage l'*animus non possidendi ;* incapable de volonté en aucun sens, il paraît ne plus

(1) Loi 1, § 3, D., *De acquir. vel omitt. possess.*, 41, 2.
(2) Loi 18, § 1, D., 41, 2.
(3) Loi 1, § 5, *ibid.*

pouvoir ni conserver ni abdiquer la possession. Pourtant, puisqu'il fallait opter entre l'interruption et la continuation, il était plus naturel de maintenir le *statu quo* et de laisser durer la situation juridique où le possesseur s'était librement placé alors qu'il jouissait de sa raison. C'est l'opinion qui prévalut et que Proculus exprime ainsi : « *Furiosus non potest desinere animo possidere* (1). » De nombreux textes font application de cette doctrine (2); Papinien la fondait sur des motifs d'utilité pratique, Proculus sur un raisonnement et sur un principe; mais, pour une cause ou pour une autre, on s'accordait à dire que la possession continuerait. Elle continuait dans les mêmes conditions qu'avant la folie; les mêmes qualités, les mêmes vices y restaient attachés.

Le fou ne pouvait perdre la possession *animo tantùm*; mais il la perdait en même temps que le *corpus* (sauf dans les cas où la perte du *corpus* laissait subsister la possession) (3) ; qu'un animal ou un esclave possédé par le fou prît la fuite, la possession cessait.

Propriété. — Si l'aliénation mentale n'interrompait pas la possession, il est de toute évidence qu'elle n'altérait aucunement les droits préexistants de propriété. Le propriétaire n'a, pour conserver son droit, ni actes à accomplir, ni volonté à manifester : aussi, qu'il soit sain d'esprit ou insensé, reste-t-il toujours sous ce rapport dans la même situation juridique (4).

______

(1) Loi 27, D., *De acquir. vel omitt. possess.*, 41, 2.
(2) Lois 31, § 4, D., *De usurp. et usucap.*, 41, 3 — et 44, § 6, *ibid*
(3) Accarias, *Précis de dr. rom.*, I, p. 466, 468.
(4) Loi 20, D., *De statu hominum*, 1, 5.

Quant à l'acquisition de la propriété, on peut dire qu'elle n'est possible pour le fou que d'une façon exceptionnelle : la plupart des modes par lesquels on acquiert la propriété lui sont inaccessibles.

L'occupation, la tradition et l'usucapion, reposant sur la possession, ne sont pas à la portée du fou, pour les motifs que nous avons exposés plus haut. Toutefois, la possession commencée continue malgré la survenance de la folie et peut conduire à l'usucapion si, dès avant la démence, elle réunissait les conditions nécessaires : « *Furio-* « *sus, quod ante furorem possidere cæpit, usucapit. Sed* « *hæc persona ita demum usucapere potest, si ex eâ causâ* « *possideat ex quâ usucapio sequitur* (1). » Le fou continuant à usucaper, on serait arrivé en droit pur à ce résultat injuste que le véritable propriétaire perdît nécessairement sa chose, faute de pouvoir actionner un insensé. Le préteur apporta son remède ordinaire à cette situation étrange : il accorda l'*in integrum restitutio* contre le fou, comme il l'accordait contre l'absent (2). Une constitution de Justinien, insérée au Code (C. 2, *De annali except.*, 7, 40) rendit cette *restitutio* inutile : désormais, quand le possesseur ne pourrait être actionné à cause de son absence, de son *infantia* ou de sa folie, le propriétaire interromprait la prescription par une requête présentée au président de la province, ou, au moins, soit à l'évêque, soit au *defensor civitatis*. A leur défaut, il suffirait de faire apposer au domicile du possesseur une

____

(1) Loi 4, § 3, D., *De usurp. et usucap.*, 41, 3. — Loi 44, § 6, *ibid.*
(2) Loi 22, § 2, D., *Ex quibus causis majores*, 4, 6.

affiche signée des *tabularii*, ou même, si la ville n'a pas de *tabularii*, signée de trois témoins.

Rappelons encore ici que le fou peut usucaper par son fils ou par son esclave acquérant la possession *ex causâ peculiari*.

La *cessio in jure* et la *mancipatio* sont interdites à l'aliéné, car elles exigent la manifestation d'une volonté; enfin l'*adjudicatio* est également pour lui impraticable, car il ne peut figurer dans une action en justice.

Cette élimination nous laisse en présence de deux derniers modes d'acquérir : l'*accessio* et la *loi*. Ce sont les seuls par lesquels le fou puisse acquérir la propriété, parce que ce sont les seuls où l'intervention de la volonté ne soit pas nécessaire.

Nous n'avons pas à discuter ici si c'est à juste titre qu'on a rangé l'*accessio* parmi les modes d'acquérir la propriété; quoi qu'il en soit, tout ce qui accroissait de cette manière le patrimoine du fou lui appartenait, sans qu'il eût à exprimer l'intention d'en devenir propriétaire.

Le fou acquérait aussi par la loi : 1° la portion du trésor qu'un rescrit d'Adrien attribuait au maître du fonds où le trésor avait été découvert; 2° le *caducum* et l'*ereptorium* en vertu de la loi Papia Poppæa; 3° enfin le legs *per vindicationem* auquel furent assimilés plus tard les autres legs et les fidéicommis.

Cependant il pouvait arriver qu'un legs fût fait sous une condition dépendante de la volonté du gratifié : cette volonté faisant défaut (et c'est ce qui arrive en cas de folie), la logique aurait amené la déchéance du legs. Nous trouvons au Digeste une espèce où cette rigoureuse conséquence ne s'appliquait pas : un esclave a été légué à deux personnes conjointement, sous condition de leur option commune; l'une d'elles fait son choix, puis est frappée d'aliénation. Quand l'autre à son tour exercera son option, on ne pourra pas dire que les deux volontés coïncident, et l'option simultanée ne se produira pas. On regardait néanmoins l'option comme régulière, et une jurisprudence plus bienveillante déclarait ici l'esclave commun (1).

Le bénéfice acquis au fou par l'effet du legs ou du fidéi-commis sera remis aux mains du curateur; et si, étant revenu à la raison, le fou lui-même ou, après sa mort, son héritier ne voulait pas accepter les biens compris dans la libéralité, ces biens devront faire retour à qui de droit (2).

Comment le fou perdait-il sa propriété? — Il ne pouvait aliéner : la tradition, la mancipation, l'*in jure cessio*, le legs lui étaient également impossibles. Mais il pouvait être privé de son droit de propriété par une usucapion accomplie au profit d'un tiers.

On peut croire, en lisant la loi 48, D., *De adquir. rerum domin.*, 41, 1, que les biens de l'impubère n'étaient déjà plus, à l'époque classique, susceptibles d'être usucapés; en tous cas, cette décision n'est plus douteuse à partir de Théodose le Jeune. Il ne paraît pas que la même règle ait été étendue aux biens du fou. « *Ætati magis quam de-mentiæ consulendum* », dit quelque part Ulpien (3); la folie pouvant durer indéfiniment, on craignait, en sus-pendant l'usucapion au profit des aliénés, de faire planer

<hr>

(1) Loi 8, § 2, D., *De optione legatâ*, 33, 5.
(2) Const. 7, C., *De curatore furiosi*, § 7 et 8, 5, 70.
(3) L. 3, § 1, D., *De tutelis*, 26, 1.

sur la propriété une trop longue incertitude. Un texte de Marcellus, rapporté par Ulpien (L. 7, § 2, D., *De public. in rem act.*, 6, 2), dispose expressément que le bien d'un insensé peut être acquis par usucapion.

La *restitutio in integrum* était-elle accordée au fou contre l'usucapion accomplie à son détriment? On l'a nié, en alléguant que l'Édit du préteur ne mentionne pas les aliénés parmi les personnes auxquelles il confère le bénéfice de la *restitutio*. Mais la loi 22, § 2, D., *Ex quibus causis*, 4, 6, proteste contre cette opinion. Elle déclare que l'Édit est applicable aux aliénés (§ 2) ; or elle indique elle-même dans le paragraphe précédent que le but de la *restitutio* est de supprimer pour les personnes qui ne peuvent figurer en justice aussi bien l'appauvrissement que l'enrichissement auquel pourrait donner lieu l'usucapion : « *Sicut damno eos adfici non vult, ita lucrum facere non patitur.* » Comment admettre dès lors que la *restitutio* soit accordée aux tiers contre l'aliéné et que ce dernier n'en jouisse pas lui-même contre les tiers ?

Nous croyons donc devoir nous ranger à la doctrine que professait Cujas (l. XII, *Pauli ad edictum*) : « *Hoc* « *edicto*, dit-il, *subveniri non tantum absentibus et ad-* « *versus absentes, sed etiam furiosis, infantibus, civita-* « *tibus, et adversùs furiosos indefensos. Furiosi per* « *omnia et in omnibus absentium loco habentur, et furiosi* « *infantes proximi sunt.* »

Quoi qu'il en soit, en attendant l'application de cette *restitutio in integrum*, l'usucapion contre le fou s'accomplissait. Mais alors n'est-il pas étrange de trouver au Digeste un texte nous disant que l'*usucapiens* ne jouit pas de la publicienne? La loi 2, § 16, *Pro emptore* contient ces mots : « *Si a furioso quem putem sanæ mentis emero, constitit usucapere utilitatis causâ me posse, quamvis nulla esset emptio ; et ideo neque de evictione actio nascitur mihi, nec publiciana competit, nec accessio possessionis.* » Comment expliquer cette singulière décision? Sans doute Paul s'est placé dans un cas particulier, celui où l'acheteur voudrait intenter l'action publicienne contre son vendeur qui, au jour du contrat, était aliéné. Celui-ci opposant l'exception *justi dominii*, l'acheteur ne pourra riposter par la réplique *rei venditæ et traditæ*, car la vente n'a pas été valable : « *nulla erat emptio.* » Efficace contre toute autre personne, l'action publicienne sera impuissante ici contre le vendeur.

Outre l'usucapion, l'accession peut encore faire perdre au fou sa propriété, lorsqu'elle s'accomplit à son détriment sans que sa volonté ait à intervenir. Tel est le cas où un tiers ferait une chose nouvelle avec quelque matière appartenant au fou, si la chose ainsi modifiée ne pouvait être ramenée à sa forme primitive.

Démembrements de la propriété. — Tout ce que nous venons de dire sur l'acquisition, la conservation, et la perte du droit de propriété doit s'appliquer aux autres droits réels qui en sont les démembrements. Le fou ne peut les acquérir que par les modes qui n'exigent pas la volonté. N'oublions pas cependant un droit important, le droit d'hypothèque, qui, dans la législation de Justinien, existait au profit du fou sur tous les biens du curateur par le seul effet de la loi (1).

(1) Const. 7, § 5 et 6, C., *De curat. fur.*, 5, 70.

Les mêmes droits n'étaient perdus pour le fou que quand cette perte était indépendante de sa volonté. C'est ainsi que son usufruit s'éteignait par le non-usage, par la mort, par la *capitis deminutio*, par la destruction de la chose, par la consolidation, jamais par une cession au propriétaire. Les servitudes prédiales qui lui appartenaient prenaient fin par non-usage, par confusion, par perte de la chose, mais non par une remise accordée au propriétaire du fonds asservi.

§ 2. — Des effets de la folie sur les droits de créance.

Les droits de créance sont ceux qui dérivent de l'obligation d'une personne envers une autre. Or, d'après une classification que nous avons conservée dans notre droit français, les obligations se forment de quatre manières distinctes : 1° *Contractu;* 2° *Quasi ex contractu;* 3 *Delicto;* 4° *Quasi ex delicto.*

Voyons quels étaient ceux de ces modes producteurs d'obligations qui, s'appliquant à l'aliéné, pouvaient le rendre soit débiteur, soit créancier.

1° *Contrats.* — L'insensé, étant incapable de se déterminer librement et de comprendre la portée de ses actes, ne peut conclure aucune convention valable. Les différentes espèces de contrats, *re, verbis, litteris, consensu,* lui sont également interdites. Dans les cas mêmes où un consentement exprès n'est pas exigé et où une simple présomption de consentement tacite produit une obligation, le fou ne peut se trouver engagé dans un lien de droit ; c'est ainsi qu'en matière de louage, si le propriétaire était en état de démence, la tacite reconduction ne serait pas admise (1). Ainsi, quel que soit le contrat que les parties aient semblé faire, si l'une d'elles était alors en état d'aliénation mentale, ni l'une ni l'autre n'est tenue. Rappelons seulement que l'aliéné, en revenant à la raison, recouvre sa capacité, et qu'un simple intervalle lucide lui permet d'accomplir tous les actes de la vie civile.

Le contrat ainsi conclu entre personnes dont l'une au moins ne pouvait consentir aboutira fatalement à un échec judiciaire si l'une quelconque des parties s'avise d'en poursuivre en justice l'exécution. Pour obtenir ce résultat, le défendeur n'aura pas besoin de recourir à une exception, puisqu'il contredit directement l'*intentio* de son adversaire; évidemment, « *non paret dare* (ou *facere*) *oportere*. » Non moins superflue serait l'*in integrum restitutio*, accordée uniquement pour faire tomber des actes civilement obligatoires.

Cette dernière proposition pourrait, à première vue, sembler difficile à soutenir en présence d'une Constitution de Gordien insérée au Code (Loi 3, *De Curat. furiosi*, 5, 70); nous y lisons en effet : « *Si pater tuus mentis compos non est, pete ei curatores, per quos si quid gestum est quod revocari oporteat, causâ cognitâ in pristinum statum restitui possit.* » Ce texte ne parle-t-il pas d'une *restitutio* à obtenir contre les actes qu'a faits l'aliéné ? On peut éviter d'accueillir une aussi singulière théorie en donnant de la phrase que nous venons de citer une in-

_____

1) Loi 14, D., *Locati conduct.*, 19, 2.

terprétation différente. Rattachant les mots *per quos* à ceux-ci : « *Si quid gestum est* », nous nous trouverons placés dans l'hypothèse d'un acte accompli par les cura-teurs, et non par le fou. L'économie générale des idées romaines sur la capacité des aliénés n'est plus alors troublée, et il ne s'agit plus que d'une *restitutio in inte-grum* appliquée de la façon la plus normale à des actes valablement passés par les curateurs. Le sens que nous attribuons ici au texte de Gordien est formellement con-firmé par les Basiliques (Loi 20, liv. XXXVIII, tit. X).

Nous venons de le voir : le contrat où figure un aliéné ne produit directement aucune obligation. Mais ce con-trat, sans effet par lui-même, peut être suivi de faits qui donneront forcément naissance à des obligations. Tel est le cas, prévu au Digeste, où quelqu'un a reçu, à titre de prêt, une somme d'argent d'un aliéné ; l'em-prunteur ignorait la folie de son prêteur. Il consomme les deniers ainsi touchés sur la foi d'une convention qui n'avait aucune valeur : Julien accorde alors la *con-dictio* à l'aliéné, Pomponius reproduit et s'approprie cette décision (1). Jusqu'à la consommation de l'argent, le fou en est resté propriétaire et a pu revendiquer ; mais quand l'*accipiens* l'a placé ou l'a dépensé, un droit de créance succède au droit de propriété du fou ; son action en revendication est remplacée par une *condictio* dont le principe réside dans l'enrichissement que l'*acci-piens* a retiré ou dû retirer de la consommation. Cette *condictio* est une *condictio sine causâ*. Si l'emprunteur

(1) Loi 12, D., *De rebus creditis*, 12, 1. — Loi 24, pr. D., *De oblig. et action.*, 44, 7.

connaissait l'état mental du *tradens* quand il a consommé les deniers, il sera en outre exposé soit à l'action *ad exhibendum*, soit à la revendication, car il s'est mis par son propre dol dans l'impossibilité de représenter ou de rendre ces deniers (1).

Le fou, au lieu de jouer le rôle de prêteur, a pu jouer le rôle inverse, et recevoir des deniers à titre de *mutuum*. Le contrat ne sera pas plus formé que dans le cas précédent. Néanmoins, si le fou s'est trouvé enrichi par cette prestation, il sera tenu dans la limite de son enrichissement : il sera soumis, s'il possède encore les écus, à la revendication, et, s'il ne les possède plus, à une *conditio sine causâ* qui ne pourra excéder le profit réalisé (2).

Nous aurons à appliquer les mêmes principes généraux si, au lieu de figurer dans un *mutuum*, le fou prend part à une vente, soit comme vendeur, soit comme acheteur.

Supposons qu'il vende et livre sa chose : le contrat n'est pas valable, la tradition ne l'est pas davantage; la propriété ne sera donc pas déplacée lors même qu'auraient été remplies les conditions nécessaires pour le

---

(1) Lois 36, pr., D., *De rei vindic.*, 6, 1 et 9, pr. *Ad exhib.*, 10, 4.

(2) « Partout où une tradition, faite dans le double but de transférer la propriété et d'engendrer une *condictio* manque son effet translatif, la *condictio*, qui n'a pu naître tout d'abord, résulte après coup de la consommation des choses livrées, parce que dès lors l'*accipiens* se trouve par le fait du *tradens* dans la même situation que s'il fût devenu immédiatement propriétaire (Accarias, I, p. 649). » On peut aussi tirer un argument d'analogie de la situation faite en pareille hypothèse au pupille non autorisé (Accarias, II, p. 593).

transfert de la propriété des choses vendues (1) : le fou aura l'action en revendication, et, quant au prix, s'il l'a reçu, il n'en sera comptable que *quatenus locupletior factus est.*

Supposons au contraire qu'il achète quelque chose : la livraison qui lui est faite (fût-elle accompagnée de quelqu'une des autres circonstances exigées pour rendre un acheteur immédiatement propriétaire) ne lui transmet ni la propriété ni même la possession. En effet, la tradition ne transfère la propriété que si, à la remise du *corpus*, se joint cette *justa causa tradendi* qui consiste dans une intention spéciale et réciproque d'aliéner et d'acquérir (2) : ici l'*accipiens* n'a pu avoir la volonté d'acquérir, la *justa causa* est donc incomplète, la tradition est inefficace. Elle ne produit même pas de possession en faveur du fou puisqu'un fou ne peut avoir l'*animus possidendi*. En conséquence le vendeur pourra revendiquer sa chose. Si le prix ne lui a pas été payé, il n'aura pas l'action *venditi* pour le réclamer en laissant la chose vendue aux mains de son acheteur : la vente est nulle et ne peut engendrer aucune action. Si le prix a été payé, le fou pourra réclamer la restitution d'un argent qu'il était incapable d'aliéner ; seulement, si les choses achetées et reçues par lui ont tourné à son profit, comme par exemple des denrées alimentaires dont il s'est nourri, ne serait-il pas juste que son action échouât devant une exception de dol?

2° *Quasi-contrats.* — Le fou était obligé *quasi ex con-*

(1) Instit., liv. II, titre Ier, § 41.
(2) Accarias, I, p. 491.

tractu toutes les fois que l'obligation pouvait naître sans sa volonté. Appliquons cette règle successivement aux différentes espèces de quasi-contrats.

Le fou gérant les affaires d'autrui ne peut être obligé par ce fait : il a agi machinalement en quelque sorte, et ses actes, n'émanant pas d'une volonté libre et consciente, ne peuvent le soumettre à aucune responsabilité. — Mais si un tiers fait des actes de gestion dans l'intérêt du fou, celui-ci se trouvera tenu de l'action *negotiorum gestorum contraria* (1) et devra rembourser au gérant d'affaires le montant des dépenses utiles.

L'indivision peut aussi être pour le fou une cause d'obligation (2) : « *veluti si communem fundum habeo cum his (pupillus vel furiosus), et aliquid in eum impendero...* » Le fou sera tenu de l'action *familiæ erciscundæ* ou *communi dividundo*, suivant les cas.

La tutelle à laquelle est soumis l'aliéné quand il est impubère l'oblige à indemniser son tuteur des avances que ce dernier a pu faire : il sera donc passible de l'action *tutelæ contraria*. Mais si lui-même a géré la tutelle de quelque pupille, il n'a pu par là s'obliger.

Le fou qui devient héritier sien est tenu en cette qualité envers les créanciers héréditaires et les légataires.

Quant au paiement de l'indû, fait à un aliéné, il n'engendre pas, à proprement parler, la *condictio indebiti*. Justinien considère celui qui reçoit l'indû comme obligé *re :* il rapproche l'obligation née du *mutuum* et celle

(1) Loi 3, § 5, D., *De negot. gestis*, 3, 5.
(2) Loi 46, *De oblig. et act.*, 44, 7.

qui résulte du paiement de l'indû, et en conséquence il déclare que le pupille non autorisé, ne pouvant être tenu à raison d'un *mutuum*, ne sera pas tenu davantage de la *condictio indebiti* (1). Le raisonnement et la décision de Justinien sont applicables à l'aliéné. Tant que la chose livrée à titre de *solutio* restera aux mains du fou, le *tradens* jouira de la revendication; si elle a été consommée, le *tradens* aura une *condictio sine causa*, jusqu'à concurrence de la valeur dont le fou aura profité.

Le fou peut-il devenir créancier *quasi ex contractu?* En règle générale, oui, parce qu'il n'a pour cela besoin d'aucun acte volontaire. Ainsi lorsqu'on gère son bien, il acquiert l'action *negotiorum gestorum directa;* lorsqu'il est dans l'indivision, il jouit de l'action *communi dividundo* ou *familiæ erciscundæ;* quand il est pupille, son tuteur est responsable envers lui et tenu de l'action *tutelæ directa;* il en est de même de son curateur, si le fou est appelé à un legs *per damnationem* ou *sinendi modo*, il devient créancier de l'héritier dès l'instant de l'adition. Notons seulement deux points : 1° le fou ne peut devenir créancier en se portant lui-même gérant d'affaires pour autrui; 2° s'il fait un paiement indû, il reste propriétaire ; et, pour déterminer quelles actions lui compètent, on distingue si l'*accipiens* possède encore les choses reçues ou s'il les a consommées, et, dans ce dernier cas, si la consommation a eu lieu de bonne ou de mauvaise foi (2).

(1) Instit., liv. III, tit. XIV, § 1.
(2) Loi 29, D., *De cond. indeb.*, 12, 6. — Accarias, II, p. 593.

Un dernier mot à propos des contrats et des quasi-contrats. Au point de vue du droit prétorien, sinon au point de vue du droit civil, le fou peut être obligé par le fait de son fils et de son esclave. Des actions, dites *adjectitiæ qualitatis*, sont données contre lui à raison des obligations contractées par les personnes ainsi soumises à sa puissance : les actions *de peculio*, *institoria*, *exercitoria*, *de in rem verso*, l'atteindront aussi bien que tout autre père de famille et que tout autre maître. A l'inverse, le fou deviendra créancier par le fait de son fils ou de son esclave, et ici nous appliquons un principe même du droit civil : dans tous les cas où l'individu *alieni juris* deviendrait personnellement créancier si sa condition n'y faisait pas obstacle, la créance naît en la personne du père de famille, et cela, même à son insu et malgré lui (1). Cette règle est ainsi formulée aux Institutes (liv. III., tit. XXVIII, pr.) : « *Expositis generibus obligationum quæ ex contractu vel quasi ex contractu nascuntur admonendi sumus adquiri nobis, non solum per nosmetipsos, sed etiam per eas personnas quæ in nostra potestate sunt.* »

3° *Délits*. — Le fou ne peut pas être obligé *ex maleficio*, car l'élément principal du *maleficium* est la faute, et on ne peut raisonnablement imputer aucune faute à l'être qui n'a ni bon sens, ni conscience, ni volonté. C'est ainsi qu'il ne pourra être poursuivi par l'action d'injures (2). Même décision pour l'application de la

---

(1) Loi 62, D., *De verb. oblig.*, 45, 1. — Accarias, II, 668.
(2) *Sent.* de Paul, L. 5, t. IV, § 2. — Loi 3, § 1, D., *De injur.*, 47, 10.

loi Aquilia : « *Quæ enim in eo culpa sit cum suæ mentis non sit (1)* ? »

Tout autre sera le cas où un délit aura été commis contre le fou : le délinquant s'est ici rendu coupable autant que s'il avait porté atteinte à la personne ou aux biens d'un individu sain d'esprit ; les éléments du *maleficium* existent donc, et le fou sera créancier de la réparation qui lui est due.

4° *Quasi-délits*. — On n'est jamais tombé d'accord pour définir avec précision en quoi le quasi-délit se distingue du délit. Sans prétendre trancher cette difficile question, nous nous bornerons à nous placer dans les quatre hypothèses de quasi-délit que nous indiquent les Institutes (l. IV, tit. V) ; là encore nous appliquerons les règles que nous venons de poser : le fou ne peut être déclaré responsable d'aucun des faits nuisibles qui constituent le quasi-délit ; on ne peut réclamer de lui que le bénéfice qu'il aurait retiré de l'acte incriminé. Mais si quelqu'un de ces faits, émanant d'un tiers, est commis contre le fou, le fou aura aussi bien qu'un autre l'action accordée à la suite des quasi-délits. En d'autres termes, les faits prévus ne pourront, s'il en est l'auteur, le rendre débiteur : s'il en est la victime, ils le rondront créancier.

— Nous venons de le voir : l'insensé ne peut pas, du moins en principe, être obligé *civilement*. Mais ne peut-il pas être tenu d'obligations *naturelles* ? La négative semble s'imposer : car l'obligation naturelle, pas plus

____

(1) Loi 5, § 2, D., *Ad legem Aquil.*, 9, 2.

que l'obligation civile, ne peut prendre naissance sans la
volonté de celui qui s'oblige. Nous avons excepté de cette
règle certains cas où le fou se trouve tenu par la force
des choses, ainsi le cas où un tiers a géré pour lui son
patrimoine : mais alors l'obligation du fou est complète
et d'une valeur parfaite. On ne voit point ce qu'il faudrait supposer pour que le fou s'obligeât naturellement.
S'est-il engagé pendant un intervalle lucide? L'obligation est entièrement efficace. S'est-il engagé quand sa
raison était égarée? Il n'y a pas là le moindre rudiment
d'obligation; aussi lisons-nous au Digeste (Loi 70, § 4,
De fidej. et mandat., 46, 1) :

« *Si a furioso stipulatus fueris, non posse te fidejussorem accipere certum est, quia non solum stipulatio
nulla intercessisset, sed ne negotium quidem ullum gestum intelligitur.* » Cette affirmation se retrouve encore
dans la loi 6, D., *De verbor. obligat.*, 45, 1 : Ulpien y déclare positivement que l'obligation contractée par un fou
ne peut servir de base à une fidéjussion. Ce n'est donc
pas sans un profond étonnement qu'on trouve dans un
autre texte d'Ulpien, citant alors l'opinion de Marcellus,
les mots suivants :

« *Si quis pro pupillo sine tutoris auctoritate obligato,
prodigove, vel furioso, fidejusserit : magis esse ut ei non
subveniatur : quoniam his mandati actio non competit.* »
Loi 25, D., *De fidej. et mandat.*, 46, 1.)

La difficulté de concilier ce texte avec les précédents
augmente encore en présence du dernier membre de
phrase « *quoniam his mandati actio non competit,* »
qu'il est matériellement impossible de comprendre sans

ôter aux expressions leur sens accoutumé ou sans changer certains mots. Il faut opter entre deux partis
1° traduire *quoniam* par *bien que*, ce qui donne la proposition suivante : « le fidéjusseur reste obligé, bien
qu'il n'ait pas contre les incapables l'action du mandat ; »
2° faire permuter en quelque sorte les deux pronoms
ei et *his*, et dire : « il n'est pas besoin de venir en aide à
ces personnes, car le fidéjusseur n'a pas contre elles
l'action *mandati*. »

Reste à expliquer comment deux textes en apparence
contradictoires, la loi 6 *De verborum obligationibus* et
la loi 26 *De fidejussoribus*, peuvent figurer au Digeste,
et, qui plus est, sous le nom du même jurisconsulte.

Cinq opinions se sont produites sur ce point :

1° L'explication la plus commode est celle de M. Ortolan (1). Le dissentiment qu'accuse le rapprochement de
ces deux lois prouverait la division qui régnait parmi les
jurisconsultes : Ulpien, en rapportant l'avis de Marcellus,
aurait indiqué simplement une doctrine qu'il ne professait
point. Nous avouons, quant à nous, trouver invraisemblable qu'un même auteur ait ainsi exposé deux systèmes absolument contraires l'un à l'autre.

2° Pour M. Demangeat (2), une erreur de rédaction a
été commise dans la loi 25 par les commissaires de Justinien. Marcellus avait dû écrire : « Si quis pro furioso
spoponderit ou *fidepromiserit*, » et il envisageait l'hypothèse où un tiers aurait employé la forme de la *sponsio* ou
de la *fidepromissio* pour cautionner l'engagement du fou.

(1) *Explic. histor.*, I, § 1805.
(2) *Cours élém.*, II, p. 276.

Rien alors que de très naturel dans la loi 25 : le tiers qui a intercédé est parfaitement obligé parce que la *sponsio* et la *fidepromissio* se suffisent à elles-mêmes, sans le secours d'une obligation principale valable (Gaïus, III, § 119).

Quant à la fidéjussion, elle n'aurait pu se former (Loi 6 *De verb. oblig.*).

Ce qui nuit, suivant nous, à cette conjecture, c'est que la loi en question (Loi 25, *De fidej.*) rapproche le fou du pupille : or, comme le pupille peut s'obliger naturellement, la fidéjussion accédant à son obligation est, sans aucun doute, aussi valable que la *sponsio* ou la *fidepromissio*. Pourquoi donc, si le fou est l'objet de dispositions différentes, paraître ainsi l'assimiler au pupille ?

3° Plusieurs commentateurs, Noodt, Vinnius, Glück, distinguent si le fidéjusseur est intervenu connaissant ou ignorant la folie de celui pour lequel il s'obligeait. En était-il instruit, son intercession sera valable ; il s'est en quelque sorte porté fort pour l'insensé, et la nullité de l'obligation principale ne l'empêchera pas d'être tenu envers le créancier. Ignorait-il au contraire l'état mental de celui dont il voulait garantir la dette, son intercession sera nulle. Le premier cas est prévu par la loi 25, *De fidejussoribus;* le second par la loi 6, *De verborum obligationibus.*

Ce système a le grave inconvénient d'admettre un cas où la fidéjussion pourrait se produire sans obligation principale et perdrait ainsi ce caractère d'obligation accessoire qui est de son essence.

4° M. Machelard admet bien, comme les précédents

auteurs, la distinction entre le fidéjusseur qui connaît et celui qui ignore l'état intellectuel du fou : s'il intercède par ignorance, il n'est pas obligé, ainsi le décide la loi 6, *De verb. oblig.* — Mais, s'il intercède en connaissance de cause, M. Machelard propose une distinction nouvelle entre le cas où le fou serait tout à fait insensé, *mente captus*, atteint d'une démence continue, et le cas où il serait simplement sujet à des accès d'aliénation mentale suivis de retours à la raison, en un mot *furiosus*. D'après notre savant et regretté maître, la loi 25, *De fidéjuss.* entend parler du simple *furiosus* jouissant d'intervalles lucides. Qui sait si l'engagement contracté par un te individu ne l'a pas été pendant un de ces intervalles ? Certes, si on en était sûr, l'obligation serait valable même civilement, et aucune difficulté ne s'élèverait sur la valeur de la fidéjussion. Mais on est dans le doute, et c'est ce doute même qui donne en quelque sorte sa force et son efficacité à l'obligation du fidéjusseur. On entrevoit la possibilité d'un engagement : cela suffit pour que l'intercession consciente et voulue d'un tiers, instruit d'ailleurs de la situation, puisse sortir son plein et entie effet. — Si au contraire le fou est complètement *mente captus*, une fidéjussion faite même en connaissance de cause n'aura aucune valeur (1).

Ce système encourt, à nos yeux, le même reproche que le précédent : il aboutit toujours à admettre qu'une fidéjussion puisse se former sans qu'une obligation principale, au moins naturelle, existe certainement,

____

(1) Machelard, *Des oblig. naturelles*, p. 266 et suiv.

incontestablement, pour lui servir de base. Or l'existence parfaitement établie de cette obligation principale n'est-elle pas essentielle à toute obligation accessoire?

5° L'explication la plus vraisemblable nous paraît avoir été donnée par Cujas et par Pothier (1). La loi 25 s'est placée dans l'hypothèse d'une obligation valable *jure civili* et dont le fou pourrait être tenu : tel serait le cas d'une obligation contractée avant la folie ou produite depuis cette époque par un quasi-contrat. Notre question est singulièrement éclairée par la loi 70, § 4, *in fine, De fidejuss.* Après avoir prononcé la nullité d'une fidéjussion qui viendrait accéder à la promesse d'un insensé, le texte ajoute : « *Quod si pro furioso jure obligato fidejussorem accepero, tenetur fidejussor.* » Le fou peut donc être obligé civilement, et son obligation donner lieu à une fidéjussion valable : dans quels cas serait-ce possible, sinon dans ceux que nous venons d'indiquer? La loi 70 complète ainsi la loi 25, *eodem titulo*, dont la rédaction ambiguë a fait surgir toute cette controverse.

On nous fera sans doute une objection : la fin de la loi 25 refuse au fidéjusseur l'action *mandati* contre le fou; or, dira-t-on, dans les cas que nous supposons prévus par cette loi, le fidéjusseur doit assurément avoir un recours, il aura tout au moins l'action *negotiorum gestorum :* s'il a cette action, à quoi bon nous faire remarquer qu'il n'a pas l'action *mandati?* Nous répon-

---

(1) Cujas, *Ad legem* 19, D., *De usucap.* — Pothier, *Pandectæ*, 46, 1.

drons que l'action *mandati* n'est aucunement identique à l'action *negotiorum gestorum*, et qu'en conséquence il n'est pas inutile d'indiquer quand l'une est accordée à l'exclusion de l'autre (1).

Quelle était l'influence de la folie sur l'extinction des obligations?

Rappelons d'abord ce principe général : le fou, tant que dure son état de démence, ne peut en rien modifier sa situation juridique par un acte qui exigerait la volonté. Faisons application de cette règle aux différentes hypothèses d'extinction des obligations.

Payement. — L'aliéné ne peut faire un payement, car cet acte exigerait la volonté. Si, en fait, le fou a payé une somme qu'il devait, il est resté propriétaire, il pourra revendiquer : quant à son obligation, elle subsiste. Seulement son action ne doit réussir, nous semble-t-il, que si son droit de revendication s'appuie sur un intérêt sérieux, par exemple s'il a devancé un terme non encore échu : sinon, nous serions tentés de le faire échouer devant une exception de dol, par analogie avec ce qui se passe en pareille hypothèse pour le mineur qui a payé sans autorisation (2) : il serait injuste en effet qu'il exigeât du créancier la restitution d'une chose que celui-ci aurait le droit de se faire livrer immédiatement s'il ne l'avait pas déjà reçue. — Si le créancier a consommé les deniers reçus du fou, nous distinguerons deux hypothèses : 1° A-t-il agi de mauvaise foi? il sera

(1) Comp. par exemple les lois 25, D., *De negot. gestis*, et 27, § 4, *Mandati*.

(2) Loi 8, D., *De doli mali et metus except.*, 44, 4.

tenu de l'action *ad exhibendum* ou de la revendication ;
2° a-t-il agi de bonne foi ? toujours par analogie de
motifs avec ce qui se passe pour le pupille, la consommation des deniers aura eu pour effet de libérer
le fou aussi bien qu'un payement translatif de propriété (1).

Si le fou ne peut pas faire un payement, il ne peut
pas davantage en recevoir un : car c'est aliéner que se
dépouiller d'une créance, et le fou ne peut pas aliéner ;
de plus, la tradition faite entre ses mains ne produit pas
son effet translatif. Le payement ainsi opéré ne libérera
donc pas le débiteur du fou ; seulement, si le fou a
profité de l'argent qu'il a reçu, il ne pourra demander
un second payement sans se voir opposer une exception
de dol (2).

D'ailleurs, l'aliéné peut cesser d'être débiteur par le
fait d'un tiers qui paye pour lui (3).

Novation. — La dette d'un fou ne peut être novée
que par l'intervention d'un tiers se portant *expromissor :*
quand la novation se produit par changement de débiteur, sa fonction est identique à celle d'un payement,
et, nous venons de le voir, toute personne même étrangère à la dette peut la payer, « *sive sciente debitore,
sive ignorante, vel invito,* » telles sont les expressions
mêmes des Institutes.

Quant à la créance du fou, elle ne peut jamais être

____

(1) Loi 9, § 2, D., *De auct. et cons. tut.*, 26, 8.
(2) Loi 4, § 4, D., *De dol. mal. et met. except.*, 44, 4.
(3) Instit., livre III, titre XXIX, pr.

éteinte par novation, car il faudrait pour cela la volonté du créancier.

Acceptilatio et contrarius consensus. — Ces deux modes d'extinction reposent sur une règle ainsi formulée par Gaïus : « *Quæ jure contrahuntur contrario jure pereunt.* » Le fou ne pouvait contracter ni *verbis* ni *consensu :* ces deux modes ne pouvaient donc servir à éteindre ni la créance ni la dette du fou. Nous en dirions autant de la forme *litteris.*

La *confusion* et la *perte de la chose* peuvent faire perdre au fou sa créance ou l'affranchir de sa dette ; car ici nous avons plutôt un obstacle matériel à l'exécution de l'obligation qu'une extinction proprement dite de cette obligation. Ce sont deux événements qui vont opérer par la force des choses, et sans intervention de la volonté des parties.

Quant aux pactes *de non petendo* ou de *constitut*, il est de toute évidence qu'ils sont interdits à l'aliéné.

Les créances d'un fou ne peuvent s'éteindre par le fait de son fils ou de son esclave : car il est de principe en droit romain que les personnes soumises à notre puissance sont pour nous des instruments d'acquisition et d'enrichissement, jamais des causes d'appauvrissement.

§ 3. — Des effets de la folie sur l'acquisition des hérédités.

1. *Hérédités testamentaires.* — Quand le testament *per æs et libram* affectait la forme d'une mancipation où l'institué figurait lui-même à titre d'*emptor familiæ*, le fou ne pouvait être appelé à une succession

testamentaire. Mais quand le rôle du *familiæ emptor*
fut conféré à un tiers, le fou devint apte à être institué héritier ; il avait, aussi bien que l'homme sain
d'esprit, la *factio testamenti* (1). Les nouvelles modifications que subit successivement la forme du testament se
prêtèrent au maintien de cette règle. Ainsi, en droit, le
fou jouit de la *factio testamenti* : mais lorsqu'il s'agit
d'exercer ce droit et de recueillir effectivement le bénéfice d'une hérédité, le fou rencontre aussitôt des obstacles.

Mettons de côté le cas où il est héritier sien : il est
alors investi de plein droit ; il continue tout naturellement la personne du défunt. Mais, s'il est héritier externe,
une adition est nécessaire, et elle est interdite à l'insensé
aussi bien qu'à son curateur (2).

2. *Hérédités ab intestat.* — Si le fou est héritier sien,
il acquiert *ipso jure* et sans adition tous les droits et
actions du défunt (3). Mais, en dehors de ce cas, il ne
peut acquérir une hérédité dont l'adition lui est à la fois
indispensable et impossible. La vocation du fou va donc
rester en suspens jusqu'à sa guérison ou jusqu'à un intervalle lucide qui lui permette de déclarer, ou du moins
de témoigner par ses actes, s'il accepte ou répudie la
succession.

Telles sont les règles du droit civil. Mais leur rigueur
fut cependant tempérée par la jurisprudence préto-
rienne, grâce à l'établissement des *bonorum possessiones.*

(1) Loi 16, § 1, D., *Qui testam. facere possunt*, 28, 1.
(2) Loi 63, D., *De acq. vel omitt. hered.*, 29, 2. — Loi 90, pr. *ibid.*
(3) Instit , liv. III, t. I, § 3.

3. *Bonorum possessiones*. — La possession de biens était accordée par le préteur soit en vertu d'une disposition générale de l'édit, soit en vertu d'un décret rendu après examen : on l'appelait, dans le premier cas, *edictalis*, dans le second cas, *decretalis*. Cette succession du droit prétorien avait ses applications à la fois quand le *de cujus* laissait un testament et quand il mourait intestat.

Tant que durait son infirmité, le fou ne pouvait demander la possession *edictalis* par lui-même, ni l'obtenir par son curateur (1) : cette possession ne pouvait être acquise qu'en vertu d'une demande expresse, formulée par l'intéressé en connaissance de cause (2) et conçue en termes solennels : telle fut du moins la règle pendant longtemps (3). On pouvait charger un tiers de demander pour soi la *bonorum possessio ;* mais, si le mandant était frappé d'aliénation mentale avant que cette requête eût été présentée au magistrat, il n'acquérait pas la *bonorum possessio :* pour l'acquérir, il fallait que le mandant confirmât la demande formée en son nom, et cette confirmation était impossible tant que durait la folie (4). Ainsi l'expression d'une volonté se manifestant soit par une demande directe, soit par une ratification, telle est la condition nécessaire pour obtenir la *bonorum possessio*, telle est aussi la condition que ne peut remplir l'aliéné tant qu'il n'a pas repris l'usage de sa raison.

(1) Loi 1, § 5, D., *De succ. edicto*, 38, 9.
(2) Loi 1, § 4, D., *De bon. poss. sec. tab.*, 37, 11.
(3) Théophile, Instit., III, 9, § 7.
(4) Loi 48, D., *De acquir. vel omitt. hered.*, 29, 2.

Si l'aliéné est privé du droit de demander la *bonorum possessio edictalis*, au moins les délais de déchéance fixés pour la présentation de celle demande ne courent-ils pas contre lui ; ils ne courent pas davantage contre la personne qui lui aurait été substituée (1). C'est une conséquence du principe posé aux Instituts par Justinien : « *In petendâ autem bonorum possessione, dies utiles singuli considerantur.* »

A défaut de la *bonorum possessio edictalis*, le fou, par l'entremise de son curateur, pouvait demander et obtenir la *bonorum possessio decretalis*. Voici quelle situation en résultait : le fou acquérait la jouissance des biens héréditaires, mais rien encore n'était définitif. Si le fou revenait à la raison, il pouvait réclamer la *bonorum possessio edictalis* ; s'il mourait sans être guéri, il y avait dévolution de l'hérédité au profit des appelés subséquents dont sa présence paralysait la vocation (2). En vue de cette restitution possible, le curateur devait donner caution aux personnes qu'excluait l'aliéné, et, au contraire, demander caution aux légataires qu'il payait seulement à titre provisoire (3). Si l'aliéné mourait ainsi sans avoir recouvré son intelligence, son héritier n'était pas encore quitte en restituant les biens héréditaires : il devait rendre la valeur des fruits dont s'était enrichi le fou ; on défalquait seulement le montant des dépenses nécessaires ou utiles faites dans l'intérêt du patrimoine héréditaire, et les sommes dont le fou avait eu absolument besoin pour son entretien per-

(1) Loi 1, D., *De bon. poss. furios.*, 37, 3.
(2) Loi 1, D., *De bon. poss. fur.*, 37, 3.
(3) Loi 48, § 1, D., *De legatis*, 31, 1.

sonnel (1). A défaut de substitué ou de cognats, Ulpien nous indique que, par un désintéressement assez rare, le fisc s'effaçait et laissait les biens à l'héritier du fou (2).

La *bonorum possessio decretalis* n'était pas aussi avantageuse que la *bonorum possessio edictalis ;* elle ne donnait pas droit à l'interdit *quorum bonorum*, mais conférait seulement un interdit « *ne vis fiat* » *;* elle impliquait obligation éventuelle de restituer, obligation garantie par une satisdation : en cas de décès, elle ne passait pas aux héritiers. Du reste, rappelons-le, les délais accordés pour demander la *bonorum possessio edictalis* étaient suspendus pendant la folie. Cette proposition, qui naturellement exclurait pendant la folie le substitué ou les parents subséquents, semble contredite par une constitution d'Alexandre Sévère : « *Si mater tua*, dit ce texte, *propter furorem suum patrui sui bonorum possessionem non accepit, tu filius ejus ad eorumdem bonorum patrui magni possessionem ex edicto, quo prioribus non petentibus, sequentibus permittitur, admissus es* (3). » N'y a-t-il pas contradiction à déclarer d'abord que les délais de déchéance né courent pas contre le fou, et à décider ensuite qu'à défaut du fou la *bonorum possessio edictalis* est accordée aux cognats du degré inférieur? Cujas et après lui d'autres interprètes ont donné de cette apparente antinomie l'explication suivante : Alexandre Sévère aurait en vue le cas où une personne saine d'esprit se trouve appelée à une succession et apprend le droit qui s'ouvre

____

(1) Loi 51, pr. D., *De hered. petit.*, 5, 3.
(2) Loi 12, pr. D., *De bon. possess.*, 37, 1.
(3) Const. 1, C., *De succ. edicto,* 6, 16.

en sa faveur ; le délai de la demande commence à courir, lorsque tout à coup la personne en question devient folle : le délai alors continuera à courir, et, lors de son expiration, les parents subséquents pourront réclamer la *bonorum possessio*. Cette interprétation, qui semble prévaloir parmi les commentateurs, ne pourra se défendre d'un grave reproche : en laissant ainsi courir le délai de déchéance pendant la folie, elle méconnaît le principe d'après lequel ce délai se compose exclusivement de jours utiles (1) et que M. Accarias formule ainsi : « Au lieu de consister nécessairement en une durée fixe de 365 ou de 100 jours consécutifs, le délai ne comprend que les jours pendant lesquels, en fait et endroit, il a été possible au véritable intéressé de former sa demande (2). »

Peut-être serait-il préférable de supposer que la *bonorum possessio* ainsi accordée aux parents du degré inférieur pendant la folie de l'appelé est une possession purement provisoire et qui n'engage en rien l'avenir.

Nous venons de voir ce qui se passait pour l'acquisition des hérédités dévolues au fou. Que dire de la répudiation des mêmes hérédités? Si le fou était *heres suus*, il pouvait user du bénéfice d'abstention lorsque la raison lui revenait : c'est ce que décide un fragment de Paul inséré dans la *Collatio mosaïcarum et romanarum Legum* (3) : *Suis heredibus adeo a morte testatoris rerum hereditariarum dominium continuatur, ut nec tutoris auc-*

(1) Instit., III, 9, § 10.

(2) *Précis de dr. rom.*, II, p. 116 et 117, et textes à l'appui, Loi 2, pr., *Quis ordo in possess.*, 38, 15. — Ulpien, Reg. 28, § 10. — Const. 5, C., *Qui admitt. ad bon. poss.*, 6, 9.

(3) Pellat, *Manuale juris synopticum*, p. 901.

toritas pupillo, nec furioso curator sit necessarius, nec si forte solvendo (non) sit hereditas ; quamvis etiam furiosus, si resipuerit, et pupillus si adoleverit abstinere possint. »

Si le fou était héritier externe, il n'avait pas de répudiation à faire. Était-il investi d'une vocation à la *bonorum possessio ?* la *bonorum possessio edictalis* n'ayant pu être demandée ni par lui ni par son curateur, il n'y avait pas à la répudier. Quant à la *bonorum possessio decretalis*, elle ne comportait pas non plus de répudiation, puisque, jusqu'au décret du magistrat, elle n'existait pas et qu'après ce décret il était trop tard pour y renoncer (1).

Ici nous rencontrons une difficulté nouvelle. Un texte de Gaïus (2) nous dit que, si une *bonorum possessio* compète à un fou, « *ad furiosum pertineat* », il faudra s'en rapporter à la volonté du curateur pour accepter ou refuser. Comment concilier cette doctrine avec celle que nous avons trouvée ailleurs et d'après laquelle le curateur ne peut ni accepter ni répudier? Cujas a reproduit ici une explication que nous avons indiquée plus haut : suivant lui, Gaïus se place dans l'hypothèse où un individu sain d'esprit se trouverait appelé virtuellement à une *bonorum possessio* et, par la suite, deviendrait fou ; le curateur pourrait alors exercer un droit qui s'est valablement ouvert en la personne du successible. Ce qui rend cette interprétation assez invraisemblable, c'est que Gaïus place le pupille à côté du fou ; de plus, l'opinion de Cujas nous amènerait à faire dans son hypothèse courir les délais

____

(1) Loi 1, § 5, D., *De success. edicto*, 38, 9. — Loi 1, *De curat. fur.*, 37, 3.

(2) Loi 11, D., *De auctor. et consensu tut.*, 26, 8.

contre le fou, ce à quoi nous ne pouvons nous résoudre. Ne devons-nous pas plutôt voir dans le texte de Gaïus la trace du dissentiment qui régnait entre les jurisconsultes et que nous signale Justinien ? « *Magna et inextricabilis vetustissimo juri dubitatio exorta est*, nous dit-il, *sive adire hereditatem vel bonorum possessionem petere furiosus possit, sive non, et si curator ejus ad bonorum possessionem petendam admitti debeat, et juris auctores ex utroque latere magnum habuere certamen* (1).

Ces difficultés et ces discussions furent tranchées par Justinien. Voici quelles furent ses décisions : Si le fou est *heres suus*, l'ancien droit est maintenu. S'il est héritier externe, son curateur pourra demander la *bonorum possessio*, et même, conformément aux règles nouvelles, l'acquérir par une simple manifestation de volonté; un inventaire devra être fait de tous les biens advenant au fou à titre d'hérédité, de legs ou de fidéicommis, et ces biens seront sous la garde du curateur qui devra les rendre un jour à l'insensé s'il guérit et accepte l'acquisition faite en son nom. Les biens étant ainsi remis au curateur, de deux choses l'une : ou bien le fou mourra sans recouvrer la raison, et alors la succession fera retour, soit au substitué, soit aux héritiers ab intestat; ou le fou reprendra l'usage de son intelligence, et alors il aura le droit d'accepter définitivement ou de répudier la succession. Quant à la caution que devait fournir autrefois le curateur en recevant la succession dévolue au fou, elle n'est plus exigée désormais (2).

(1) Const. 7, § 3, C., *De cur. fur.*, 5, 70.
(2) *Ibid.*, § 3, 7, 8, 9, 11.

§ 4. — Des effets de la folie sur la transmission de l'hérédité.

Nous venons de voir comment le fou acquérait une succession ; demandons-nous comment la sienne était transmise.

Si le fou mourait intestat, sa succession était dévolue suivant les règles générales ; seulement, d'après la législation des Novelles, si les héritiers présomptifs d'un insensé négligeaient de lui donner leurs soins, l'étranger qui se chargerait du fou et qui ferait inutilement appel à la compassion des héritiers présomptifs, viendrait à la succession du fou de préférence à ceux qui auraient ainsi méconnu leurs devoirs. Était-ce les descendants ou les ascendants du fou qui lui avaient refusé leur assistance ? Le fou revenu à la raison était libre de les omettre et de les exhóróder, sans avoir à craindre d'exposer son testament à la *querela* (1).

Le fou pouvait laisser un testament valable dans deux cas : 1° s'il l'avait fait avant la survenance de sa folie ; 2° s'il l'avait fait pendant un intervalle lucide (2). Ce dernier point avait été contesté, mais Justinien tranche la controverse en faveur de la validité (3).

En toute autre hypothèse, le testament du fou était absolument nul. Aurait-il même été commencé avant que la folie se déclarât, si le testateur, avant de l'avoir terminé, se trouve frappé de démence, l'acte sera sans valeur ; le testateur, revenu à la raison après cet accès passager,

---

(1) Nov. 115, cap. 3, § 12, et cap. 4, § 6.
(2) *Sent.* de Paul, liv. III, t. IV, § 5.
(3) Const. 9, C., *Qui testam. facere possunt,* 6, 22.

ne pourra pas compléter son testament : il devra le refaire entièrement, car c'est un acte qui doit être fait *uno contextu* (1).

Nous appliquerons les mêmes décisions aux codicilles pas plus que les testaments, ils ne peuvent exister juridiquement sans l'intervention de l'intelligence et de la volonté. Même confirmés à l'avance dans un testament valablement fait, si leur auteur n'est pas sain d'esprit quand il les rédige, ils ne pourront avoir aucune valeur (2). Le fou qui ne jouissait pas d'intervalles lucides et qui n'avait pas pris ses dispositions testamentaires avant sa maladie était-il donc condamné à mourir intestat? On sait combien ce sort était redouté des Romains et quels efforts faisait la législation ou la jurisprudence pour éviter aux citoyens un pareil malheur. Ici encore une sorte de biais fut imaginé pour établir une succession testamentaire qui semblait impossible. Paul nous apprend que le père de famille pouvait obtenir de l'Empereur la permission de tester pour son fils aliéné (3). C'était une imitation de la substitution pupillaire : aussi lui donna-t-ou le titre de *substitution exemplaire* ou *quasi-pupillaire*. Justinien supprima la nécessité d'une autorisation impériale, et transforma ce qui était autrefois une concession du prince en une institution de droit commun (4).

D'importantes différences sont à signaler entre cette substitution et la substitution pupillaire :

(1) Loi 21, § 3, D., *Qui testam. facere possunt*, 28, 1.
(2) Loi 2, § 3, D., *De jure codicill.*, 29, 7.
(3) Loi 43, pr. D., *De vulg. et pupill. subst.*, 28, 6.
(4) Const. 9, C., *De impub. et aliis subst.*, 6, 26.

1° Le père qui fait une substitution pupillaire peut substituer qui bon lui semble ; au contraire, dans la substitution exemplaire, le substitué doit être choisi parmi certaines personnes qui sont : les descendants de l'aliéné, ou, à défaut de descendants, ses frères et sœurs. S'il n'y a ni descendants, ni frères et sœurs, ou si ces personnes sont elles-mêmes atteintes de folie, la désignation du substitué sera laissée au choix de l'ascendant.

2° Le droit de faire un substitué pupillaire est un attribut de la puissance paternelle ; le droit de faire un substitué quasi-pupillaire compète à tout ascendant ou ascendante qui compte l'insensé parmi ses héritiers présomptifs ab intestat. Qu'arrivera-t-il donc si plusieurs ascendants ont ainsi usé du droit de tester pour l'aliéné? Quelle est la substitution qui devra être exécutée? Plusieurs systèmes ont été proposés sur ce point. Les uns pensent que chaque substitué devra prendre dans la succession du fou les biens provenant de l'ascendant qui l'a désigné ; d'où cet inconvénient que, si le fou laisse des biens ne provenant d'aucun de ses ascendants, il mourra partie testat, partie intestat. Les autres décident qu'on doit faire prévaloir la substitution faite par l'ascendant qui est mort le dernier : ce système a le tort de supposer que le fou survit nécessairement à tous les ascendants. D'autres enfin donnent la préférence à l'ascendant le plus proche, et font ainsi passer toujours en première ligne la substitution faite par le père : mais ils ne nous indiquent pas par là ce qu'il faudra décider quand deux ascendants de même degré auront fait chacun une substitution, et que le père n'en aura fait aucune. — À l'exemple de notre savant maître,

M. Accarias, nous nous contenterons de reproduire ces opinions diverses sans oser prononcer entre elles (1).

La substitution quasi-pupillaire pouvait être anéantie par plusieurs causes.

Elle s'évanouissait si une *querela* faisait déclarer le testament inofficieux. L'ascendant devait donc prendre soin de laisser d'abord au fou sa quarte légitime s'il voulait que le testament produisît son effet et que la substitution pût s'accomplir. Il ne pouvait s'en dispenser que si son descendant, avant de tomber en démence, lui avait donné des sujets de mécontentement assez graves pour que la *querela* ne pût être intentée avec succès (2). La substitution tombait aussi lorsque le fou revenait à la raison, car alors il était en état de régler lui-même la dévolution de son hérédité. Elle était enfin caduque dans un troisième cas : c'est lorsqu'il survenait des enfants à l'aliéné. En accordant au père le droit de donner un héritier testamentaire à son fils privé de raison, on n'avait pas voulu lui fournir un moyen de déshériter ses petits-enfants.

CHAPITRE · III

DE LA CURATELLE DES ALIÉNÉS.

Section I. — Délation de la curatelle.

D'après tout ce que nous venons de dire sur l'incapacité

(1) Accarias, *Précis de dr. rom.*, I, p. 849, note 2.
(2) Vinnius, sur les Instit., livre 2, titre XVI.

personnelle des aliénés, on aperçoit combien il était important de venir au secours de ces malheureux êtres, sans intelligence et sans volonté, qui ne pouvaient accomplir les actes les plus simples et les plus nécessaires pour la gestion de leur patrimoine. Comme nous l'avons dit dans notre premier chapitre, ce fut la loi des Douze Tables qui inaugura la série des dispositions législatives destinées à protéger les intérêts des fous. Voici, d'après ce que nous rapporte Cicéron (1), comment elle s'exprimait : « *si furiosus escit, adgnatorum gentiliumque in eo pecuniaque ejus potestas esto.* »

Se fondant sur un passage de Festus, M. Giraud propose de compléter ce fragment en plaçant après les mots : *si furiosus escit*, le membre de phrase suivant : « *Ast ei custos nec escit.* » Le texte devrait alors être ainsi traduit : « si l'homme atteint de fureur n'a pas déjà un gardien, le soin de sa personne et de sa fortune doit être remis à ses agnats et à ses gentils (2). » Quel serait donc ce gardien? et dans quel cas l'aliéné lui serait-il donc ainsi confié plutôt que d'être soumis à la curatelle de ses agnats? Le mot *custos* doit sans doute être ici entendu dans le sens de *tuteur*. Il est certain, comme nous le verrons tout à l'heure, que le pupille en tutelle ne doit pas, s'il devient fou, recevoir de curateur (3) : c'est probablement à ce cas que fait allusion le texte qui nous occupe.

(1) *De inventione*, II, 50.
(2) Festus, *De verb. signif.*, verbo Nec. — Giraud, *Juris romani antiqui monumenta*, p. 17.
(3) Loi 3, pr., D., *De tutelis*, 26, 1.

La loi des Douze Tables, qui d'ailleurs ne faisait que consacrer un usage déjà ancien (1), proclama donc le principe de la curatelle. Mais cette institution, restreinte aux *furiosi*, et à ceux-là seulement qui avaient des agnats ou au moins des gentils, n'était vraiment pas organisée sur des bases assez larges. La loi Plœtoria, qui fut rendue environ deux siècles avant l'ère chrétienne, étendit le champ d'application de la curatelle, et, de leur côté, les préteurs accommodèrent la législation aux exigences de la pratique. Ce développement et cette expansion progressive du principe posé par les Décemvirs ne peuvent être bien compris qu'en examinant de près, et aux différentes époques, les règles constitutives de la curatelle.

§ 1. — A quels aliénés s'appliquait la curatelle ?

La loi des Douze Tables ne fait mention que du *furiosus ;* on admet généralement que lui seul était l'objet d'un régime spécial sous une législation dont le but unique était de sauvegarder l'intérêt des héritiers présomptifs. Le *furiosus* pouvait compromettre son patrimoine et par conséquent sa succession ; l'aliéné sans intervalles lucides était, par son incapacité absolue, mis hors d'état de dissiper la fortune sur laquelle comptaient ses agnats. On protégeait donc le premier afin de protéger par là même ses futurs héritiers ; le second était abandonné à lui-même puisqu'il ne pouvait par des actes juridiques

(1) Loi 1, pr., D., *De curat. fur.*, 27, 10.

tromper, en gaspillant son héritage, les espérances de sa famille.

Tout autre fut le point de vue des préteurs. Ils virent, dans la curatelle, non pas une institution politique pour garantir des droits éventuels de succession, mais une mesure de justice et d'humanité pour défendre ceux qui ne pouvaient veiller eux-mêmes à leurs intérêts : ils assimilèrent donc aux *furiosi* les personnes dont la folie est continue ; et c'est dans le même esprit que la curatelle fut également appliquée au sourd, au muet, à tout individu qu'une infirmité permanente empêche d'administrer ses biens (1).

La loi Plœtoria employait aussi des expressions beaucoup plus larges que le mot *furiosus*, et nous voyons dans Julius Capitolinus qu'elle admettait la curatelle « *vel propter lasciviam, vel propter dementiam* (2). »

D'après la loi des Douze Tables, celui-là seul était placé en curatelle qui avait des agnats ou des gentils : le préteur ne s'occupa plus de l'existence de ces héritiers présomptifs, et soumit à la curatelle tout aliéné par cela seul qu'il avait besoin de protection.

Ne pouvaient avoir de curateur que les fous *sui juris*. Un individu *alieni juris*, n'ayant pas de biens, n'avait pas à recevoir d'administrateur pour sa fortune ; quant à sa personne, elle était en sûreté près du *paterfamilias*. Lorsque le fils de famille obtint le droit d'avoir des biens personnels, on ne lui donna pas davantage un curateur ;

____

(1) Inst., livre I, tit. XXIII, § 4. — Accarias, I, p. 359.
(2) Julius Capitolinus, *Vita Marci Antonini*, 10.

l'administration de ces biens fut simplement confiée au
père (1).

Le fou doit donc être *sui juris* pour être mis en
curatelle : et encore cette condition ne suffit-elle pas. Il
faut de plus : 1° qu'il ne soit pas impubère, car alors il
aurait déjà un tuteur, et toute autre protection serait
superflue (2) ; 2° qu'il ne soit pas, comme mineur de
vingt-cinq ans, pourvu d'un curateur. S'il a déjà un
curateur à ce titre, la curatelle spéciale ne s'ouvrira
que si, arrivé à sa vingt-cinquième année, il n'a pas
recouvré la raison. En résumé, la curatelle des aliénés
ne peut s'appliquer qu'à des personnes *sui juris* pubères ;
quant aux pubères mineurs de vingt-cinq ans, ils n'y
sont soumis que s'ils n'ont pas déjà, en raison de leur
minorité, reçu un curateur. Ces conditions, toujours
nécessaires, sont, à l'époque du droit classique, deve-
nues suffisantes.

§ 2. — A quelles personnes était déférée la curatelle des
aliénés ?

« *Curatores aut legitimi sunt, id est, qui ex lege Duo-
decim Tabularum dantur, aut honorarii, id est, qui a
prætore constituuntur.* » Ainsi s'exprime Ulpien dans ses
Regulæ au titre *De curatoribus*. Il y a donc deux sortes
de curateurs. Les uns, dits *légitimes*, sont d'après la loi
des Douze Tables les agnats ou les gentils de l'aliéné ; les
autres, dits *honoraires*, sont choisis par le magistrat dans

(1) Const. 7, pr., C., *De curat. fur.*, 5, 70.
(2) Loi 3, pr., D., *De tutelis*, 26, 1.

les hypothèses qui s'écartent des termes de la loi des Douze Tables.

La curatelle légitime correspondait, comme nous l'avons dit, aux droits éventuels de succession : elle appartenait donc à l'agnat le plus proche en degré, aux agnats les plus proches s'il y en avait plusieurs du même degré. Si le degré le plus rapproché était occupé par une femme, nous pensons, par analogie avec ce qui se passait pour la tutelle légitime (1), que l'agnat mâle du degré subséquent était investi de la curatelle.

L'affranchi n'avait pas d'agnats : doit-on en conclure qu'il n'avait pas de curateur légitime?

On avait bien admis, par application de la règle : « *Ubi emolumentum, ibi onus,* » que le patron était tuteur légitime de l'affranchi impubère : faut-il admettre qu'il était curateur légitime de l'affranchi insensé? Une telle solution ne nous est pas fournie positivement par les textes, mais elle n'aurait rien que de conforme au principe.

A défaut d'agnats, c'est aux *gentiles* qu'était confiée la curatelle légitime.

Quels étaient donc les cas où le curateur pouvait être *honoraire,* c'est-à-dire nommé par le magistrat? Lorsque le fou était atteint, non pas d'une maladie intermittente, mais d'une infirmité continue, lorsqu'il n'avait ni agnats ni *gentiles,* lorsque le curateur légitime était excusé ou destitué, dans toutes ces hypothèses le curateur était choisi et nommé par le magistrat.

Ces deux curatelles (légitime et honoraire) coexistèrent

____

(1) Loi 10, D., *De legit. tut.,* 26, 4.

longtemps : l'organisation établie par la loi des Douze Tables était corrigée et complétée, mais non renversée, par le préteur. Peu à peu cependant le préteur acquit sur la délation de la curatelle une influence et une autorité presque souveraines. Il n'y avait pas de curateurs testamentaires : mais si un père avait par acte de dernière volonté désigné un curateur à son fils insensé, le magistrat respecta cette nomination anticipée et la confirma sans enquête (1) ; si le curateur était désigné par la mère, la confirmation se fît après enquête (2). La *gens* tomba en désuétude : sitôt donc que les agnats faisaient défaut, le magistrat intervenait pour nommer un curateur. Enfin, le préteur exerçait un droit de contrôle sur les curateurs légitimes, et, quand il les trouvait inhabiles à remplir leurs fonctions, il leur retirait tout au moins l'administration pour en charger une personne de son choix (3).

Devrait-on aller jusqu'à dire, comme l'ont fait certains romanistes, que la curatelle honoraire supplanta peu à peu, mais complètement, la curatelle légitime, et que sous Justinien cette forme primitive de la curatelle avait tout à fait disparu ? Nous ne le pensons pas. Certes, les prérogatives du préteur en cette matière devinrent de jour en jour plus nombreuses, mais elles ne durent pas se substituer absolument à l'autorité de cette loi des Douze Tables que les Romains entouraient d'un si religieux respect. La rédaction des Instituts pourrait

(1) Loi 1, § 3, D., *De confirm. tut. vel curat.*, 26, 3. — Inst., I, 23, § 1.
(2) Loi 2, § 1, D., *De confirm. tut. vel curat.*, 26, 3.
(3) Loi 13, D., *De curat. fur.*, 27, 10.

faire croire que toujours le magistrat désignait lui-même le curateur (1); mais Théophile dans sa paraphrase et Justinien lui-même dans un autre texte (2) nous montrent ce qu'il y aurait d'excessif dans cette proposition : le principe de la curatelle légitime des agnats reste debout, et le magistrat ne peut le méconnaître pour déférer la curatelle à qui bon lui semble; lorsqu'on sera dans un cas visé par les Douze Tables, les agnats seront de plein droit curateurs ; seulement, si le magistrat les juge incapables de bien administrer, il pourra les remplacer par un curateur honoraire. Dans toutes les hypothèses auxquelles la formule des Douze Tables ne s'appliquait pas, quand par exemple le fou était *mente captus* ou quand il n'avait pas d'agnats, c'est au magistrat qu'incombait le soin de nommer un curateur. Enfin notons que depuis un rescrit de Marc-Aurèle le curateur désigné par le testament paternel *doit* être confirmé sans enquête par le préteur et exclut ainsi les agnats (3) ; désigné par le testament maternel, il *peut* être confirmé après enquête et faire obstacle à la curatelle légitime.

Les incapacités, les causes d'exclusion, et les excuses sont en général les mêmes pour la curatelle que pour la tutelle. Cependant quelques questions spéciales s'étaient élevées en matière de curatelle et il est intéressant de voir comment elles avaient été résolues.

Le fils pouvait-il être curateur de son père? Un grand nombre de jurisconsultes ne l'admettaient point, et dé-

(1) Instit., I, 23, § 3.
(2) Const. 7, § 6, C., *De curat. fur.*, 5, 70.
(3) Loi 16, pr., D., *De curat. fur.*, 27, 10.

claraient qu'il serait indécent de faire ainsi gouverner un père par son fils ; mais un rescrit d'Antonin le Pieux décida que, si le fils était parfaitement honorable, il devait obtenir la curatelle de préférence à un étranger (1).

De même, le cas échéant, le fils serait curateur de sa mère (2).

Le mari au contraire ne pouvait être curateur de sa femme (3). C'était là une suite de cette idée qui avait fait défendre au tuteur et au curateur d'épouser la jeune fille dont les intérêts leur avaient été confiés, et cela tant qu'elle n'aurait pas atteint vingt-six ans : on craignait qu'à la faveur du mariage, le tuteur ou le curateur ne se dérobât à la nécessité de rendre des comptes. Aussi voyons-nous les Instituts mentionner le mariage comme une cause d'excuse.

Le fiancé ne pouvait être curateur de sa fiancée (4).

§ 3. — Par qui la curatelle était-elle déférée ?

Lorsque le curateur ne recevait pas son titre et ses fonctions de la loi elle-même, par quelles autorités était-il désigné et investi ? Les Instituts répondent à cette question (5) : « A Rome, le préfet de la ville et le préteur, dans les provinces les présidents, ont cou-

(1) Loi 12, § 1, D., *De tutor. et curat.*, 26, 5. — Loi 1, § 1, D., *De cur. fur.*, 27, 10.

(2) Loi 4, D., *De cur. fur.*, 27, 10.

(3) Loi 14, D., *eod. tit.* — Const. 2, C., *Qui dare tut. vel curat.*, 5, 34.

(4) Loi 1, § 5, D., *De excusat.*, 27, 1.

(5) Instit., 1, 23, § 3.

tume de nommer les curateurs après enquête. » Ce
texte doit être complété par deux constitutions de Justinien qui réglementent d'une façon plus minutieuse la
creatio curatoris : il y sera procédé à Constantinople
par le préfet assisté ou non du Sénat, suivant que le
fou sera ou ne sera pas noble ; dans les provinces, par
le président qui devra s'adjoindre l'évêque et trois notables (1).

§ 4. — Quelles formalités présidaient à la délation de la curatelle ?

Ces formalités peuvent être rangées sous trois chefs
différents : 1° la demande adressée au magistrat pour
obtenir la *creatio curatoris;* 2° les devoirs du magistrat à
qui incombe cette *creatio ;* 3° les garanties qu'on impose
au curateur lors de son entrée en charge.

Demande. — Cette demande est obligatoire pour certaines personnes, facultative pour d'autres.

Doivent demander la nomination d'un curateur :

1° La mère de l'aliéné (2), qui ne peut manquer à
ce devoir sans perdre ses droits à l'hérédité de son fils ;

2° Le fils de l'aliéné (3). Le fait seul de n'avoir pas
demandé un curateur pour son père lui fera-t-il encourir les peines établies par la Novelle 115, c'est-à-dire
la déchéance de ses droits héréditaires ? Cela paraît probable si l'on recherche l'esprit général de la législation

(1) Const. 27, C., *De episcop. audientiâ,* 1, 4. — Const. 7, §§ 5 et 6,
De curat. furiosi, 5, 70.
(2) Loi 2, § 31, D., *Ad senat. cons. Tertull.,* 38, 17.
(3) Const. 3, C., *De curat. fur.,* 5, 70.

sur ce point, et si l'on remarque en quels termes impératifs le Code impose au fils l'obligation de demander pour son père un curateur;

3° Les affranchis de l'aliéné (1) sous peine d'encourir ce que l'empereur Antonin appelle *periculum obsequii deserti.*

Les personnes qui peuvent provoquer la nomination du curateur, sans pourtant y être obligées, sont en nombre considérable. La tante et l'oncle sont formellement autorisés par les textes à prendre cette initiative (2), et une formule très générale que nous trouvons au Digeste (3) étend le même droit aux parents quelconques, aux alliés, aux amis. Le créancier même pourra faire nommer un curateur à son débiteur s'il ne se trouve pas une personne à qui la loi impose cette démarche (4).

Une loi unique au Code (5, 32) indique quels magistrats étaient compétents *ratione loci* pour recevoir la demande qui nous occupe : c'étaient soit le magistrat du pays dont le fou était originaire, soit celui du pays où le fou était établi, soit encore celui du pays où le fou avait son patrimoine, quand il ne possédait rien au lieu de son domicile.

Devoirs du magistrat. — Le magistrat doit d'abord procéder à une enquête, afin de bien constater l'existence de la folie. Il paraît que beaucoup de personnes simulaient la démence pour se dérober aux charges de

---

(1) Const. 2, C., *Qui petant tutores,* 5, 31.
(2) Const. 5 et 10, C., *ibidem.*
(3) Loi 2, pr., D., *Qui petant tutores,* 26, 6.
(4) Const. 7, C., *Qui petant tutores,* 5, 31.

la vie publique (1) : c'était au magistrat de déjouer cette fraude. Il faudra ensuite choisir un curateur et procéder à une nouvelle enquête : les informations devront porter cette fois sur la bonne réputation et sur la solvabilité du futur curateur. On devra s'assurer que sa fortune personnelle est suffisante ou qu'il peut au moins fournir une satisdation (2). Enfin le magistrat devra se méfier des hommes qui insistent pour être nommés curateurs et qui, dans ce but, proposent de l'argent : ils ne devront jamais être investis de la curatelle, et même ils encourront une pénalité (3).

Rappelons que, si le père de l'aliéné avait désigné lui-même par testament le curateur qu'il voulait pour son fils, cette nomination était confirmée sans enquête par le magistrat (4).

Garanties imposées au curateur. — Sous Justinien les garanties sont au nombre de quatre : 1° satisdation, 2° inventaire, 3° hypothèque, 4° serment.

La satisdation est une promesse, renforcée par celle d'un fidéjusseur. Ici ce qu'il s'agira de promettre, c'est la bonne et fidèle administration des biens du fou. Sont dispensés de cette satisdation : 1° le curateur désigné par le testament du père de famille, 2° celui qui jouit d'une fortune suffisante pour répondre de sa gestion (5).

Si le curateur, devant fournir caution, se refuse à en

(1) Loi 6, D., *De curat. fur.*, 27, 10.
(2) Const. 7, § 6, C., *De curat. fur.*, 5, 70.
(3) Loi 21, § 6, D., *De tut. et cur. datis*, 26, 5.
(4) Loi 16, pr. D., *De curat. fur.*, 27, 10.
(5) Const. 7, § 5 et 6, C., *De curat. fur.*, 5, 70.

présenter une, on pourra faire saisir ses biens (1).

Avant d'entrer en charge, le curateur doit encore faire dresser par acte public un inventaire complet et détaillé de tous les biens de l'insensé. Le défaut d'inventaire exposerait le curateur à être écarté comme suspect, ou à voir déterminer un jour, sous la foi du serment, par le fou revenu à la raison, les valeurs dont il serait comptable (2).

L'action donnée contre le curateur pour le contraindre à rendre compte de sa gestion était garantie, dès avant Justinien, par un privilège (3). Mais c'était là un simple droit de préférence à l'égard des créanciers chirographaires, auquel n'était joint aucun droit de suite. Justinien transforma ce privilège en une hypothèque générale qui prenait rang du jour de la nomination et qui conférait un droit de suite sur tous les biens du curateur (4).

Enfin, une dernière précaution fut prise par Justinien pour tâcher d'assurer l'honnête et sage administration des biens de l'aliéné : le curateur devait prêter serment, en présence de l'évêque et de trois notables, d'agir en toute chose pour le mieux et dans l'intérêt du fou, de ne pas négliger ce qu'il supposerait lui être utile, de ne pas faire ce qu'il penserait lui être inutile (5).

---

(1) Instit., I, 24, § 3.

(2) Loi 7, pr. D., *De admin. et peric. tut.*, 26, 7. — Const. 7, § 5, C., 5, 70.

(3) LL. 25, D., *De tutelæ et ration. distrah.*, 27, 3, et 15, § 1, D., *De curat. fur.*, 27, 10.

(4) Const. 7, § 6, *De cur. fur.*, 5, 70.

(5) Const. 27, C., *De episc. audient.*, 1, 4.

Section II. — Administration du curateur.

D'après ce que nous dit la loi des Douze Tables, les fonctions du curateur avaient un double objet : veiller sur la personne et sur la fortune de l'insensé.

Le curateur doit donc d'abord se préoccuper de l'entretien du fou, régler ses dépenses, et lui procurer le bien-être que sa situation précuniaire peut comporter ; il doit en outre lui faire donner les soins propres à amener sa guérison (1). Si, par la négligence du curateur, l'aliéné pendant un accès s'échappait de la demeure qu'il occupe et commettait quelque crime, le curateur pourrait être passible de dommages-intérêts (2).

Nous savons que le mari ne peut être curateur de sa femme folle. Si le curateur de cette femme s'aperçoit que son mari la traite sans égards et la prive de soins, il aura le droit de s'adresser au magistrat pour qu'on impose au mari l'obligation de nourrir et entretenir sa femme comme elle doit l'être, de subvenir à son traitement médical, enfin de lui apporter tous les secours qu'un conjoint doit à l'autre : sans excéder, bien entendu, les limites de la dot (3).

Une autre mission incombe au curateur : gérer le patrimoine de l'aliéné. Il ne s'agit ici ni de l'*auctoritas* que donne le tuteur à son pupille, ni du *consensus* par lequel les autres curateurs fortifient en quelque sorte et consolident les actes d'un prodigue ou d'un mineur de 25 ans.

(1) Loi 7, pr. D., *De curat. fur.*, 27, 10.
(2) Loi 14, D., *De off. præs.*, 1, 18.
(3) Loi 22, § 8, D., *Soluto matrim.*, 24, 3.

Le curateur devra, non pas assister, mais remplacer le fou, dont la capacité n'est pas seulement insuffisante, mais fait complètement défaut ; le curateur sera, d'après les expressions de M. Ortolan, une sorte de procureur chargé de gérer les affaires de l'insensé pendant toute la durée de sa folie. Seulement, n'y aura-t-il pas des limites à cette substitution du curateur à l'aliéné ? N'y aura-t-il pas des actes que la loi interdira au représentant, soit à cause de leur caractère périlleux, soit parce que l'intéressé lui-même peut seul les accomplir ? C'est ce que nous allons examiner en étudiant avec quelque détail les pouvoirs du curateur.

On peut envisager les actes juridiques à deux points de vue : quant à leur nature, et quant à leur forme.

Quant à leur nature, on les distinguera en actes de *disposition* dont le résultat essentiel est de faire sortir une chose du patrimoine, — et en actes d'*administration* dont l'effet principal est d'entretenir, d'améliorer, d'utiliser les biens compris dans ce patrimoine.

Quant à leur forme, ce sont, ou bien des actes qui peuvent se faire par représentant ou bien des actes qui exigent la présence même et l'intervention de la personne intéressée.

Les actes de disposition sont-ils possibles pour le curateur ?

Curateur agnat. — Prenant ces actes en eux-mêmes et réservant la question de forme, nous dirons que la loi des Douze Tables les permettait au curateur agnat. C'est ce que déclare Gaïus (II, § 64).

« *Ex diverso adgnatus furiosi curator rem furiosi alienare potest ex lege XII Tabularum.* »

Mais deux restrictions furent apportées à cette règle :

1. Il fut interdit au curateur agnat d'aliéner à titre gratuit. Ceci résulte de nombreux textes où nous voyons, par exemple, que l'agnat ne pouvait consacrer les biens appartenant au fou (1), ni en faire donation (2), ni affranchir un esclave, lors même que cet esclave aurait été légué au fou sous condition d'affranchissement (3). Le motif donné à l'appui de toutes ces prohibitions, c'est que de tels actes ne constitueraient pas des actes d'administration ; or, comme le dit Marcellus : « *A gnato furiosi non usquequaque competit rerum ejus alienatio : sed quatenus negotiorum exigit administratio.* »

Par exception, si l'acte à titre gratuit présentait un grand avantage pour le fou, cet acte pouvait être autorisé par le juge après connaissance de cause (4). De plus, il y avait un cas où la donation était toute naturelle et même moralement nécessaire : c'est le cas où les enfants de l'insensé se mariaient. Le curateur du fou fut autorisé par Justinien, moyennant certaines garanties et certaines formalités que nous avons déjà indiquées, à constituer une dot ou une donation *antè nuptias* aux enfants du fou (5).

2° Le droit qu'avait le curateur agnat d'aliéner à titre onéreux fut à son tour limité. Deux textes du Digeste, dont l'un vient d'être cité (6), montrent bien que les pou-

---

(1) Loi 12, D., *De curat. fur.*, 27, 10.
(2) Loi 17, *ibid.*,
(3) Loi 17, *ibid.*, et 13, D., *De manum.*, 40, 1.
(4) Loi 17, D., *De curat. fur.*, 27, 10.
(5) Const. 28, C., *De episcop. audient.*, 1, 4.
(6) Loi 12, D., *De curat. fur.*, 27, 10.

:voirs du curateur avaient été restreints aux actes exigés par une sage administration : c'est ainsi qu'il fallait un motif d'une sérieuse importance pour justifier l'hypothèque ou la mise en gage des biens du fou (1).

Enfin, une constitution de Gordien, faisant application des règles contenues dans le célèbre sénatus-consulte de Septime Sévère, défendit l'aliénation des *prædia rustica vel suburbana* appartenant au fou, à moins d'autorisation du président. L'hypothèque conférée sur un de ces fonds sans la permission du magistrat n'avait aucune valeur ; seulement, si le *mutuum* qui accompagnait cette hypothèque était profitable au fou, le prêteur de deniers avait contre lui une action personnelle utile (2). — Constantin comprit dans la même défense les *prædia urbana* et divers meubles précieux (3).

Ainsi, à l'époque de Justinien, il ne restait plus de l'omnipotence conférée autrefois par la loi des Douze Tables au curateur agnat, que la faculté d'aliéner les meubles de peu de valeur ou susceptibles d'une prompte détérioration.

Curateur nommé par le magistrat. — Il est probable que ce curateur n'eut jamais des attributions aussi étendues que les attributions primitives du curateur agnat. En effet, la formule si large de la loi des Douze Tables que rapporte Gaïus et qui conférait au curateur le droit général d'aliénation n'avait été faite que pour le curateur agnat. Quoi qu'il en soit, à l'époque classique, les deux

(1) Loi 11, D., *De cur. fur.*, 27, 10.
(2) Const. 2, C., *De cur. fur.*, 5, 70.
(3) Const 22, C., *De admin. tut. vel cur.*, 5, 37.

classes de curateurs sont régies certainement par les mêmes principes, et si l'agnat a joui autrefois de droits plus considérables que n'en reçut jamais le curateur datif, les prérogatives de l'un ne sont plus désormais supérieures à celles de l'autre.

Défense d'aliéner les biens de l'insensé, sinon à titre d'administration : telle est la règle générale qui doit présider à la gestion de toute curatelle (1).

Au surplus, et dès l'époque classique, l'aliénation n'était pas valable lorsque le curateur avait agi avant d'avoir fourni la *satisdatio* requise. Si les héritiers du fou revendiquaient une chose ainsi vendue sans la formalité préalable d'une caution et qu'on leur opposât l'exception *rei venditæ et traditæ*, ils triomphaient par une réplique portant ces mots : *si satisdatione interposita secundum decretum (curator) vendiderit* (2). »

Si le curateur aliénait quelque bien du fou dans une intention frauduleuse, il encourait la condamnation au double qu'Alexandre Sévère avait infligée à tout tuteur ou curateur deshonnête (3).

Enfin si l'opération avait été autorisée par le magistrat, mais qu'on pût démontrer que cette permission avait été obtenue par vol et par surprise, le fou avait une action réelle pour reprendre son bien (4).

Quels sont les pouvoirs du curateur en matière d'administration ? — Ces pouvoirs sont très-étendus.

(1) Loi 8, pr. et § 1, D., *De rebus eorum qui sub tut.*, 27, 9. — Lois 11, 12, et 17, D., *De curat. fur.*, 27, 10.
(2) Loi 7, § 1, D., *De curat. fur.*, 27, 10.
(3) *Sent.* de Paul, II, 30.
(4) Lois 5, § 15, D., *De rebus eorum qui sub tut.*, 27, 9.

Laissant encore de côté la question de forme dans les actes, nous citerons parmi les attributions du curateur :

1° L'acquisition de la possession pour le compte de l'insensé (1) ;

2° L'acquisition de la propriété (2) ;

3° Certaines aliénations pourvu qu'elles portent bien le caractère des actes d'administration (3) : « *in tradendo ita res furiosi (curator) alienat si id ad administrationem negotiorum pertineat ;* »

4° Le droit de réclamer pour l'aliéné la dot de sa fille quand le mariage de cette fille vient à se dissoudre (4) ;

5° Le droit de donner au fils ou à l'esclave de l'insensé ordre de contracter, auquel cas l'action *quod jussu* pourrait être dirigée contre le père ou contre le maître, c'est-à-dire contre l'insensé lui-même (5) ; le droit de conférer ou de retirer aux esclaves et aux fils du fou l'administration d'un pécule (6) ;

6° Le droit de transiger avec celui qui a volé la chose du fou ; dès que cette chose revient entre les mains du curateur, elle cesse d'être *furtiva* et redevient susceptible d'usucapion : le motif nous en est donné par Julien, c'est que le curateur est *loco domini* (7) ;

(1) Loi 1, § 20, D., *De acq. vel amitt. possess.*, 41, 2.
(2) Loi 13, § 1, D., *De acq. rer. domin.*, 41, 1.
(3) Loi 17, D., *De curat. fur.*, 27, 10.
(4) Loi 22, § 10, D., *Solut. matrim.*, 24, 3.
(5) Loi 1, § 9, D., *Quod jussu*, 15, 4.
(6) Loi 24, D., *De pecul.*, 15, 1.
(7) Loi 56, § 4, D., *De furtis*, 47, 2.

7° Le droit de recevoir un payement pour l'aliéné (1), et même le droit d'en faire un, puisque c'est assurément là un acte d'administration. S'il y a plusieurs curateurs, le payement peut être reçu par un seul d'entre eux ; il faudra, pour que ce payement soit rendu impossible, qu'un des curateurs s'y oppose formellement (2) ;

8° Le droit de nover une obligation, pourvu, ajoute Gaïus, que cela soit utile au fou (3) ;

9° Le droit de transmettre les actions au fidéi-commissaire, quand un fidéi-commis est imposé au fou (4) ;

10° Le droit de provoquer la dissolution des sociétés auxquelles appartient l'insensé (5).

— Enfin, et sauf une difficulté qui se présente à propos des *legis actiones*, le curateur peut faire valoir en justice les droits de l'aliéné. Au moins sous le régime de la procédure formulaire, il le représente comme demandeur et comme défendeur. L'*intentio* de la formule sera rédigée au nom du fou, la *condemnatio* au nom du curateur. Du reste, soit comme demandeur, soit comme défendeur, le curateur doit fournir une *satisdatio ;* néanmoins, quand il était demandeur, la pratique le dispensait souvent de cette obligation (6). — Le curateur défère le serment (7) et reçoit la *confessio* faite par l'ad-

(1) Loi 14, § 7, D., *De solut.*, 46, 3.
(2) Loi 14, §§ 5 et 6, D., *De solut.*, 46, 3 — et loi 7, § 3, D., *De cur. fur.*, 27, 10.
(3) Loi 34, § 1, D., *De novat.*, 46, 2.
(4) Const. 7, C., *Ad senat. Consult. Trebell.*, 6, 48.
(5) Const. 7, C., *Pro socio*, 4, 37.
(6) Inst., IV, 11, pr. *in fine*. — Keller, *De la procéd. civile chez les Romains*, trad. Capmas, §§ 53, 57, et textes cités en note.
(7) Loi 17, § 2, D., *De jurejur.*, 12, 2.

versaire ; mais il ne peut, par son aveu, préjudicier au
fou (1). Il peut transiger (2) ; enfin il interjette appel des
jugements, et, comme il agit pour autrui, le délai d'appel est porté en sa faveur de deux à trois jours (3). S'il
est condamné, l'action *judicati* est dirigée contre lui,
mais seulement tant que durent ses fonctions (4).

Au lieu d'un curateur unique, il peut y en avoir plusieurs.
Comment alors les biens du fou seront-ils administrés?

Trois hypothèses peuvent se présenter :

1° Il n'a été fait aucune division d'attributions entre
les curateurs : chacun d'entre eux sera ici pleinement
compétent pour faire tous les actes de gestion qu'il ferait
valablement s'il était seul curateur; toutefois, ces actes
seront impossibles si l'un des autres curateurs vient s'y
opposer (5).

Dans cette première hypothèse, chacun répond non
seulement de sa gestion personnelle, mais de celle de
ses collègues, sauf recours contre eux; le fou revenu à
la raison, ou ses héritiers s'il meurt non guéri, pourront,
en principe, poursuivre pour le tout celui qu'il leur
plaira de choisir.

2° La curatelle a été divisée, soit par genre d'affaires,
soit par régions: ici chaque curateur aura un pouvoir
propre dans sa sphère, mais aussi sa responsabilité sera
limitée aux actes compris dans ses attributions.

3° La gestion des affaires de l'insensé a été confiée à

(1) Loi 6, §§ 3 et 4, D., *De confess.*, 42, 2.
(2) Loi 54, § 5, D., *De furtis*, 47, 2.
(3) Loi 1, § 13, D., *Quando appell. sit*, 49, 4.
(4) Loi 5, pr , D., *Quando ex facto tutor.*, 26, 9.
(5) Loi 7, § 3, D., *De curat. fur.*, 27, 10.

un seul des curateurs, les autres ne perdant pour cela
ni leur qualité ni leur titre ; cette désignation d'un administrateur unique peut avoir été faite soit par le testament du père de famille, soit par le magistrat, soit par
les autres curateurs. En pareil cas, le curateur désigné
administrera le patrimoine de l'aliéné ; quant aux autres,
ils ne conserveront de la curatelle que l'honneur —
c'est pourquoi on les appelle *curateurs honoraires* — et
une responsabilité subsidiaire qui garantira les droits du
fou si l'administrateur poursuivi pour sa gestion est
reconnu insolvable (1).

*Quels sont les actes qui, par leur forme, ne se prêtent
pas à la représentation de l'aliéné par son curateur ?*

Il y a un certain nombre d'actes, appelés par les interprètes *actus legitimi*, qui ne comportent pas la représentation ; on doit y figurer en personne, et non par
l'entremise d'un mandataire que la loi vous aurait attribué ou qu'on aurait choisi soi-même. Ce sont : les actions
de la loi et leurs dérivés, l'*in jure cessio* et la *manumissio
vindicta* ; la *mancipatio* ; la *stipulatio*, l'*acceptilatio* ; l'adition ou la répudiation d'une hérédité ; l'*adrogatio*.

Aucun de ces actes ne peut être fait par le tuteur seul
pour le compte de son pupille (2) ; sont-ils interdits au
curateur qui voudrait les faire aux lieu et place de l'insensé ?

En ce qui concerne les actions de la loi et leurs dérivés, on pourrait être tenté de soutenir que le curateur
avait le droit de représenter l'aliéné. Justinien nous dit

(1) Loi 3, D., *De adm. et peric. tutor.*, 26, 7.
(2) Accarias, *Précis de dr. rom.*, I, p. 310 et suiv,

aux Institutes qu'autrefois on pouvait agir pour autrui dans certains cas exceptionnels : *pro populo*, *pro libertate*, *pro tutelâ* (Inst., IV, 10 pr.). On argumenterait alors des analogies qui existent entre la tutelle et la curatelle ; on montrerait que quelquefois les écrivains latins prenaient un mot pour l'autre, comme le fait Horace dans une de ses satires (1) :

> ..... Interdicto huic omne adimat jus
> Prætor, et ad sanos abeat tutela propinquos ;

et on en conclurait que la règle admise pour le tuteur devait sans doute être appliquée au curateur. Néanmoins nous pensons qu'une pareille induction serait trop téméraire. Elle se fonde sur une traduction assez contestable des mots *agere pro tutela* qui ne signifient peut-être pas *agir pour son pupille*. D'ailleurs, en admettant même l'exactitude de cette explication, Justinien semble bien nous parler d'une législation nouvelle quand il nous dit qu'on peut actuellement agir *tutorio vel curatorio nomine :* en rapportant l'ancienne législation, il dit seulement *pro tutelâ*, sans ajouter *vel curâ*.

Pour quelles raisons les textes seraient-ils unanimes à déclarer que le curateur ne pourra *jamais* procéder à une *manumissio vindictâ* ? Serait-ce seulement parce qu'elle est une aliénation gratuite, irréalisable à ce titre par le curateur ? Non, car la loi 13, D., *De manumissionibus*, se place dans une hypothèse où l'affranchissement n'est pas à proprement parler un acte à titre gratuit ; on le suppose nécessaire, imposé par fidéicommis, et il

____

(1) Horace, *Satires*, II, 3.

faudra bien qu'il se produise. Eh bien, le curateur fera tradition de l'esclave à un tiers qui procédera lui-même à la *manumissio*. Cet acte n'était pas suspect, et ce n'est pas pour protéger les intérêts du fou qu'on l'interdisait au curateur, puisqu'on aboutit à l'accomplir indirectement, et, qui plus est, en privant le fou des avantages du patronat. Si l'affranchissement n'a pu être opéré par le curateur, n'est-ce pas parce que la forme même de cette solennité juridique s'y opposait?

L'*in jure cessio* et la *mancipatio* n'apparaissent nulle part dans les textes à propos des biens appartenant au fou et aliénés par le curateur. Partout on les voit remplacées par la tradition, alors même qu'elles seraient nécessaires pour transférer à l'acquéreur le domaine quiritaire (1). Qu'en conclure, sinon qu'elles rentrent dans la catégorie des actes qu'on ne peut faire par représentant?

Nous avons donc là les manifestations d'une théorie générale qui interdisait tous ces actes au curateur.

Section III. — Fin de la curatelle.

La curatelle peut prendre fin par le fait du curateur ou par le fait du fou, *a parte curatoris vel a parte furiosi.*

La mort du curateur; sa *maxima* ou sa *media capitis deminutio*, et même sa *minima capitis deminutio* s'il est curateur légitime; l'admission d'une excuse *a susceptâ curâ;* enfin la destitution du curateur à la suite du cri-

_____

(1) Loi 7, § 3, *De curat. fur.*, 27, 10. — Loi 17, *ibid.* — Loi 13, *De manumiss.*, 40, 1.

men suspecti, sont autant de causes qui font cesser la curatelle *a parte curatoris*.

La curatelle prenait fin par le fait de l'aliéné quand celui-ci subissait une *capitis deminutio*, quand par exemple il était réduit en esclavage, ou quand il était légitimé (si l'on admet que la légitimation lui est applicable) ; elle cessait encore quand le fou mourait ou quand il recouvrait la raison.

Nous l'avons dit déjà : quand l'aliéné retrouvait, même pendant une courte période, l'exercice de son intelligence, il reprenait en même temps toute sa capacité. Mais le curateur perdait-il alors définitivement ses fonctions ? Et si plus tard le mal faisait explosion de nouveau, était-ce une autre curatelle qu'on allait organiser ? Une controverse s'était élevée sur ce point parmi les anciens jurisconsultes. Il eût été plus avantageux, plus pratique de faire revivre toujours la même curatelle à chaque retour de la folie, et de lui imposer seulement une sorte d'effacement passager pendant les intervalles lucides. La logique au contraire et la stricte observation des principes devait conduire à décider que la fin de la folie marquait de plein droit et pour toujours la fin de la curatelle. Cette seconde doctrine semble être celle que proclame Ulpien, quand il dit en parlant du fou et du prodigue : « *Tamdiu erunt ambo in curatione quamdiu vel furiosus sanitatem, vel ille sanos mores receperit; quod si evenerit, ipso jure desinunt esse in potestate curatorum* (1). » Justinien mit un terme à la discussion, et décida que pendant les intervalles lucides les fonc-

____

(1) Loi 1, pr. D., *De curat. fur.*, 27, 10.

tions du curateur seraient simplement suspendues ; une guérison en apparence définitive ne suffira même plus désormais pour faire perdre au curateur sa qualité : comme elle peut n'être dans la santé du malade qu'une période de détente et comme il est impossible d'affirmer que la folie ne reparaîtra plus, la curatelle restera organisée telle qu'elle l'a été au début, et ne cessera que par la mort du fou (1).

A la fin de la curatelle, il y avait entre le curateur d'une part, et l'aliéné ou ses représentants d'autre part, lieu à un règlement de comptes. Nous ne trouvons pas ici d'actions spéciales comme en matière de tutelle : le rôle des actions *tutelæ directa* et *contraria* était rempli par l'action *negotiorum gestorum directa* qui permettait au fou, même pendant le cours de la gestion, de demander compte au curateur de ses actes (2) — et par l'action *negotiorum gestorum contraria* dont pouvait user le curateur pour se faire restituer ses avances.

Les garanties accordées au fou pour assurer la protection de ses droits étaient nombreuses :

1° Il jouissait, pour son recours contre le curateur, d'un privilège personnel et intransmissible qui fut, par la suite, converti en hypothèque tacite et générale (3) ;

2° Il avait une action au double contre le curateur, si ce dernier lui avait fait subir de mauvaise foi quelque préjudice (4) ;

(1) Const. 6, C., *De curat. fur.*, 5, 70.
(2) Loi 4, § 3, D., *De tut. et ration. distr.*, 27, 3.
(3) Const. 20, C., *De adm. et peric. tut.*, 5, 37 — et 7, §§ 5 et 6, C., *De curat. fur.*, 5, 70.
(4) Paul. *Sent.*, II, 30.

3° Il pouvait intenter l'action *ex stipulatu* contre les fidé-jusseurs fournis par le curateur ;

4° Enfin il pouvait poursuivre subsidiairement les magistrats qui avaient négligé d'exiger du curateur les cautions prescrites ou qui en avaient reçu d'insuffisantes (1).

APPENDICE

DES ESCLAVES ALIÉNÉS.

L'esclave aliéné perdait à peu près toute valeur pour son propriétaire. Non seulement en fait il ne pouvait plus rendre les services matériels auxquels il était employé, mais en droit il ne pouvait plus être pour son maître un instrument d'acquisition.

Le principe du droit romain, c'est que le maître acquiert, même à son insu ou contre son gré, le droit de propriété, par cela seul que l'esclave fait valablement ce qu'il faudrait pour devenir lui-même propriétaire s'il était *sui juris* : or le fou ne peut accomplir aucun acte qui le rende propriétaire.

L'esclave aliéné ne peut non plus acquérir pour son maître la possession ; car, pour obtenir un tel résultat, l'esclave doit comprendre ce qu'il fait (2). Il n'acquerrait même pas la possession à son maître *ex causâ peculiari ;* en effet, lorsqu'un maître devient possesseur de cette

(1) Instit., I, 24, § 2.
(2) Loi 10, § 1, D., *De acquir. vel amitt. possess.*, 41, 2.

manière, c'est qu'il est censé emprunter l'*animus possidendi* de son esclave : comment emprunter à un aliéné l'*animus* qui lui fait défaut? Remarquons toutefois que la concession du pécule ne se trouve pas révoquée (1).

L'*intellectus possidendi* n'étant nécessaire qu'au moment de la prise de possession, l'esclave qui possède quelque chose *peculiari nomine*, ou simplement au nom de son maître, peut devenir fou sans cesser de posséder au même titre; il peut ainsi procurer à son maître la propriété par voie d'usucapion (2). Si la chose a été acquise *ex causâ peculiari*, la bonne foi personnelle de l'esclave au jour de l'acquisition sera suffisante; si la chose a été acquise *nomine domini*, l'usucapion ne courra que du jour où le maître aura connu cette prise de possession, en le supposant de bonne foi à cette époque (L. 2, § 10 à 13, D., *Pro emptore*, 41, 4).

La propriété de l'esclave fou pouvait être transférée; en cas de mancipation, Gaïus exige la présence de l'esclave comme il exige celle des animaux qui sont *res mancipi* (Comment. 1, § 121); il s'agit là d'une présence purement matérielle, puisque c'est une condition qu'on applique aux bêtes de somme : cette condition sera suffisamment remplie par l'esclave, malgré sa folie, s'il est physiquement présent à l'acte. Peu importe qu'au point de vue intellectuel il soit regardé comme absent.

Rendant l'esclave incapable du service auquel il était destiné, la folie formait un vice qui devait avoir une importance considérable sur le contrat de vente. On sait

(1) L. 7, § 3, D., *De peculio*, 15, 1.
(2) L. 31, § 3, D., *De usuc. et usurp.*, 41, 3.

quelle marche suivit la jurisprudence romaine en ce qui concerne les vices de la chose vendue. D'après la loi des Douze Tables, le vendeur ne s'engageait que dans la mesure de ses déclarations expresses : on favorisait là ses réticences intéressées et frauduleuses. Bientôt la jurisprudence se rapprocha de la moralité et de la justice en rendant le vendeur responsable de tous les défauts qu'il aurait connus et non déclarés. Les édiles curules complétèrent la réforme par leur édit où ils posaient en principe que le vendeur devait connaître les défauts de la chose et les garantir dans tous les cas (Cicéron, *De officiis*, III, 16 et 17). Le vendeur est tenu désormais de déclarer tous les vices qui diminuent sensiblement l'utilité et la valeur de la chose ; s'il y manque, et si plus tard un de ces vices non déclaré vient à se révéler, il est passible de deux actions, l'action *quanti minoris* et l'action *redhibitoria*. Cette théorie des vices rédhibitoires, sur laquelle nous n'avons pas à nous étendre puisqu'elle ne rentre pas dans le sujet de notre travail, s'appliquait à l'esclave. Notre hypothèse spéciale de la folie est examinée dans un texte d'Ulpien qui rapporte à ce propos les doctrines de Vivianus (Loi 1, § 9 et 10, D., *De ædilitio edicto*, 20, 1). Elles peuvent se résumer en un principe, c'est que le vice purement *intellectuel* dont se trouve affecté l'esclave ne donne pas lieu à l'action rédhibitoire. Cette décision s'appuie sur une distinction, contestable au point de vue scientifique et assez subtile au point de vue juridique, entre les vices du corps et ceux de l'intelligence. D'après Vivianus, la folie est en elle-même un mal de l'esprit et non pas un mal physique : or dans un contrat de vente

le vendeur n'est responsable que des défauts matériels.
Tout ce qu'on pourra accorder à l'acheteur, c'est l'action
ex empto dans le cas où le vendeur, connaissant l'infirmité
de son esclave, ne l'aura pas révélée lors du contrat.
Ainsi un esclave « *qui circa fana bacchatur* », qui se dé-
mène autour des temples, qui rend des oracles, et qui
prouve ainsi sa démence, ne sera pas considéré comme
atteint d'un vice rédhibitoire : il y aura seulement action
ex empto si le vendeur instruit de la folie de son esclave
a gardé sur ce point un silence volontaire. Notons toutefois que si le vice de l'esprit dérive bien et dûment d'une
maladie physique comme la fièvre, la rédhibition pourra
être prononcée (Loi 4, § 1, *ibid.*). Il y aura également
rédhibition, et même pour simples vices de l'esprit, si
le vendeur a expressément affirmé l'inexistence de ces
vices (Loi 4, § 4, *ibid.*).

Quel traitement recevait à Rome l'esclave atteint d'a-
liénation mentale? Il était sans doute l'objet des mêmes
dispositions que l'esclave infirme ou malade, et nous voyons
qu'au moins à partir de l'époque classique, ces dispositions
étaient fort humaines. L'empereur Claude décida que
l'esclave abandonné par son maître *ob gravem infirmitatem*
deviendrait libre (1), et Justinien, qui reproduit au Code
les charitables prescriptions de son prédécesseur pour
les améliorer encore, nous apprend que l'édit de Claude
recommandait au maître de soigner son esclave malade
ou de le confier à quelque autre personne, ou enfin de l'envoyer dans un hospice, *in Xenonem :* si au contraire il

______

(1) Loi 2, D., *Qui sine manumiss.*, 40, 8.

était délaissé, l'esclave acquérait la liberté *latine*. Justinien rendit cette liberté pleine et entière, et supprima même en pareil cas les droits de patronage (1).

La folie de l'esclave n'entravait en aucune façon l'affranchissement, et aucune des formes de la *manumissio* n'était incompatible avec elle (2).

ANCIEN DROIT FRANÇAIS

S'il est une époque où les maladies mentales aient été l'objet d'erreurs grossières et de traitements barbares, c'est assurément le moyen âge, et, plus encore peut-être, cette période de fanatisme et d'intolérance religieuse qui s'étend du xvie siècle jusque vers le milieu du xviiie. Aussi est-on confondu quand on voit avec quelle compassion dédaigneuse les écrivains de ce temps-là osent railler l'ignorance et les préjugés des païens relativement à l'origine de la folie (3). Certes les anciens étaient loin d'avoir sur cette matière des opinions exactes et précises ; il est permis de n'accorder qu'une foi médiocre aux

(1) Loi 1, § 3, C., *De latinâ libertate tollendâ*, 7, 6.

(2) Loi 26, D., *De manumiss.*, 40, 1.

(3) *Discours et histoire des spectres, visions et apparitions des esprits*, etc..., par Pierre Le Loyer, conseiller du roi au siège présidial d'Angers (Paris, 1605). — Voy. aussi les intéressants articles de M. Charles Richet, *les Démoniaques d'autrefois* (*Revue des Deux Mondes*, 1er et 15 février 1880).

vertus de l'ellébore, et de n'en accorder aucune aux conjurations des ἀπομάτριαι ou des *piatrices;* il est permis de voir dans l'épilepsie autre chose que l'intervention d'Hercule, et dans le délire sacré des Sibylles une autre influence que celle d'Apollon. Mais jamais la superstition n'atteignit un degré d'absurdité aussi étonnant qu'au moyen âge et au xvie siècle ; jamais la puissance redoutable d'une idée fausse répandue dans des esprits ignorants et crédules ne se manifesta par un tel excès de violence et de férocité. « Comme on croyait à la magie et à la sor-
« cellerie, aux démons et aux possessions, on regarda natu-
« rellement comme des magiciens, des sorciers ou des pos-
« sédés, les simples aliénés qui, très sincèrement, dans leur
« délire, parlaient du sabbat auquel ils avaient assisté, et se
« disaient possédés du démon. Au lieu de voir dans les fous
« des esprits égarés ou des malades, au lieu de chercher,
« inutilement sans doute, à dissiper leurs illusions par le
« raisonnement, à les persuader de leur erreur, ce furent
« ces esprits égarés, ces fous eux-mêmes qui persuadèrent
« les hommes sensés, leur firent partager l'erreur où ils
« étaient sur leur propre état (1). »

Par suite, au lieu de pitié, on n'avait contre eux qu'indignation et colère ; au lieu de les soigner comme des infirmes, on les châtiait comme des coupables. Le fanatisme superstitieux de l'époque se déchaîna contre eux avec une furie que nous attestent de nombreux documents (2).

(1) Albert Lemoine, *l'Aliéné devant la philosophie, la morale et la société*, page 12.

(2) Voy. par exemple le *Marteau des Sorcières* (*Malleus maleficarum*), par J. Sprenger et H. Institor (1580). — Les *Disquisitiones magicæ*, par Martin del Rio, de la Société de Jésus (1633).

Le sorcier, la sorcière, le maléfice, le sabbat sont des inventions relativement modernes. C'est du XIIe au XVIe siècle que le culte du diable se développe et acquiert son incroyable popularité. « Sorciers et sorcières se « multiplient si bien qu'en 1600 il y en a près de « 300,000 en France. Le diable est dépeint, décrit, « étudié, on connaît ses mœurs, ses habitudes, ses goûts, « ses antipathies ; on sait comment il vient hanter le « corps des malades, on connaît les formules qu'il faut « employer pour le chasser, on a des moyens sûrs pour « reconnaître les sorcières, des procédés efficaces pour « les faire parler, et des bûchers bien flambants pour « les punir (1). »

Les faits de sorcellerie furent d'abord dévolus à la juridiction ecclésiastique. A la fin du XVIe siècle, les magistrats de l'ordre civil revendiquèrent et obtinrent le droit d'en connaître ; mais ce ne fut pas au bénéfice de la clémence et de l'équité. Les gens de loi surpassèrent par leur cruauté les rigueurs mêmes de l'Inquisition. Jean Bodin, qui fut procureur du roi à Laon, soutient que les sorciers sont si nombreux qu'ils pourraient en Europe refaire une armée de Xerxès, de dix-huit cent mille hommes ; puis, suivant l'exemple de Caligula, il exprime le vœu que tous ces hommes soient réunis pour qu'il puisse les juger et les brûler d'un seul coup.

Malgré les efforts d'Agrippa et de Jean de Wier (2) qui démontrent l'innocence des sorcières et protestent contre leur supplice, les exécutions se multiplient. Remy, juge

(1) Charles Richet, *Revue des Deux Mondes*, 1er février 1880.
(2) Le premier mourut en 1536, le second en 1588.

à Nancy, dans un livre dédié au cardinal de Lor-
raine (1596), assure avoir brûlé en seize années huit
cents sorciers : « Ma justice est si bonne, dit-il, que l'an
« dernier il y en a seize qui se sont tuées pour ne pas
« passer par mes mains. » Le Parlement de Dôle con-
damne à mort coup sur coup (1600-1604) trois femmes
accusées de correspondre avec le diable (1). Boguet, juge
à Saint-Claude, compose une sorte de traité ou de code
sur la procédure et les peines qu'on doit appliquer aux
sorcières (1602), et cet ouvrage devient pour les parlements un véritable manuel (2). Boguet blâme les épreu-
ves si peu sûres auxquelles on soumettait encore les
sorcières : « La torture, dit-il, est superflue : elles
n'y cèdent jamais. » Enfin, il a l'humanité de les faire
étrangler avant qu'on les jette au feu, sauf toutefois les
loups-garous qu'il faut « avoir bien soin de brûler vifs ».
Il n'hésita pas à mettre ces maximes en pratique, et fit
du pays un désert. « Il n'y eut jamais un juge plus cons-
ciencieusement exterminateur (3). » Enfin, au parlement de Bordeaux (et pour ne pas prolonger ces cita-
tions), Pierre Delancre, très fier de penser que la
connaissance des faits de sorcellerie appartient depuis la
fin du xvıᵉ siècle à la juridiction civile, raconte avec
enthousiasme la bataille qu'il vient de livrer contre le

(1) Recueil du conseiller de Grivel (*Decisiones celeberrimi Sequa-
norum senatus Dolani*).

(2) *Discours exécrables des sorciers, ensemble leurs procés, faits
depuis deux ans en divers endroits de France, avec une instruction pour
un juge en fait de sorcellerie*, par Henri Boguet, grand juge au comté
de Bourgogne (Rouen, 1603).

(3) Michelet, *la Sorcière*, p. 210.

diable en pays basque et où il a mis à mort un grand nombre de sorcières, sans compter trois prêtres (1).

Toute cette rage de persécution contre de pauvres hallucinés est raillée bien finement par Montaigne : « Combien plus naturel, dit-il, que notre entendement « soit emporté de sa place par la volubilité de notre « esprit détraqué, que cela, qu'un de nous soit envolé « sur un balay, au long du tuyau de sa cheminée, en « chair et en os, par un esprit étranger ! Après tout, « c'est mettre ses conjectures à bien haut prix que d'en « faire cuire un homme tout vif... Enfin, et en cons- « cience, je leur eusse plustost ordonné de l'ellébore « que de la ciguë, car ils me parurent fous plustost que « coupables. »

Malgré ces sages remontrances de quelques grands esprits, les procès de sorcellerie continuèrent, et en 1634 Urbain Grandier, curé de Loudun, condamné pour de prétendus sortilèges, fut conduit sur la place principale de la ville, attaché à un poteau sur le bûcher et brûlé vif avec les pactes et caractères cabalistiques témoignant l'énormité de son crime.

Thomas Boullé, en 1647, fut une des dernières vic- times de la croyance aux commerces diaboliques. Par une coïncidence singulière, il fut brûlé à Rouen sur la place même où s'était élevé deux siècles auparavant le bûcher de Jeanne d'Arc.

En 1674, le parlement de Normandie s'apprêtait à renouveler encore ces absurdes et odieuses extermina-

____

(1) Pierre Delancre, *Tableau de l'inconstance des mauvais anges et démons.* Paris, 1613.

tions dont l'esprit public commençait à faire justice ; mais Colbert intervint, et défendit aux tribunaux d'admettre dorénavant l'accusation de sorcellerie. Le parlement crut devoir adresser au roi de vigoureuses remontrances à propos de cet édit ; mais Louis XIV maintint sa décision.

Dès lors, on cessa d'appliquer aux soi-disant sorciers les rigueurs de la loi criminelle. Quant aux idées qui régnaient depuis si longtemps sur la nature et l'origine de leurs visions, elles ne se dissipèrent que bien lentement, et à la fin même du xviiie siècle Denizart écrivait : « *On prétend* que le parlement de Paris regarde le sortilège comme une chimère (1). » Il n'est donc pas encore assez éclairé sur la valeur des vieilles superstitions pour les rejeter hardiment loin de lui (2).

Quand on eut enfin cessé de voir dans la plupart des fous autant de sorciers et de possédés, il s'en fallut encore de beaucoup qu'on eût à leur égard les dispositions et la conduite qu'exigeaient le bon sens et l'humanité.

(1) *Collection de décisions nouvelles*, 7e édition. Paris, 1771, v° *Sorciers*, 6.

(2) Il est pénible d'avoir à constater qu'à une époque bien rapprochée de nous, en 1829, malgré les progrès de la raison et de la science, un malheureux, certainement atteint d'aliénation mentale, a été supplicié, victime de son imagination pervertie et affolée. Lepetit vivait seul, couchant dans un trou qu'il avait pratiqué dans son mur, entouré de fioles et d'ustensiles pour composer des philtres, et adonné à toutes les mystérieuses pratiques de l'alchimie. Convaincu que la terre se refroidissait et qu'il fallait la réchauffer, il mit le feu à deux fermes sans aucun motif de vengeance ni d'intérêt. Il fut pourtant condamné à mort et exécuté le 15 octobre 1829. Chose étrange ! Dans l'instruction et pendant les débats, nul n'a soulevé la question de folie (Vingtrinier, *les Aliénés dans les prisons*, p. 38).

Regardés comme des malades incurables qu'accablait un fléau incompréhensible, traités comme des animaux immondes ou féroces, chargés de chaînes dans d'étroits et infects cabanons, ils étaient soumis à un régime bien plutôt fait pour exaspérer que pour apaiser leur fureur, et, comme le fait remarquer M. Lemoine, ils auraient à peine eu lieu de regretter, s'ils avaient eu conscience de leur état, les préjugés du moyen âge.

Ce sera l'éternel honneur du célèbre Pinel d'avoir rendu aux malheureux aliénés leur rang de personnes humaines, et d'avoir inauguré pour eux un régime où la compassion et la charité remplaçaient la méfiance et l'horreur. On les délivra de leurs chaînes ; leurs cages furent transformées en chambres, leurs prisons en asiles ; et, au lieu de penser uniquement à les dompter comme des êtres dangereux, on étudia soigneusement leur mal pour les soulager ou les guérir.

Cette courte revue de toutes les erreurs qui régnaient chez nos pères au sujet des différentes manifestations de la folie ferait croire que notre vieux droit n'a établi ni une classification sérieuse, ni une protection efficace des aliénés. Et pourtant, chose singulière, si bien des maladies mentales ont été méconnues, faussement qualifiées et traitées avec une rigueur inique, si une multitude d'insensés ont été, non pas protégés, mais impitoyablement suppliciés, d'incontestables progrès étaient en même temps réalisés dans la législation applicable aux fous.

Pendant longtemps, le seul système juridique appliqué aux aliénés dans notre pays fut celui des Romains,

Dans les provinces du Midi, ce fut une conséquence de l'autorité que le droit romain y avait conservée. Dans les autres provinces, la situation des fous ne fut d'abord réglée par aucune coutume (1), et il est probable que, tout naturellement, les idées romaines si simples, si élémentaires, régissaient en pratique la capacité des insensés. Au treizième siècle, quand les jurisconsultes sentirent la nécessité de donner plus de précision et de fixité aux usages et que, sur le point qui nous occupe, ils songèrent à établir un corps de doctrine, ce furent encore les idées romaines qu'ils consacrèrent. Incapacité absolue pendant la folie, pleine capacité durant les intervalles lucides : tels étaient les principes dont s'inspirèrent les écrivains coutumiers et les hommes de loi.

Mais, comme nous venons de le dire, d'heureuses innovations furent avec le temps apportées à cette théorie si étroite et si incomplète. Vers le seizième siècle, on comprit combien il serait utile de fonder pour l'aliéné un état général d'incapacité en vertu duquel ses actes seraient présumés sans valeur et qui dispenserait, pour faire tomber ces actes, de prouver, à la date de chacun d'eux, l'existence de la folie. On appliqua donc aux aliénés un régime d'interdiction présentant quelques rapports avec cette interdiction que les Romains avaient créée pour les prodigues. Notre ancien droit français était loin d'avoir, sur la matière dont nous nous

(1) D'après Beaumanoir, une seule mesure avait été prise en leur faveur : on leur nommait un défenseur pour soutenir en justice leurs intérêts,

occupons une théorie complète ; nous ne trouvons dans les auteurs que des décisions éparses, plus ou moins contradictoires, et que l'on aurait grand'peine à ramener à l'harmonie et à l'unité. On peut néanmoins en dégager une idée générale : au lieu de ces alternatives de capacité et d'incapacité qui laissaient la condition juridique du fou toujours indécise et le sort de ses actes toujours en suspens, l'interdiction donnait lieu à une situation plus stable et mieux définie. L'interdit était réputé toujours inconscient et incapable, les actes qu'il accomplissait étaient tenus pour nuls. Cette présomption, pendant longtemps au moins, put être combattue par la preuve contraire ; mais il est probable qu'on en vint à n'admettre que dans des limites assez restreintes la démonstration des intervalles lucides.

Un deuxième perfectionnement fut introduit dans les coutumes. On aperçut combien était contraire à la vérité philosophique et surtout à quelles injustices conduisait dans la pratique la doctrine romaine sur l'indivisibilité du libre arbitre. Pour les Romains, qui par là se rattachaient à l'école de Zénon, la liberté morale existait tout entière ou n'existait pas. On était pleinement capable ou bien absolument incapable : aucun état intermédiaire n'était admis. Une telle manière de voir est condamnée par l'observation psychologique la plus simple. A côté de l'homme qui n'a jamais joui ni de raison ni de volonté, à côté de celui qui a perdu l'une et l'autre, peut se trouver un individu dont la raison soit, non pas nulle, mais incomplète, dont la volonté soit, non pas inerte, mais débile. On arriverait donc à une

criante exagération si l'on frappait d'une égale incapacité l'être chez qui l'intelligence n'a jamais existé ou a
totalement péri, et celui chez qui elle vit pour ainsi
dire infirme ou mutilée. La vieillesse, l'ivrognerie, l'entraînement irrésistible vers certaines passions ou certaines idées fixes, une mélancolie ou une surexcitation
maladives, ne sont-ce pas là des causes qui puissent
altérer et vicier la raison humaine sans toutefois l'anéantir ? Sans doute cette répartition des maladies mentales
en catégories sera très difficile à opérer ; bien souvent
une folie partielle, la perte de certaines facultés, une
perversion du sens commun sur un point spécial seront
l'indice d'un esprit profondément atteint à qui l'on doit
interdire absolument le commerce de la vie sociale ;
mais il n'en reste pas moins vrai qu'il y a des degrés
dans l'incapacité de fait, et qu'il doit y avoir des degrés
dans l'incapacité de droit. C'est ce que reconnut la
jurisprudence coutumière. Elle organisa une demi-interdiction pour les personnes d'un esprit faible ou d'une
volonté défaillante qui, pouvant faire seules la plupart
des actes ordinaires de la vie courante, avaient besoin
d'un appui quand il s'agissait de prendre quelque décision importante. Un conseil leur était donné pour les
assister dans telles circonstances où on les jugeait incapables de se conduire sans guide.

Telle est la seconde innovation : établissement d'une
interdiction partielle (conseil judiciaire) pour les états
d'esprit qui ne comportaient pas une interdiction
totale.

Nous aurons donc à dire quelques mots de trois situations où pouvait se trouver l'aliéné. Nous étudierons son incapacité : 1° quand on n'avait modifié par aucune mesure judiciaire sa condition juridique ; 2° quand il était interdit ; 3° quand il était pourvu d'un conseil.

CHAPITRE PREMIER

DE L'INCAPACITÉ DES ALIÉNÉS EN DEHORS DE TOUTE INTERDICTION.

Droit primitif. — Au treizième siècle, on distinguait deux genres de folie : la *folie naturelle* et la *forsennerie*. L'une était une infirmité que l'homme apportait en naissant (une infirmité *congénitale*, comme diraient aujourd'hui les médecins), et qu'il conservait jusqu'à la mort ; l'autre était une maladie qui éclatait pendant le cours de la vie et qui pouvait faire place quelquefois à des intervalles de raison et de lucidité. L'influence du droit romain est ici bien visible : les *fols naturex* correspondent aux *mente capti*, les *forsennés* aux *furiosi*. Chez les uns, une atrophie complète des facultés intellectuelles, une sorte de torpeur et d'inertie cérébrale ; chez les autres, un engourdissement accidentel de la raison suivi de brusques réveils.

Sur cette donnée était fondé un système juridique semblable à celui des Romains.

Le fou conservait toujours ses droits ; mais pendant son délire il perdait la faculté de les exercer : il recouvrait cette faculté dès qu'il recouvrait la raison. Le fou était pleinement incapable tant qu'il subissait l'empire de la folie : il était pleinement capable pendant ses intervalles lucides.

Les personnes privées de sens sont mises sous la protection d'un curateur (1) : « Li desvez et la desvée seront « an la mère (main) au curator, por le conseau du juge. » Elles ne perdent pas d'ailleurs la puissance paternelle : « Quar cum droit de poïr est establiz par bones mors, il « ne puet faillir que aucuns enfes ne soit ou poer son père, « si n'an vint en quas qui issent ; et s'ils n'en isent, ils y « remainent. » D'ailleurs, ce n'est pas au moment où les parents ont le plus besoin d'assistance et de secours qu'il faudrait les dépouiller du pouvoir qu'ils ont sur leurs enfants : « Le père et la mère devet avoir preu (profit) en « son enfant, par le droit de la norreture que il ot fet an « aus et por ce que li enfes lor doit fere solaz. Et n'est « mie reson que en tel quas nul perde son droit qu'il avoit « devant, quar plus il a mestier (besoin) qu'il ne solet (2). »

Le fou perd-il au moins le *bail* et la garde de ses enfants ? Cette question se résout par une distinction : on retire à l'aliéné ce bail qui n'est qu'une sorte de tutelle, mais on lui laisse la garde de ses enfants et le profit qu'il retire de leurs biens (3).

Quant au mariage, d'après le droit canon, la folie était une cause de nullité (4), et le livre de Justice et de Plet,

(1) Livre de Justice et de Plet, *De la devise du droit de personne*, § 5. Cet usage était spécial aux pays de droit écrit.

(2) Livre de Justice et de Plet, *loc. cit.*

(3) Livre de Justice et de Plet, *De Baill*, § 6.

(4) Innocentius III, *Vercel. episcopo*, cap. 24, *Dilectus Decret.*, lib. 4, titre I.

d'après une décrétale d'Innocent III, s'exprime ainsi :
« Un dona sa fille à un desvé, et riens n'en savoit ; donc
« il ne la pot avoir, car il ne s'i pot consentir : por quoi li
« père requiert que le fet fust nul. Le pape mende que, si
« fut issi, qu'ils séent départiz. — Note que desvé ne se pot
« marier, car il ne se pot consentir (1). »

L'aliéné conserve tous ses biens malgré sa folie : « Se
« aucuns est forsenez, il ne perd pas por ce sa dignité, ains
« li remaint sa chose (2). »

Le fou peut acquérir une succession : « Moilleré peut
hériter, et desvé, et sort, et muz, et orp, et feme (3). »

Mais Beaumanoir refuse au *fol naturex* dont la folie est
complète et continue le droit d'aînesse pour recueillir en
héritage la terre féodale : « Cil qui sunt fol de nature, si
« fol qu'ils n'ont en eus nule discrétion, par quoi ils se
« puissent né sacent maintenir, ne doivent pas tenir tere,
« puisqu'il saient frere ou seror, tout fust ce qu'il soit ains
« nés. Donques, se li ains nés est fous naturex, l'ains neece
« doit venir à l'ains né après lui, car male coze serait c'on
« laissast grant coze en la main de tel home. »

Ainsi le fol naturex est-il l'aîné de la famille ? S'il a des
frères ou des sœurs, il ne doit pas garder le patrimoine.
Beaumanoir ajoute que dans le cas où le fou pourrait
avoir un jour des héritiers directs, on devrait conserver
avec soin les biens pour les transmettre à sa posté-
rité (4).

(1) Livre de Justice et de Plet, *De esposailles et de mariage*, § 24.
(2) *Ibid.*, *De droit de personne*, § 5.
(3) *Ibid.*, *D'escheete*, § 4.
(4) *Coutumes du Beauvoisis*, chapitre LVI, § 9.

Aux principes rigoureux sur l'adition d'hérédité que nous avons vu appliquer à Rome, avait succédé la maxime coutumière : « *Le mort saisit le vif.* » Le fou acquérait donc de plein droit les successions. Cette capacité de recueillir un héritage était reconnue aux insensés, même dans les pays où l'on écartait des hérédités certains malades, notamment les lépreux.

Celui qui est atteint d'aliénation mentale est incapable de faire un testament ; après avoir formulé cette règle, Beaumanoir ajoute : « Se li forsenés ou cil qui est queus « en frenisie firent testament, avant que ce lor avenist, il « vaut, nis s'ils le rapelaient el tans de le forsenerie ou de la « frenisie, car coze qu'ils facent en tel point ne lor doit gre- « ver contre le bone volonté qu'ils orent devant (1). »

Le fou est incapable de contracter une obligation, et, s'il figure dans un contrat, il n'est pas juridiquement obligé : « On ne pot sivir (poursuivre en justice) de con- « venance muet ne sourt qui n'ot goute, ne forsené, ne fol « naturel (2). »

Mais si le fou ne peut s'engager lui-même par une convention, il peut être tenu *quasi ex contractu* par suite du fait d'un tiers, par exemple dans le cas de gestion d'affaires : « Se l'en fait l'afere à un orfelin, ou à desvé, à son « preu, l'en doit emplédier (3). »

Le fou ne peut ester lui-même en justice, ni comme demandeur ni comme défendeur (4); seulement, dans

<hr>

(1) *Coutumes du Beauvoisis*, capitres XII, § 45.

(2) *Ibid.*, capitres XXXIV, § 56.

(3) Livre de Justice et de Plet, *De besoignes fetes par autrui*, § 2.

(4) Livre de Justice et de Plet, *De mettre jor et de semondre*, § 2. — *Quex genz devent respondre*, § 1.

les pays de droit écrit, sa garde (son curateur) agit pour lui ou défend au procès en son nom. Si un défendeur devient fou pendant l'instance, la justice doit, à la requête de l'autre partie, lui nommer un représentant (1).

Dernier état du droit coutumier. — Il est hors de doute que la démence fut toujours une cause de nullité du mariage. Mais quel serait l'effet du mariage contracté pendant un intervalle lucide ? Pothier est sur ce point très affirmatif : « Lorsque la folie d'une personne a des intervalles lucides, cette personne ayant pendant ce temps l'usage de la raison, il n'est pas douteux que le mariage qu'elle contracterait pendant ce temps serait valable (2). » Cette solution est au contraire repoussée par les auteurs du Nouveau Denizart (v° *Empêchement de mariage*) : « Il nous semble, disent-ils, que le mariage de l'insensé, contracté dans un intervalle lucide, est radicalement nul. Le mariage a pour fin la procréation des enfants, et la société intime des époux qui doivent vivre ensemble jusqu'au décès du premier mourant : *maris et feminæ conjunctio individuam vitæ consuetudinem continens.* Or il ne peut pas y avoir de société intime avec une personne insensée qui a des intervalles lucides, puisqu'on ne peut pas avoir de société habituelle avec elle et qu'il devient nécessaire de vivre séparés l'un de l'autre dans le temps de la démence, qui est son état habituel. »

Le prétendu mariage contracté par un fou pouvait être déclaré nul, soit à la suite d'une assignation devant l'official, soit à la suite d'un appel comme d'abus ; cette

(1) Beaumanoir, *Coutumes du Beauvoisis*, capitres III, § 18.
(2) Pothier, *Traité du mariage*, 3ᵉ partie, chap. II, art. 1ᵉʳ.

dernière procédure qui aboutissait à la grand'chambre du Parlement était la seule voie ouverte aux personnes autres que les parties contractantes elles-mêmes (1).

Un effet très fréquent de la démence était la séparation de biens; obtenue facilement par la femme de l'aliéné quand il n'y avait pas interdiction, elle était accordée presque nécessairement si l'interdiction du mari avait été prononcée. Les anciens auteurs voyaient aussi dans la folie furieuse une juste cause de séparation d'habitation.

Le fou ne pouvait ni donner, ni même acquérir par donation, car l'acceptation de cette donation eût été à la fois nécessaire et impossible. Le défaut d'acceptation rendrait la libéralité caduque sans que l'aliéné pût être restitué contre cette déchéance (2).

Celui qui est atteint d'aliénation mentale est incapable de faire un testament; mais cette incapacité cesse pendant les intervalles lucides. Ainsi, lorsqu'on veut faire tomber un testament pour cause de folie, il faut établir que le testateur n'avait pas son bon sens au moment même où il a formulé ses dernières volontés. Cette preuve est, par elle-même, difficile à rapporter : la jurisprudence coutumière la rendait encore plus malaisée, car elle n'admettait pas qu'on prouvât la démence d'une personne décédée *integri statûs* autrement que par le contexte même, par la rédaction du testament. Telle était

(1) Voyez un arrêt du 3 août 1638 (Duchemin, Supplément au *Journal des Audiences*, p. 78).

(2) Ordonn. de 1731, art. 14. — Dans les pays où l'on appliquait le droit romain, le curateur avait qualité pour accepter les successions (d'après les règles fixées par Justinien) et les donations.

du moins la règle pour le testament olographe : l'état de raison était présumé d'une façon invincible quand le testament ne portait pas lui-même l'empreinte évidente de la démence. Quel était le motif qui avait fait restreindre ainsi la faculté de prouver la folie du testateur? C'est que les héritiers présomptifs n'avaient pas demandé l'interdiction du défunt et qu'en ne sollicitant pas cette mesure, ils avaient en quelque sorte reconnu qu'elle n'était pas nécessaire. Il est d'un si grand intérêt pour une famille d'ôter la faculté de disposer à celui qui, par l'égarement de son esprit, ne peut qu'en abuser, qu'on regarde comme un témoignage non suspect celui de tous les parents qui l'ont laissé en possession de son état (1).

Si le testament avait été fait par acte public, la jurisprudence admettait plus facilement la preuve de la folie. Il était difficile (d'après les idées de l'époque) de croire qu'un fou eût écrit entièrement de sa main un testament raisonnable ; au contraire, si le testament avait été passé devant un officier public, on pouvait supposer que le notaire, en rédigeant l'acte, avait corrigé les dispositions empreintes de démence. Lors même que le notaire avait déclaré le testateur sain d'esprit, on admettait généralement que l'aliénation mentale pût être démontrée par témoins et sans inscription de faux (2).

Le testament qui contenait en lui-même la preuve de

---

(1) Denizart, v° *Interdiction.*

(2) Ricard, *Traité des donations et des testaments*, tome I, 1re partie, n°s 145 et suivants. — Pothier, *Traité des testaments*, chap. III, art. 3, § 1. — Merlin, *Répertoire*, v° *Testament.*

la folie devait donc être déclaré nul : c'était à cette condition seulement qu'il pouvait être annulé s'il était olographe. Il semble que les magistrats de notre ancienne France aient encore aggravé la rigueur des principes coutumiers en refusant maintes fois d'annuler des testaments où se manifestent la plus étonnante extravagance et une excentricité d'imagination bien suspecte (1).

En droit romain, on remédiait à l'incapacité de tester qui pesait sur l'aliéné par la substitution quasi-pupillaire ou exemplaire. Pothier atteste que cette substitution n'était pas admise en pays coutumier, et Ricard en donne pour raison que cette institution était fondée sur la puissance paternelle qui, fortement constituée à Rome, « n'est plus guère pratiquée dans nos coutumes. » La substitution exemplaire était d'ailleurs permise en pays de droit écrit ; elle était encore autorisée par la Coutume de Normandie (2).

Les insensés sont absolument incapables, tant que dure leur démence, de contracter une obligation par leur propre fait. Il semble bien que les conventions conclues

(1) Tel est par exemple le testament d'une certaine veuve Dupuis, célèbre joueuse de harpe, qui mourut en 1677. On y lit les passages suivants : « Je veux et entends qu'on choisisse six pauvres femmes, six pauvres filles, six pauvres hommes, six pauvres garçons, qui soient bien faits, qui ne soient ni bossus, ni aveugles, ni borgnes, ni boiteux, qui soient de belle taille, *qui puissent être de même grandeur* et qui ne soient pas galeux : il y en a à choisir dans Paris. On les habillera de serge d'Aumale noire et ils porteront tous leurs habits un an durant, *même s'il pleut...* » Suivent d'innombrables détails sur l'hygiène et la cuisine nécessaires aux chats de la testatrice. Voyez aussi les autres testaments cités par M. Legrand du Saulle (*La folie devant les tribunaux*, p. 167 et suiv.).

(2) Basnage, *Coutume de Normandie*, sur l'art. 235.

dans de pareilles conditions fussent considérées par les vieux jurisconsultes français comme inexistantes. Voici en effet ce que nous lisons dans Domat : « Les conventions nulles sont celles qui, manquant de quelque caractère essentiel, n'ont pas la nature d'une convention ; *comme si un des contractants était dans quelque imbécillité d'esprit ou de corps qui le rendît incapable de connaître à quoi il s'engage ;* » et plus loin : « les incapacités de personnes sont différentes et ont divers effets ; quelques-uns sont incapables de toutes conventions, comme les insensés et ceux qui ne peuvent s'exprimer ; d'autres seulement de celles qui leur nuisent, comme les mineurs et les prodigues et les femmes qui sont en puissance de mari (1). »

« Toutes personnes, même les enfants et les insensés, qui ne sont pas capables de consentement, peuvent, par le *quasi-contrat* qui résulte du fait d'un autre, être obligées envers elles : car ce n'est pas le consentement qui forme ces obligations, et elles se contractent par le fait d'un autre sans aucun fait de notre part (2). »

Suivant l'opinion de Pothier, combattue bien à tort par Merlin dans son *Répertoire*, le fou ne pouvait pas être obligé par délit ou par quasi-délit. « Il résulte, dit Pothier, de la définition que nous avons donnée des délits et quasi-délits qu'il n'y a que les personnes qui ont l'usage de la raison qui en soient capables ; car celles qui ne le sont pas, tels que sont les enfants et les insensés,

____

(1) Domat, *Des conventions en général*, tit, I, sect. V.
(2) Pothier, *Traité des obligations*, 1re partie, chap. i, sect. II.

ne sont capables ni de malignité ni d'imprudence (1). »

Aux termes de l'art. 151 de la *Coutume de Normandie*, les parents et, à défaut de parents, les voisins qui
n'avaient pas pourvu à la garde du fou étaient civilement
responsables des dommages par lui causés.

CHAPITRE II

DES ALIÉNÉS INTERDITS.

L'auteur du *Livre de Justice et de Plet* et, en général,
tous les jurisconsultes antérieurs au xiv⁰ siècle ne s'occupent que de l'incapacité naturelle dérivant de la folie : la procédure en interdiction vient créer une présomption d'incapacité dont les effets sont plus étendus
(comme nous allons le voir) que ceux de la folie considérée en elle-même.

« On nomme *interdiction* un jugement qui prive quelqu'un de l'administration de ses biens, et même quelquefois de sa personne (2). »

En droit romain, on n'interdisait que les personnes
capables, mais abusant de leur capacité pour dissiper
leur patrimoine : le fou, naturellement incapable, restait en dehors de cette mesure. Les jurisconsultes français, s'emparant de l'institution romaine, l'étendirent
aux insensés.

(1) Pothier, *Traité des obligations*, 1ʳᵉ partie, chap. i, sect. II.
(2) Denizart, v⁰ *Interdiction*.

Qui peut être interdit ?

D'après Meslé (1), les causes d'interdiction sont le dérangement d'esprit et de mœurs.

Il n'y a pas à distinguer si la folie est tranquille (comme au cas d'imbécillité) ou violente (comme au cas de fureur). Mais, pour que l'interdiction soit prononcée, il faut que la démence soit continuelle : telle est du moins la règle générale. Les parlements ne consentaient à s'en départir qu'avec une grande réserve ; on cite notamment un arrêt du 22 décembre 1762 qui interdit une personne sujette à des accès de fièvre chaude : d'après Denizart, cette décision ne fut pas obtenue sans beaucoup de difficulté.

L'interdiction étant une mesure de protection extrême ne devait pas être prononcée sans nécessité. Ainsi, quand l'aliéné avait encore son père, on considérait l'interdiction comme superflue : « Majeur en puissance de père « n'a point affaire de curateur à sa démence (2). » Il en était de même si l'aliéné était mineur et déjà protégé, à ce titre, par la tutelle (3). A la fin de la minorité, le tuteur qui avait géré les affaires du pupille était généralement nommé curateur à l'interdiction (4).

Merlin pense que la femme mariée pouvait être interdite et en donne des exemples.

L'interdiction, d'après la *Coutume de Bretagne*, « est

(1) Meslé, *Des tutelles et curatelles*, 2ᵉ partie.

(2) Meslé s'appuie sur un texte du droit romain, Const. 7, C., *De curatore fur. vel prod.*, 5, 70.

(3) Meslé s'appuie encore sur un texte romain, L. 1, D., *De tutelis*, 26, 1.

(4) Arrêt du Parlement de Paris, 17 avril 1685.

prononcée sur instances et à la requête de la femme, des enfants, ou autres prochains héritiers présomptifs (1). » Quelques autres coutumes, entre autres celle de l'Anjou et celle du Maine, étendent aux créanciers le droit de provoquer la nomination d'un curateur quand l'état de folie de leur débiteur est évident (2).

La demande en interdiction est portée devant le juge du domicile du prétendu fou, au moyen d'une requête exposant les faits sur lesquels on s'appuie pour solliciter l'interdiction. Le juge répond par une ordonnance convoquant les parents du défendeur à une assemblée de famille où il sera délibéré sur les suites qu'il convient de donner à l'instance. Une enquête et une information précèdent toujours la sentence. Le juge ne devra rien négliger pour éclairer sa religion : aussi voyons-nous le premier président de Lamoignon prescrire, dans ses arrêts, l'interrogatoire de celui dont l'interdiction est poursuivie (art. 138).

Lorsque toutes ces précautions avaient été prises, les juges pouvaient rendre leur décision, mais ils devaient suivre pour cela certaines formes que déterminèrent des lettres patentes du roi en date du 25 novembre 1769, enregistrées par le parlement l'année suivante.

Enfin la sentence devait recevoir une certaine publicité. La publication se fit d'après différents procédés suivant les époques : en 1621 et en 1633, des arrêts de règlement ordonnèrent de dresser dans la chapelle du tribunal un tableau où toutes les interdictions pronon-

(1) *Coutume de Bretagne*, art. 519. — Meslé, *loc. cit.*, chap. XIII.
(2) *Coutume d'Anjou*, art. 506. — *Coutume du Maine*, art. 501.

cées seraient inscrites, et tous les notaires durent en prendre copie. Du reste, la validité de l'interdiction n'était pas subordonnée à l'exécution de cette formalité. L'insinuation était au contraire une condition essentielle pour l'efficacité du jugement d'interdiction (1).

Le sujet de notre travail étant restreint à l'étude des incapacités civiles dont sont frappés les fous, ce sont principalement les effets de l'interdiction qui nous intéressent.

Effets de l'interdiction. — Il en est deux principaux : 1° l'interdit est présumé incapable ; 2° il est placé en curatelle.

L'interdiction ne créait pas, à proprement parler, un état d'incapacité ; car, comme l'a dit Meslé, c'est la folie « qui rend l'acte nul, non le décret du juge. » L'interdit n'était incapable que lorsqu'il était sous l'empire de la folie. Telle est la doctrine que nous trouvons exprimée par Bourjon : « Si la démence quitte et vient par intervalles, l'interdiction n'a lieu que pendant la démence et cesse lors des intervalles lucides (2). » Ricard n'est pas moins explicite : « Dès l'instant qu'il a recouvré son bon sens, l'interdit purge l'incapacité qu'il avait contractée, sans qu'il ait besoin du décret du juge, quoiqu'il eût interposé son autorité lors de la démence en lui donnant un curateur. Et même bien davantage : les lois ont voulu que, si la démence n'est pas continue, les testaments et les autres actes qui se trouvent faits pendant les bons in-

(1) Édit de décembre 1703, art. 5 et 14. — Édit du 29 septembre 1722, art. 9.

(2) Bourjon, *Droit commun de la France*, I, tit. VI, chap. IV, sect. I.

tervalles soient exécutés et que l'autorité du curateur qui avait été nommé demeure en suspens pour reprendre sa force durant les intervalles moins heureux (1). » D'après cette théorie, si celui au profit duquel un interdit s'est engagé soutient que, lors du contrat, l'interdit avait recouvré sa raison et qu'il demande à en faire preuve, cette preuve doit être admise, si toutefois la raison s'est manifestée dans plusieurs actes antérieurs et subséquents à celui dont on provoquerait la nullité.

Avec ces idées certainement inspirées par le droit romain, on voit à quoi se réduisait l'utilité de l'interdiction : elle établissait une présomption de folie, susceptible d'être combattue par la preuve contraire. Ajoutons d'ailleurs que cette preuve était difficilement reçue en pratique ; on exigeait généralement que le recouvrement de la raison fût annoncé par plusieurs actes sages, et, de plus, en ce cas, le Châtelet de Paris n'admettait la preuve par témoins que s'il existait un commencement de preuve par écrit (2).

L'interdit pouvait donc, pendant ses intervalles lucides, se marier, tester, contracter (3). Michel du Perray va même jusqu'à dire que, si les intervalles de raison sont plus fréquents et plus longs que les intervalles de folie, le mariage contracté par l'interdit sera réputé valable : ceux qui attaquent le mariage devront prouver

______

(1) Ricard, *Traité des Donations*, 1re part., chap. iii, sect. III. Cet auteur nous renvoie à la const. 6, C., *De curat. fur.*

(2) Bourjon, *loc. cit.*

(3) Meslé, *Traité des minorités, tutelles et curatelles*, 2e partie, ch. xiii. — Bourjon, II, titre IX, chap. i, sect. II. — Merlin, *Répert.*, v° *Interdiction*, p. 415.

qu'il a eu lieu pendant un moment de démence (1).

Les règles que nous venons d'exposer restèrent toujours en vigueur dans les pays de droit écrit. Il est assez difficile de dire si, dans les pays de coutumes, elles subirent de profondes modifications. On serait tenté de croire que, dans le dernier état du droit, l'interdiction affectait l'état même de la personne, et créait une sorte d'incapacité. Nous trouvons une application de cette idée dans Pothier à propos des donations entre vifs ; combattant l'opinion de Ricard, Pothier décide formellement qu'un interdit pour démence, qui a recouvré la raison, reste cependant incapable de faire une donation tant qu'il n'a pas été relevé de son interdiction (2). Ferrière, dans son *Dictionnaire de droit et de pratique*, déclare que l'interdit en général « *reste dans ses liens* » tant qu'il n'est pas relevé juridiquement de son interdiction ; et deux arrêts, l'un du Parlement de Normandie (24 janvier 1665), l'autre du Parlement de Paris (17 mai 1768) proclament que, pour cesser de produire ses effets, l'interdiction doit être levée par un jugement (3).

Néanmoins il s'en fallut de beaucoup que l'incapacité de l'interdit devînt permanente et complète.

Voici d'abord ce que nous lisons dans le répertoire de Merlin : « L'opinion de Ricard (sur la capacité intermittente) doit être suivie dans un cas, celui où la personne qui aurait été relevée de son interdiction prétendrait se faire restituer contre des actes qu'elle aurait passés dans

(1) Meslé, *loc. cit.*
(2) *Traité des donations entre vifs*, sect. Ire, art. 1er.
(3) Merlin, *Répert.*, vo *Interdiction*, p. 416.

des instants où il serait prouvé qu'elle aurait eu toute sa raison. »

D'autre part, nous voyons certains actes qui furent de tous temps et qui restèrent permis à l'interdit pendant ses intervalles lucides.

Pothier professe de la façon la plus formelle que le mariage de l'interdit peut être valable : « Lorsque la folie d'une personne a des intervalles lucides, dit-il, cette personne ayant pendant ce temps l'usage de sa raison, il n'est pas douteux que le mariage qu'elle contracterait pendant ce temps serait valable. » C'était aussi la doctrine de Meslé qui, après avoir déclaré que l'interdit ne peut contracter mariage, ajoute pourtant : « S'il a des moments où il revienne à lui, il pourra dans ces moments se marier. » L'opinion contraire, que nous trouvons consignée dans le Nouveau Denizart, semble avoir obtenu moins de crédit.

Un testament n'est pas nul par cela seul que le testateur était interdit : il n'est nul que s'il a été fait sous l'empire de l'aliénation mentale. C'est ce que suppose M. de Lamoignon dans ses arrêtés; c'est ce qu'atteste positivement le chancelier d'Aguesseau dans son plaidoyer du 15 mars 1698; tel était aussi le sentiment de Furgole et de Ricard. Enfin Pothier, sans être explicite à cet égard, paraît laisser le testament sous l'empire du fait : « Nos coutumes veulent que le testateur soit sain d'entendement; la folie, la démence rendent donc incapable de tester; cela est pris dans la nature même des choses : le testament est la déclaration des dernières volontés; celui qui n'a point l'usage de sa raison n'a pas de volonté, *furiosi nulla voluntas est*. Le testament qu'un homme en démence a fait est déclaré nul, quand même il n'aurait pas été interdit, car ce n'est pas tant l'interdiction que la démence même qui le rend incapable de tester... »

Si l'interdit pour fureur ou pour démence fait un testament qui ne contienne que des dispositions sages, cet acte doit avoir son exécution. Cette règle était généralement consacrée par la jurisprudence pour les testaments olographes. Ainsi un arrêt rendu par le Parlement de Paris, le 2 juin 1734 et rapporté par Merlin, ordonna l'exécution d'un testament olographe fait par un sieur Cointrel deux mois après son interdiction. La Cour jugea que, pour être annulé, cet acte aurait dû porter la trace de la démence, ce qui n'avait pas lieu dans l'espèce.

Faut-il penser qu'au moins pour les conventions l'interdit était frappé d'une incapacité continue? On l'a soutenu, et le texte de Pothier relatif aux donations pourrait être invoqué à l'appui de cette doctrine. Mais nous sommes très frappés de ce fait que nulle part nous ne trouvons les interdits soumis par une règle générale à un état permanent d'incapacité. Dans son traité des obligations, Pothier nous parle de l'incapacité des aliénés interdits comme d'une incapacité purement naturelle, dérivant d'une situation morbide et non d'une création légale. Il semble considérer les actes de l'aliéné interdit comme atteints de nullité absolue, et c'est seulement aux actes des prodigues et des mineurs qu'il applique le principe de la nullité relative.

« Il y a, dit-il, des personnes qui, étant par la nature

capables de contracter, en sont rendues incapables par la loi civile. Telles sont, dans le pays coutumier, les femmes mariées, lorsqu'elles ne sont pas autorisées de leurs maris ou par justice... Ce n'est aussi que la loi civile qui rend les interdits pour cause de prodigalité incapables de s'obliger en contractant. De là naît une différence entre ces interdits et ceux qui sont interdits pour folie. Tous les contrats prétendus faits par un fou, quoique avant son interdiction, sont nuls si on peut justifier que dès le temps du contrat il était fou ; car c'est la folie qui seule et par elle-même le rend incapable de contracter, indépendamment de la sentence d'interdiction qui sert seulement à constater sa folie. » Et plus loin : « Les interdits *pour prodigalité* et les mineurs qui commencent à *avoir quelque usage de raison* sont plutôt incapables de s'obliger en contractant qu'ils ne sont incapables absolument de contracter ; ils peuvent, en contractant sous l'autorité de leur tuteur ou curateur, obliger les autres envers eux quoiqu'ils ne puissent s'obliger envers les autres » (*Traité des obligations*, partie I, chap. I, section I, art. IV). De cette citation paraît bien résulter que les interdits pour folie n'ayant aucun usage de raison sont dans un état d'incapacité absolue : pourquoi ? Précisément à cause de leur incapacité de fait. Ne s'ensuit-il pas que, si cette incapacité mentale vient à cesser, l'incapacité de droit doit pouvoir tomber devant la preuve d'un intervalle lucide ? Telle était la doctrine admise de temps immémorial : ne faudrait-il pas une déclaration explicite pour nous indiquer que ce système traditionnel a été abandonné ? Or, nous ne rencontrons nulle part une semblable déclaration. Bien plus, Pothier, consacrant une section spéciale (partie I, chap. I, sect. III) aux personnes entre lesquelles peut subsister une obligation, ne mentionne pas les interdits parmi les incapables : « Il est clair, dit-il, que les *fous*, les *insensés*, les enfants ne sont pas capables de contracter les obligations qui naissent des délits ou des quasi-délits, ni de contracter par eux-mêmes celles qui naissent des contrats puisqu'ils ne sont pas capables de consentement. »

Rappelons enfin que dans son répertoire Merlin déclare le ci-devant interdit non recevable à attaquer les actes faits par lui dans une période où il avait recouvré la plénitude de son intelligence.

En résumé, vers la fin du dix-huitième siècle, nous voyons, dans les pays coutumiers et dans le ressort du Parlement de Paris, s'accuser une tendance à transformer l'interdiction en véritable incapacité ; mais nous ne croyons pas pouvoir affirmer que la preuve des intervalles lucides ait été prohibée, même à cette époque, d'une façon générale.

C'est à l'idée d'incapacité qu'il faut rattacher la suspension de la prescription, reconnue par divers auteurs au profit de l'interdit, et la dissolution de la communauté que pouvait réclamer la femme après l'interdiction de son mari (1). Renusson va jusqu'à dire que cette interdiction dissout par elle-même et de plein droit la communauté. La communauté, prétend-il, ne peut subsister sans chef : or cette qualité de chef ne peut plus appartenir

---

(1) Le Brun, *Traité de la Communauté*, liv. III, chap. I, n° 43.

au mari quand sa démence a été judiciairement constatée, et en aucun cas elle ne peut être attribuée à la femme ;
la communauté cesse donc forcément et naturellement
sans qu'il y ait besoin de demander la séparation de
biens (1). Le Brun déclare cette doctrine exagérée : il
pense que l'interdiction du mari n'opérera pas de plein
droit et sans l'office du juge dissolution de la communauté, mais donnera seulement à la femme le droit de
demander cette dissolution en justice.

Nous n'avons parlé jusqu'à présent que des actes
accomplis à la suite du jugement d'interdiction. Ajoutons
que cette sentence a, dans le passé, d'importants effets :
elle emporte nullité des actes même antérieurs, s'il est
prouvé que la démence existait déjà lors de leur confection. Il n'y aura pas nécessité d'établir l'existence de la
folie au moment précis où a été passé l'acte ; si à cette
époque la folie s'était déjà révélée, l'acte se trouvera
annulé par l'influence rétroactive du jugement d'interdiction. Tel est du moins le principe.

En pratique, quand l'acte avait précédé de beaucoup
l'interdiction, la preuve de la démence était assez difficilement accordée. Ainsi une donation faite par la duchesse de La Force cinq ans avant son interdiction fut,
pour ce seul fait, confirmée le 10 juillet 1756 : les héritiers qui attaquaient cette donation ne furent même pas
admis à prouver qu'à sa date la démence de la donatrice
s'était déjà manifestée.

Si l'acte antérieur à l'interdiction était un testament,

(1) Renusson, *Traité de la Communauté*, part. I, chap. ix, nomb. 56.

on prononçait sur son sort d'après une distinction que nous avons indiquée plus haut : était-il olographe? on l'annulait au cas seulement où il contenait en lui-même des indices d'aliénation mentale. Était-il notarié? on admettait que la folie du testateur fût établie par des preuves prises ailleurs que dans la rédaction même du testament.

Outre la présomption d'incapacité, la sentence d'interdiction créait pour l'aliéné une autre protection : en général, elle contenait la nomination d'un curateur. Si la sentence même n'y avait pas pourvu, cette désignation était faite par le juge après avis de parents ou d'amis.

La curatelle légitime en usage à Rome avait disparu ; une seule curatelle de ce genre existait : c'était la cura-telle exercée par le mari sur la personne de sa femme interdite (1).

Les fonctions du curateur comprenaient l'administra-tion du patrimoine et la garde de la personne. Si la démence de l'aliéné va jusqu'à la fureur, le curateur peut et doit se pourvoir devant le juge qui, sur l'avis de la famille, et après information, ordonnera que la malade soit enfermée dans une maison de force (2).

D'ailleurs « le pouvoir et les obligations des curateurs aux interdits par rapport à leurs biens sont à peu près les mêmes que ceux des tuteurs (3). » Le curateur ne pouvait pas toujours agir seul et librement. Souvent, la sentence d'interdiction lui adjoignait un conseil composé

---

(1) *Coutume de Bretagne*, art. 510. — Meslé, *loc. cit.*, XIII, 15.
(2) Pothier, *Traité des personnes*, VI, 5.
(3) Pothier, *ibid.*

de jurisconsultes ou. d'hommes d'affaires dont l'avis devait être pris pour les actes les plus importants, tels qu'aliénations, procès, transactions. De même, pour répudier une succession, il était d'usage, nous dit Pothier, que le curateur se fît autoriser par un avis de parents assemblés devant le juge (1), et, dans beaucoup de provinces, l'aliénation des immeubles devait être permise par un décret du juge rendu sur l'avis de la famille.

L'interdiction et la curatelle prenaient fin quand la guérison du fou était bien constatée.

Dans les pays de droit écrit, l'interdit revenu à la raison se bornait à reprendre l'administration de ses biens, sans prendre la peine de faire prononcer judiciairement la mainlevée de l'interdiction (2). Quant aux coutumes, elles exigeaient généralement que la justice intervînt pour rendre à l'interdit l'exercice de ses droits (3).

Il y avait cependant un cas où l'interdiction cessait *ipso facto :* quand le curateur venait à mourir, si les parents de l'interdit négligeaient d'en faire nommer un autre, on présumait que le malade était guéri, et on lui rendait l'administration de ses biens (4).

(1) Pothier, *Traité des successions*, III, 3 et 4.
(2) Merlin, *Répertoire, loc. cit.*
(3) *Coutume de Bretagne*, art. 525. — *Coutume de La Salle de Lille*, XV, art. 12.
(4) Denizart, v° *Interdiction*. — Cette disposition était consacrée par la *Coutume de Bretagne*.

CHAPITRE III

DES PERSONNES POURVUES D'UN CONSEIL.

Quand une personne avait l'intelligence affaiblie ou partiellement altérée, de telle sorte qu'on pût lui laisser dans une certaine mesure la disposition de sa personne et de ses biens, on le plaçait sous un régime d'interdiction pour ainsi dire tempérée. On lui nommait un conseil et sa situation juridique ressemblait alors, comme l'indique Meslé, à celle du mineur émancipé.

Certains actes, que signalait le jugement, lui étaient désormais impossibles sans le concours de son conseil. Le remède variait suivant les circonstances, et il était proportionné au mal. « Juge-t-on qu'un homme a trop de facilité à entreprendre des procès? alors on lui défend d'en commencer aucun sans l'avis d'un avocat, ou de tout autre conseil qu'on lui nomme (1). De même s'il a donné lieu de craindre qu'il ne se déshonore par quel-

---

(1) C'est le cas de cette plaideuse incorrigible que Racine met en scène. La comtesse de Pimbèche raconte à Chicaneau que ses parents ont obtenu de la justice une décision qui lui interdit de satisfaire désormais sa passion :

> Je ne sais quel biais ils ont imaginé,
> Ni tout ce qu'ils ont fait ! Mais on leur a donné
> Un arrêt par lequel, moi, vêtue et nourrie,
> On me défend, Monsieur, de plaider de ma vie.
> (Les Plaideurs, acte I, scène VII.)

C'est aussi le cas prévu par l'art. 182 de l'Ordonnance de Blois.

que alliance, on lui nomme un conseil sans lequel il ne peut contracter mariage (1). »

L'origine de ce tempérament apporté au système de l'interdiction complète se trouve dans les arrêts du xv⁰ siècle, en 1448, en 1473, en 1479.

Les fonctions du conseil étaient des plus simples : elles se bornaient à autoriser les actes indiqués par la justice et qui n'auraient pu être valablement faits sans cet assentiment.

DROIT MODERNE

La législation qui régit actuellement la capacité des aliénés n'est pas condensée dans un ensemble de textes rapprochés et méthodiquement coordonnés.

Un aliéné peut se trouver dans plusieurs situations différentes.

1° Il n'a été l'objet d'aucune décision judiciaire, d'aucune mesure quelconque modifiant sa condition juridique. Le sort de ses actes est alors réglé par des dispositions légales parsemées pour ainsi dire dans le Code civil (art. 146, 504, 901, 1108).

2. Il a été placé par la justice en état d'interdiction, et alors le Code détermine par une réglementation spé-

---

(1) Merlin, *Répertoire*, v⁰ *Interdiction*. — Voyez aussi Denizart, v⁰ *Interdiction*.

ciale quelle sera la portée, quels seront les effets de ce régime (art. 174, 489-512, 1304, 2003, 2126).

3° Il a été considéré, non pas comme atteint d'une aliénation mentale absolue, mais comme faible d'esprit, et il a été pourvu d'un conseil judiciaire. De là une demi-interdiction, une incapacité partielle et tempérée, dont la nature et les conséquences sont indiquées sommairement avec celles de l'interdiction véritable (art. 499 et 502).

4° L'aliéné peut être encore dans une quatrième situation.

Le Code civil a soumis les insensés à une législation qui ne s'inspirait guère que du droit romain ou du droit coutumier. D'après ce code, les uns sont frappés d'une incapacité naturelle cessant et reparaissant avec les accès morbides ; les autres sont placés, par l'interdiction, sous un régime protecteur, et sous une tutelle qui représente à peu près l'antique curatelle de Rome et de l'ancien droit français ; d'autres enfin sont assistés d'un conseil judiciaire conformément à notre vieille jurisprudence. On ne tarda pas à reconnaître qu'une telle organisation était loin de satisfaire aux besoins de la pratique.

L'interdiction devant être prononcée en justice et exigeant une certaine publicité, beaucoup de familles craignaient de révéler chez un des leurs la présence de cette maladie souvent transmise avec le sang et qui constitue une menace permanente pour les parents de la victime : elles préféraient ne pas réclamer pour l'insensé les avantages de l'interdiction, et le livraient ainsi aux caprices extravagants par lesquels il pouvait gaspiller sa fortune.

D'autre part, l'interdiction ne pouvait s'obtenir sans

d'assez grands frais, et le désir d'éviter une dépense empêchait quelquefois les parents d'entreprendre la procédure nécessaire. Or le ministère public n'a que dans des cas exceptionnels le droit d'agir à la place des parents (art. 491). Ceux-ci paralysaient donc souvent la protection que la loi a voulu accorder aux aliénés en établissant l'interdiction.

L'inconvénient le plus grave peut-être de la législation adoptée sur ce point en 1803, c'est qu'on ne pouvait séquestrer un aliéné sans l'avoir fait interdire : telle paraît bien être la conclusion à tirer de l'art. 510 du Code civil. Ainsi, lorsque la famille, par scrupule, par négligence ou par économie, ne recourait pas à l'interdiction, on ne pouvait malgré lui enfermer le malade, ni le soumettre au traitement voulu, aux conditions d'isolement qui sont un des plus puissants moyens d'action sur la folie. La famille eût-elle même provoqué l'interdiction, jusqu'à la sentence l'aliéné avait le droit strict d'exiger qu'on le laissât en liberté. Sans doute, contre les fous furieux, l'autorité municipale pouvait prendre en vertu de la loi des 16-24 août 1790 les mesures nécessaires pour empêcher les accidents. Certains préfets, se regardant comme les maires de leur département, exerçaient les pouvoirs conférés à l'autorité municipale et faisaient interner les aliénés dangereux, pendant que le ministère public poursuivait leur interdiction en vertu de l'art. 491 du Code civil. Mais, d'une part, en ce faisant, on s'écartait de l'art. 510 du Code civil qui semble n'autoriser la séquestration qu'à la suite d'un jugement d'interdiction et d'une délibération du conseil de famille, et l'on côtoyait ainsi l'art. 114 du Code pénal qui punit les détentions arbitraires ; d'autre part, les individus atteints d'une démence jusqu'alors tranquille, ne menaçant pas actuellement l'ordre public par leurs déportements, échappaient à ces mesures préventives. Ils échappaient même à l'interdiction si leur folie n'était ni permanente ni habituelle. Leur famille voulait-elle les faire soigner dans quelque établissement hospitalier? elle se heurtait au principe de la liberté individuelle, et n'osait pas solliciter l'intervention des autorités publiques, désarmées devant une maladie en apparence douce et inoffensive. Soustrait à l'influence d'un régime salutaire qui seul peut-être était capable d'arrêter ses progrès, le mal pouvait se développer et éclater tout à coup en épouvantables violences.

Si, en fait, on s'écartait parfois des considérations juridiques, si l'on enfermait les insensés avant leur interdiction ou sans même la provoquer, on risquait de se mettre en opposition avec la loi, ce qui est toujours un triste et fâcheux exemple.

La loi du 30 juin 1838 s'efforça de remédier aux inconvénients d'un pareil état de choses. Sans vouloir en rapporter ici toutes les dispositions, dont beaucoup ne se rattachent qu'accessoirement à l'objet de notre étude, disons dès à présent qu'elle s'est proposé un double but : accorder aux familles qui répugnent à l'interdiction un procédé plus secret, plus simple et moins coûteux pour protéger la personne et le patrimoine du malade ; pourvoir au traitement de tous les fous, et permettre de leur imposer des soins qu'exigent à la fois et leur intérêt personnel et l'intérêt de la société.

La personne recueillie dans une maison d'aliénés, et non interdite, est mise par la loi de 1838 dans une situation juridique particulière que nous aurons à analyser plus loin.

Notre travail sera divisé tout naturellement en quatre parties correspondant aux différents états de droit où peut se trouver un aliéné.

Nous nous occuperons d'abord des personnes dont diverses influences ont pu troubler les facultés mentales, mais qui ne sont ni interdites ni placées dans un établissement d'aliénés. Les désordres intellectuels produisent par eux-mêmes des effets d'une importance capitale sur tous les actes juridiques de celui qui les éprouve : il est donc rationnel de rechercher quelle est l'influence naturelle de ces désordres sur la capacité de l'homme avant d'examiner l'incapacité artificielle résultant de tel ou tel régime spécial organisé par la loi.

CHAPITRE PREMIER

DES PERSONNES ATTEINTES D'ALIÉNATION MENTALE, MAIS QUI NE SONT NI INTERDITES, NI POURVUES D'UN CONSEIL JUDICIAIRE, NI PLACÉES DANS UN ÉTABLISSEMENT D'ALIÉNÉS.

Nous supposerons d'abord un individu dont la condition juridique n'a été modifiée ni par un jugement d'interdiction ni par la séquestration dans un établissement d'aliénés. Il n'existe pour lui aucune présomption d'incapacité ; ni la direction de sa personne, ni la gestion de sa fortune ne lui a été retirée, il peut faire valablement tous les actes qu'il voudra, si toutefois il remplit les conditions de droit commun qu'exige la loi pour les différentes opérations de la vie civile : au premier rang de ces conditions se trouve l'*intégrité d'esprit*.

Nous sommes alors en présence de deux questions qu'il nous faudra successivement résoudre : 1° Dans quels cas peut-on considérer que la capacité de fait est supprimée par l'altération mentale ? 2° Quelles seront les conséquences juridiques de cette incapacité de fait ?

SECTION 1. — Dans quels cas la capacité de fait est-elle supprimée par l'aliénation mentale ?

Sous la dénomination très-générale d'*aliénation mentale*, nous allons rechercher les différentes hypothèses où, sous des influences diverses, la raison peut se trouver abolie ou la volonté paralysée.

Il y a longtemps qu'on a dit : *Definitio est periculosa.* On n'aperçoit jamais mieux l'exactitude de cette formule que quand on cherche à déterminer les caractères distinctifs de l'aliénation mentale. Plusieurs causes rendent impossible une définition vraiment scientifique de la folie.

C'est d'abord l'ignorance invincible où nous sommes le plus souvent du siège précis et de la nature spéciale du mal organique dont l'influence produit les phénomènes en question. Socrate a dit : « Définir, c'est savoir. » Or, malgré les progrès de la science, un voile impénétrable nous dérobe encore les éléments pathologiques et la cause intime de la folie. « L'observation la plus attentive et la plus ingé-

« nieuse n'atteint guère qu'après la mort des symptômes
« plus ou moins généraux qu'il serait téméraire de consi-
« dérer toujours comme l'esence même de l'altération fon-
« damentale. Nous voyons bien la folie accompagnée
« d'inflammation des enveloppes cérébrales, de paralysie
« générale et progressive, de ramollissement du cerveau,
« d'altérations fréquentes de quelque organe sympathique
« voisin ou éloigné des centres nerveux ; mais, si utile qu'il
« puisse être de noter soigneusement tous ces symptômes,
« nous ne savons que rarement s'ils sont la cause ou la
« conséquence du mal essentiel de la folie ; il nous est
« interdit d'affirmer qu'ils constituent l'essence même
« de ce mal et en caractérisent les différentes espèces (1). »

Si l'examen des anatomistes et des physiologistes ne
peut nous fournir une somme de caractères pathologiques
précis sur lesquels nous puissions fonder une définition
de la folie, l'observation des phénomènes extérieurs nous
laisse aussi dans le vague et dans l'incertitude. La prodi-
gieuse diversité qui règne dans les manifestations de ce
mal mystérieux, la multitude et la mobilité des symptômes physiques et moraux qui l'accompagnent et le ré-
vèlent, nous empêchent de découvrir et de déterminer
une cause morbide unique pour tant d'effets divers. Il
n'est pas une puissance de l'esprit où la folie ne porte le
désordre : sensations, sentiments, idées, jugement, raisonnement, mémoire, conscience, volonté, caractère,
mœurs, habitudes, la folie ne respecte rien. Elle ne
fait pas toujours main basse et d'un seul coup sur l'esprit

(1) Albert Lemoine, *l'Aliéné devant la philosophie, la morale et la
société*, p. 392,

tout entier : souvent, par une sorte de caprice, elle localise son influence sur certaine partie de la vie morale, laissant les autres facultés intactes ou à peu près ; elle s'attaque à l'un des mille ressorts de l'organisation intellectuelle et y cause des ravages qui défient toute prévision : alors on est bien fou, sans l'être cependant sur tous les points. Si telle est la variété infinie des formes qu'affecte l'aliénation mentale, comment en dégager un trait saillant et commun qui soit comme le signe et la marque distinctive du mal ?

Il est une troisième cause qui sans doute s'opposera toujours à une définition de la folie : c'est l'impossibilité d'assigner des limites fixes et certaines à la santé et à la maladie de l'esprit. « Que de maux seraient évités, dit « un éminent auteur anglais, quel bienfait pour la société, « s'il était possible de tracer une ligne nette et sûre, puis « de déclarer que tous ceux qui se trouvent en deçà sont « raisonnable, que tous ceux qui se trouvent au delà sont « fous ! Mais la moindre réflexion fait comprendre la va- « nité de tenter une semblable division. C'est une vérité « banale que la nature ne fait pas de saut, mais qu'elle passe « d'un extrême à l'autre par des nuances si douces « qu'elles se fondent imperceptiblement l'une dans l'autre « sans qu'il soit possible de fixer exactement la ligne de « transition. Nulle part cela n'est plus vrai qu'en ce qui « concerne la raison et la déraison (1). »

Il existe donc entre la sanité et l'insanité une sorte de terrain neutre, une zone mitoyenne ; et, en présence

_____

(1) H. Maudsley, professeur de médecine légale à University-College (Londres), *le Crime et la folie*, p. 38.

des cas équivoques dont cette zone est peuplée, il serait arbitraire d'affirmer *à priori* dans une formule dogmatique ce qui distingue toujours et forcément un aliéné d'un homme sensé.

La vérité, c'est qu'on devine et qu'on sent la folie sans en connaître l'essence, sans pouvoir en indiquer les éléments nécessaires ni en décrire les limites. On la constate au jour le jour, pour un cas particulier, avec l'aide du sens commun : on n'a pas une règle certaine, générale et constante, tranchant pour ainsi dire d'avance les questions qu'elle peut soulever.

A défaut de définition, pouvons-nous au moins obtenir une classification satisfaisante des maladies mentales ? Si l'on ne peut découvrir ce qu'est la folie en elle-même, si l'on ne peut « étreindre cet insaisissable Protée « qui change à chaque instant de forme et de visage, « et le forcer à montrer à nu la figure une et première « que cachent toutes ces métamorphoses, » est-il au moins possible de recueillir les traits généraux qui caractérisent les formes principales de la folie, et de fixer pour ainsi dire quelques types dont les folies individuelles les plus originales ne s'écarteraient pas de trop loin ?

Certes, d'après ce que nous avons dit plus haut, il semble bien difficile de construire directement, selon les exigences d'une saine méthode, une classification rigoureuse des différents genres de folie, où nous puissions voir l'image complète de la vérité. La valeur scientifique d'une classification dépend de l'importance des caractères qui servent à distinguer les classes et à dresser les catégories : or, où trouverons-nous de tels caractères ? D'une part, il est presque impossible d'établir un rapport entre les altérations anatomiques bien définies et des groupes de symptômes déterminés ; d'autre part, le propre de la folie, c'est d'être un mal « *ondoyant et divers* », et de se présenter sous d'innombrables aspects qui n'ont souvent entre eux ni lien ni ressemblance.

Quoi qu'il en soit, c'est un besoin impérieux de l'esprit humain et de la science de poursuivre, à défaut de l'unité parfaite, la moins grande diversité ; à défaut d'un classement sûr et complet, la moins grande confusion. Aussi tous les écrivains qui se sont occupés de notre sujet ont-ils entrepris de distinguer quelques formes principales et peu nombreuses de la folie et d'assigner à chacune des caractères spécifiques. Il faut d'ailleurs le reconnaître : ils ont mieux réussi dans cette œuvre de classification à grands traits que dans leurs tentatives de définition sommaire et compréhensive.

Depuis Hippocrate jusqu'à Pinel et Esquirol, des divisions, dont l'économie générale n'a guère varié, ont été admises parmi les maladies mentales. A défaut d'autre mérite, elles ont l'avantage de fournir en quelque sorte des points de repère, et de mettre autant que possible de l'ordre dans la multitude.

Si l'on ne peut se flatter de répartir avec une rigueur scientifique toutes les manifestations de la folie dans des cadres bien arrêtés, on peut, dit M. Tardieu, « trouver dans l'ensemble des symptômes, dans la marche, la durée, les lésions particulières à chacune des maladies mentales, les éléments de certaines distinctions très naturelles et très fondées qui servent à constituer des variétés fort importantes au point de vue pratique. » C'est à ce point de vue pratique qu'il convient de nous placer à la suite des médecins-légistes, et les divisions qu'il nous importe d'adopter, ce sont celles qui faciliteront le mieux nos recherches sur ce point spécial : la capacité des aliénés. L'objet que poursuit la médecine légale en constatant l'état mental est précisément le nôtre : déterminer la capacité et la responsabilité. Pour elle, c'est là ce qui domine l'examen de tout aliéné, c'est là ce qui sert de fondement aux divers groupes entre lesquels elle divise les différents genres de folie. Nous négligerons donc les classifications présentées par les pathologistes, par les représentants de la science pure, quelle que puisse être leur valeur, et nous nous attacherons à celle qu'a choisie un de nos plus éminents médecins-légistes (1).

Il est permis de former trois grandes classes, caractérisées :

La première, par la *faiblesse d'esprit* d'où résultera l'incapacité plus ou moins complète de l'individu ;

La seconde, par les *impulsions instinctives* d'où dérivent des actes qui ne sont pas toujours en rapport avec des idées délirantes, mais dans lesquels la volonté inconsciente est dirigée et dominée par une force irrésistible ;

La troisième, par différentes formes de *délires* exerçant sur les actes des influences variées.

____

(1) Tardieu, *Étude médico-légale sur la folie*, p. 106.

Il est dès à présent facile de pressentir, et il demeure bien évident que les limites entre ces différents groupes n'ont rien d'absolu, et que certaines espèces d'aliénations ou une même affection à ses différentes périodes fourniront à la fois à plusieurs d'entre eux. Les idiots par exemple et les imbéciles appartiennent à la fois à la classe des faiblesses d'esprit et à celle des impulsions instinctives. La folie paralytique, à son début, se rangera dans le troisième groupe où la nature du délire exerce une influence marquée sur les actes, et dans la première lorsqu'elle est arrivée à la démence.

Cette apparente confusion, qui aurait de graves inconvénients dans une classification nosologique, n'a que des avantages en médecine légale où les questions comme les individus se présentent sous des aspects multiples et complexes, et où la réalité des faits pratiques doit passer avant toute considération de méthode et de doctrine

§ 1. — Des espèces de folie caractérisées par la faiblesse d'esprit.

La faiblesse d'esprit, c'est-à-dire la perte complète ou incomplète des facultés intellectuelles d'où dérivent l'incapacité et l'irresponsabilité, caractérise ce premier groupe où viennent se ranger, sous des types distincts et à des degrés divers, les déments, les idiots, les imbéciles, les faibles d'esprit, auxquels il faut ajouter, en raison de leur double infirmité physique et morale, les sourds-muets, et, eu égard aux troubles qui se produisent dans l'état mental aux derniers moments de la vie, les moribonds.

Démence. — La démence, si on restitue à ce mot le sens propre qui lui appartient dans le langage de la médecine aliéniste, consiste dans l'affaissement graduel et progressif et par l'abolition plus ou moins complète des facultés intellectuelles et affectives. Elle est tantôt primitive et simple, et résulte alors soit des progrès de l'âge, soit d'excès, soit de fatigues ou de misères physiques et morales ; tantôt secondaire et consécutive à des affections cérébrales diverses, encéphalite locale, ramollissement, hémorrhagie. Elle se montre enfin comme le terme ordinaire, l'aboutissant fatal, si l'on peut ainsi parler, des différentes formes de la folie et en particulier de la manie chronique, des monomanies, de la paralysie générale, de l'épilepsie et de la folie épileptique. On voit quelle large place appartient à la démence dans l'étude des maladies mentales, et, par suite, combien seront fréquentes les occasions où le médecin légiste la rencontrera dans les expertises, où le magistrat devra en régler judiciairement les effets. Aussi, à défaut d'une description détaillée qui ne conviendrait ni à la nature ni aux proportions de notre travail, nous croyons utile d'en donner un aperçu succinct.

La démence, lorsqu'elle est simple et exempte de complications, s'annonce d'ordinaire soit par un affaissement général de l'intelligence, soit par une diminution graduelle de l'une des facultés. Les opérations intellectuelles sont lentes, la mémoire ne va plus au-devant de l'expression, les pensées ne s'enchaînent plus comme par le passé; la sensibilité s'émousse tout en semblant parfois s'exagérer; les larmes sont faciles et fréquentes, mais les impressions s'effacent rapidement et disparaissent sans laisser aucune trace. L'esprit du dément est dans un état de mobilité turbulente et incoercible; ses idées qui s'accumulent et se pressent en désordre lui font apercevoir un flux et un reflux continuel et ridicule d'objets chimériques qui se détruisent les uns les autres. Il parle seul et sans discontinuer, et ses mots se suivent, non d'après l'association des idées, qui est détruite, mais par l'effet d'une simple consonnance; quelques-uns répètent indéfiniment le même mot, le même cri, le même air; beaucoup se balancent à la même place par un mouvement automatique. Parfois enfin le malade est sujet à des accès d'emportement et de violence dont sa faiblesse physique seule diminue les dangers.

Il est rare, paraît-il, que la perte de l'activité intellectuelle reste bornée à une seule faculté, à un acte isolé de l'entendement. Lors même qu'elle débute ainsi par une déchéance partielle, la démence arrive généralement jusqu'à la plus complète insensibilité physique et morale. Toutes les forces de l'individu déclinent peu à peu, toutes les fonctions languissent jusqu'à ce que, sous l'influence d'une courte maladie ou même sans secousse, la vie s'éteigne tout à fait.

La constatation de la démence est généralement facile, et il suffit presque de l'avoir reconnue pour en déterminer les conséquences au point de vue médico-légal. Lorsque toute initiative intellectuelle a disparu, lorsque tout sentiment est effacé, l'incapacité du dément est notoire, absolue. Il ne peut plus diriger en connaissance de cause ni ses affaires ni sa propre personne. La seule réserve à faire est pour les cas de démence incomplète, dans lesquels, sous l'influence de l'âge, quelques facultés seulement sont plus ou moins affaiblies, mais où survivent les sentiments vrais et une dose suffisante de jugement. L'extrême vieillesse fournit de nombreux exemples de cet affaiblissement qui, s'il rend plus faciles les suggestions et les captations, n'entraîne pas cependant d'une manière nécessaire l'impuissance de la volonté et l'incapacité d'accomplir certains actes, tels que donations ou testaments. « J'ai été pendant un temps, dit M. Tardieu, et comme la plupart de mes confrères, disposé à admettre trop facilement l'incapacité absolue des déments. Mais les faits et l'expérience sont venus corriger cette doctrine trop étroite, et m'ont appris qu'il était conforme à la vérité et à la justice de ne pas limiter d'une manière trop tranchée la capacité des déments ; qu'en effet, lorsque la déchéance intellectuelle et morale n'est pas définitivement consommée, et que toute faculté d'attention, de réflexion et de jugement n'est pas abolie, le médecin légiste ne doit pas admettre l'invalidité radicale de tous les actes accomplis (1). »

La jurisprudence a fait maintes fois application de cette idée en déclarant, par exemple, que la faiblesse

____

(1) Tardieu, *op. cit.*, p. 111 et 112. Voy. aussi une consultation donnée par Esquirol en 1829 (*Annales d'Hyg. pub. et de Méd. lég.*, t. VII, p. 203).

d'esprit résultant d'un âge très avancé ne suffisait pas pour faire annuler un testament (1), et en confirmant des donations ou testaments faits à la suite d'accidents apoplectiques ou d'hémorrhagies cérébrales qui avaient pourtant altéré l'intelligence dans une large mesure (2). Si pourtant à l'extrême affaiblissement de l'esprit se joignaient des manœuvres de captation ou de suggestion, d'ailleurs non susceptibles de constituer à elles seules une cause de caducité, l'ensemble de ces faits pourrait être considéré comme détruisant la capacité nécessaire pour donner ou pour tester (3).

Idiotie. — L'idiotie est un vice originel et congénital qui consiste dans l'absence complète ou dans l'arrêt de développement des facultés intellectuelles et affectives.

Quoique radicalement distincte de la démence et de la folie, et constituant non une maladie, mais une infirmité, l'idiotie n'en doit pas moins, au point de vue qui nous occupe, être rangée dans les affections mentales et rattachée au groupe des faiblesses d'esprit. La constatation médicale en est aussi simple que les conséquences juridiques en sont évidentes. L'idiotie n'est pas seulement caractérisée par l'absence de toute activité intellectuelle et morale, mais encore par l'atrophie de tous les instincts les plus nécessaires à l'existence. Impuis-

(1) Cass., 4 mai 1803 ; Aix, 14 février 1808 ; Paris, 14 mars 1818 ; Lyon, 9 août 1866.

(2) Voyez l'espèce rapportée par M. Legrand du Saulle (*la Folie devant les tribunaux*, p. 235 et suiv.). — Voy. aussi un jugement du tribunal de la Seine, du 7 janvier 1868 (*Gaz. des Tribunaux*, 11 janvier 1868).

(3) Trib. de Belfort, 30 janvier 1862 ; Paris, 18 août 1843.

sants même à se nourrir, les idiots ne peuvent à aucun degré diriger leurs actes par la réflexion : ils sont atteints d'une incapacité radicale qui ne saurait être contestée.

Imbécillité. — L'imbécillité, tout comme l'idiotie, est un vice originel, une faiblesse radicale et innée des facultés intellectuelles, moins profonde cependant et présentant même des degrés divers et nombreux. Trélat fait remarquer que, chez les imbéciles, « quelques facultés peuvent être développées, très développées même, malgré la nullité complète d'autres facultés plus essentielles (1). » Le Code prussien définit l'imbécillité : « l'incapacité de réfléchir sur les conséquences des actions. » Cette définition a le défaut d'être trop large et de s'appliquer à diverses autres formes de l'aliénation mentale; mais il est certain qu'un des principaux signes auxquels on reconnaît l'imbécile, c'est le défaut absolu d'esprit de conduite, l'inconsistance de ses desseins, l'imprévoyance et la légèreté qui président à ses actes, une obstination sans motif et sans réflexion. Le rôle du médecin et du juge n'est pas en général très difficile quand ils sont appelés à se prononcer sur des individus de cette catégorie. On constate sans peine le développement incomplet de l'intelligence : et l'impossibilité de diriger sa personne, l'incroyable pusillanimité du caractère, la facilité aux suggestions et aux captations, le défaut de suite dans les idées, sont des motifs péremptoires pour admettre l'incapacité de l'imbécile. « Je

(1) Trélat, *la Folie lucide*. Paris, 1861, p. 19.

reconnais cependant, dit M. Tardieu, qu'il y a dans les cas de cette nature de réelles difficultés d'appréciation, et qu'il faut se garder de confondre des erreurs et des torts de conduite avec les effets de l'imbécillité et d'un trouble maladif de la raison. »

Faiblesse d'esprit. — Nous rangeons dans cette catégorie les individus qui, sans être absolument dépourvus d'intelligence, en ont une très inférieure à celle du commun des hommes. Dans leurs premières années, ils ont été des enfants retardés, toujours en arrière de leurs contemporains ; mémoires et esprits rebelles, ils n'ont pu arriver qu'à une instruction très incomplète, ils sont restés incapables de toute initiative sérieuse. Cette sorte de débilité morale n'empêche pas l'accomplissement volontaire et suffisamment raisonné des actes habituels de la vie civile. Ainsi on a décidé qu'une donation, un testament, ou l'acte portant révocation d'un testament, ne saurait être déclaré nul comme émané d'une personne faible d'esprit, la faiblesse d'esprit ne pouvant être assimilée à l'insanité (1). Mais la nullité d'une donation ou d'un testament pourrait être prononcée si, à des faits suffisants pour indiquer une grande faiblesse d'esprit, venaient se joindre des faits de captation et de pernicieuse influence, lors même que ces derniers ne seraient pas par eux-mêmes de nature à entraîner la nullité d'un acte accompli par un homme sain d'esprit (2).

Sourds-muets. — Parmi les infirmités physiques con-

(1) Paris, 24 avril 1869.
(2) Comparez un jug. du tribunal de Belfort (30 janvier 1862) et un arrêt de la Cour de Paris (18 août 1843) déjà cités.

génitales, il en est qui atteignent directement l'intelligence, comme le crétinisme ; d'autres qui, indirectement, s'opposent au développement des facultés, et
peuvent maintenir ceux qui en sont atteints dans un état
d'infériorité morale dont le légiste doit tenir compte.
La surdi-mutité est au premier rang de celles-ci, et, si
elle était abandonnée à elle-même, elle constituerait une
cause certaine d'incapacité. Selon Itard, le savant médecin de l'hospice des Sourds-Muets, il y a peu de différence entre le sourd-muet non instruit et l'idiot ; et
telle est l'affinité qui existe entre ces deux états de l'intelligence, que plus d'un quarantième des sourds-muets
est atteint d'idiotisme, soit que cette inaptitude mentale
résulte de l'inaudition, soit qu'elle dépende de la cause
même, qui a paralysé le sens auditif (1).

Néanmoins, l'éducation des sourds-muets est possible :
c'est là un fait constant. Un grand nombre de ces malheureux peuvent acquérir et acquièrent en réalité des notions
qui les mettent en état d'exercer leurs facultés, de commu-
niquer avec leurs semblables, et d'agir librement en toute
connaissance et en toute sûreté de conscience. La capacité
des sourds-muets a donc dû varier avec les moyens d'instruction et devenir plus grande à mesure que ceux-ci se
sont perfectionnés. La loi romaine assimilait les sourds-
muets à ceux qui avaient perdu la raison (2), et notre
ancienne jurisprudence, les plaçant en état d'interdiction,
les frappait d'une incapacité complète ainsi que l'atteste
Ricard. Peu à peu on se relâcha de cette rigueur, et dans

(1) *Dictionn. des sciences médicales*, v° *Sourd-muet*.
(2) Institutes, I, 23, § 4.

le ressort du Parlement de Paris notamment, on n'interdisait plus les sourds-muets qui savaient lire et écrire.

Par son silence même, notre Code civil a relevé en principe les sourds-muets de toute incapacité générale. Il ne mentionne les sourds-muets que dans l'art. 936 pour indiquer dans quelle forme ils devront accepter les donations qui leur seront faites. Aux termes de cet article, le sourd-muet qui sait écrire peut accepter lui-même ou par un fondé de pouvoir une donation qui lui est faite; s'il ne sait pas écrire, l'acceptation doit être faite par un curateur nommé à cet effet. On s'accorde à reconnaître que l'art. 936 n'a pas eu pour but de frapper d'incapacité le sourd-muet illettré, mais qu'il a seulement voulu indiquer, dans son intérêt, comment la donation qui lui serait offerte pourrait être acceptée : la doctrine et la jurisprudence semblent unanimes pour reconnaître au sourd-muet la capacité, dès qu'il peut exprimer sa volonté par signes, si d'ailleurs son intelligence est lucide. Celui qui n'a aucune espèce d'instruction ni d'éducation ressemblera presque toujours à l'idiot, et se trouvera dans la même situation juridique; nous verrons plus loin qu'il pourra être interdit. Celui qui comprend l'importance des actes qu'il fait et qui peut, par le langage mimique, manifester sa pensée, ne sût-il même pas écrire, peut en principe valablement faire les différents actes de la vie civile.

Le projet du Code contenait une disposition de laquelle il résultait que les sourds-muets étaient incapables de se marier à moins qu'il ne fût constaté qu'ils étaient capables de faire connaître leur volonté. Sur une observation du premier Consul, on reconnut qu'au lieu d'établir en règle générale que les sourds-muets ne pourraient se marier et de ne leur donner la capacité que par voie d'exception, il valait mieux au contraire leur reconnaître en principe la capacité de se marier, et ne les en déclarer incapables que dans le cas où ils ne pourraient faire savoir leur volonté, par application du droit commun, qui exige pour le mariage un consentement valable.

C'est donc avec raison qu'il a été jugé qu'une personne privée de l'usage de la parole n'est pas incapable de se marier. Il faut et il suffit que l'officier de l'état civil puisse s'assurer que le sourd-muet comprend le caractère et les effets de l'engagement qu'il va contracter, et qu'il veut effectivement le contracter (1).

Dans les conditions que nous venons d'indiquer, le sourd-muet peut consentir toutes les conventions dont le contrat de mariage est susceptible; il peut disposer de ses biens par donation entre vifs (2), s'obliger, se défendre, et témoigner en justice par signes.

Quant à la capacité de tester, il peut l'exercer, s'il sait écrire, dans la forme olographe ou mystique. Ces deux procédés lui sont alors certainement permis (3).

Mais le testament authentique qui doit être dicté par le testateur et qui doit ensuite être lu à haute voix (art. 972) semble, pour ce double motif, interdit à tous les sourds-

____

(1) Toulouse, 26 mars 1824; Cass., 30 janvier 1844; Paris, 3 août 1855.

(2) Bordeaux, 29 décembre 1856; Colmar, 14 juin 1870.

(3) Bordeaux, 16 août 1836; Rouen, 23 août 1849.

muets. Il faudrait en conclure que le sourd-muet qui ne sait pas écrire, se trouvant ainsi hors d'état de tester soit dans la forme olographe, soit dans la forme mystique, ne pourrait d'aucune façon faire son testament. Ce serait là une bien déplorable conséquence. La plupart des auteurs n'hésitent pas à l'admettre sans restriction. Si cependant le notaire qui reçoit le testament authentique d'un sourd-muet entendait le langage mimique et pouvait lui-même en user, ne saurait-on lui permettre de recueillir les volontés du sourd-muet et d'en faire ensuite lecture au testateur, le tout par les procédés du langage articulé? Un testament ainsi fait ne pourrait-il pas valoir au même titre qu'un mariage où le consentement n'a été donné que par geste?

Une innovation législative sur ce point présenterait une réelle utilité. En créant, par exemple, des interprètes assermentés, chargés d'assister les notaires auprès des sourds-muets illettrés, on pourrait faciliter à ces malheureux l'exercice d'une des prérogatives les plus précieuses et les plus chères à l'homme : celle de régler sa succession suivant son bon plaisir.

Moribonds. — L'homme qui va mourir et chez lequel les forces physiques sont déjà presque anéanties perd dans bien des cas le sentiment et la conscience. Quelquefois aussi, l'intelligence et la volonté résistent jusqu'au dernier souffle. Il importe donc d'apprécier jusqu'à quel point un moribond peut se trouver capable d'accomplir certains actes, tels qu'un mariage *in extremis*, un testament, ou une donation.

La question ne peut être résolue d'une manière absolue;

il y a dans chaque cas particulier de cette espèce un fait d'observation qui varie suivant la nature de l'affection dont la mort est le terme imminent, et aussi suivant les dispositions individuelles du moribond. Néanmoins, au point de vue spécial de la capacité qui peut subsister chez le mourant, M. Legrand du Saulle croit possible de ramener à trois cas distincts les différents genres de maladies qui conduisent à la mort (1).

Le premier genre comprend les nombreuses affections dans lesquelles le délire n'apparaît à peu près jamais, même aux approches du décès : telles sont, par exemple, la phthisie pulmonaire, la péritonite, la goutte, et la grande majorité des lésions chirurgicales. Non seulement alors l'intelligence est presque toujours conservée jusqu'à la fin, mais elle acquiert quelquefois une très remarquable pénétration.

Le second genre renferme les maladies qui n'intéressent que secondairement le cerveau. Les facultés mentales sont dans un état mixte et le malade a, en quelque sorte, « un pied dans le camp de la raison, et l'autre dans celui du délire. » Si, dans certains cas, les derniers moments de la vie sont marqués par une sorte de réveil des facultés opprimées ou engourdies, par une sorte de retour des sentiments affectifs et de la volonté, ces dernières lueurs ne se montrent que rarement : elles ne sont d'ailleurs possibles que dans les maladies où l'intelligence n'est pas toujours et nécessairement affectée (2).

On peut enfin placer dans un troisième genre toutes

(1) Legrand du Saulle, *la Folie devant les tribunaux*, p. 125 et suiv.
(2) Tardieu, *op. cit.*, p. 127.

les lésions de l'encéphale : elles s'accompagnent presque toujours de la perte absolue de l'entendement.

Cette division ne peut être donnée que comme une indication très générale, et ne saurait dispenser de l'examen minutieux des faits dans chaque espèce déterminée. L'absence même de tout délire n'impliquera pas que l'agonisant ait conservé son libre arbitre et sa capacité : la prostration, la torpeur d'un organisme épuisé, peuvent ôter au mourant la force intellectuelle nécessaire pour accomplir valablement les actes les plus graves de la vie sociale. Notons cependant que c'est dans les maladies chroniques, où toutes les fonctions vitales languissent peu à peu, où l'être se consume lentement dans les souffrances, que l'on voit les facultés mentales se conserver presque jusqu'à la dernière heure. Il n'est pas de médecin qui ne puisse, dit M. Tardieu, en trouver de nombreux exemples dans ses souvenirs et son expérience personnelle.

La jurisprudence n'hésite pas à décider qu'un mariage n'est pas forcément entaché de nullité pour ce seul fait d'avoir été célébré hors de la maison commune et dans un lieu où le public n'était pas admis (1). Le mourant pourra donc, s'il jouit encore d'une raison suffisamment lucide, contracter un mariage *in extremis*. Il pourra faire aussi les différents autres actes juridiques, et entre autres son testament. Il doit alors réunir les conditions physiques exigées par la forme spéciale qu'il

______

(1) Aubry et Rau, *Cours de Code civil*, V, p. 113. Voy. les arrêts cités par ces auteurs, notamment un arrêt de la Cour de cassation (31 août 1824) et un arrêt de la Cour de Toulouse (26 mars 1824).

choisit. Lorsqu'il adopte la forme authentique, il doit pouvoir dicter d'abord, puis entendre la lecture que lui fera le notaire de ses dernières dispositions, ou tout au moins les lire lui-même (1), enfin les signer ou déclarer que son état l'en empêche.

Lorsqu'il emploie la forme mystique, il doit pouvoir écrire ou dicter à un tiers ses volontés, puis les lire et les signer. Ces testaments donnent souvent lieu à des contestations intéressantes et où l'appréciation médico-légale tient une grande place. La sanité d'esprit d'une part, l'intégrité de la vue, la liberté de la parole et des mouvements de la main d'autre part, sont des conditions essentielles dont il sera souvent aussi difficile que nécessaire de démontrer l'existence (2).

Rappelons ici cette proposition que nous avons énoncée déjà, et que nous aurons à développer plus loin : si on a usé de captation pour arracher à un malade certaines libéralités ou certaines clauses testamentaires, l'état d'affaissement moral où il se trouvait alors permettra d'accueillir une demande en nullité. Fondée seulement sur les manœuvres des tiers ou sur l'affaiblissement du moribond, cette demande n'aurait peut-être pas pu réussir ; les deux causes réunies auront sans doute pour résultat de faire annuler l'acte.

(1) Pau, 9 janvier 1867 ; Cass., 14 février 1872.
(2) Voy. une consultation de MM. Blache, Baillarger et Tardieu sur une demande en annulation de testament mystique (Tardieu, p. 267).

§ 2. — Des espèces de folie caractérisées par des impulsions instinctives.

Les impulsions instinctives qui forment comme la marque et le criterium de ce groupe offrent ceci de remarquable qu'elles sont soudaines, irrésistibles, inexpliquées, de courte durée, et qu'elles ne sont précédées ni suivies de réflexion, ni enfantées par l'opération intellectuelle d'une logique soit saine, soit même déraisonnable. Les actes qui en dérivent sont en réalité involontaires, et ceux qui les commettent doivent être déclarés inconscients.

Les fous de cette catégorie ne sont d'ailleurs sous l'influence d'aucune conception délirante.

Les types en sont nombreux et variés.

Ce sont : 1° les épileptiques ; 2° les idiots et les imbéciles ; 3° les dégénérés et les excentriques ; 4° les alcoolisants ; 5° les hypochondriaques ; 6° les hystériques ; 7° les femmes enceintes ; 8° les femmes récemment accouchées ou nourrices.

A mesure qu'on examinera chacun de ces types, on reconnaîtra que, bien qu'à des degrés très divers, la perversion qui domine chez eux est celle de la volonté. Elle n'est pas abolie, mais opprimée et dominée en quelque sorte ; elle n'obéit pas, comme chez l'homme sain d'esprit et comme chez beaucoup d'aliénés eux-mêmes, aux déductions d'un raisonnement, mais elle cède à un entraînement instinctif auquel elle est incapable de résister. Il en résulte, dit M. Tardieu, cette première et importante conséquence que l'appréciation médico-légale portera moins ici sur l'état des facultés intellectuelles que sur celui des facultés affectives ou des instincts : l'acte qui sera la manifestation parfois unique de la perversion des instincts prendra dans la constatation de l'état mental une place souvent prépondérante — sans qu'on doive négliger pour cela tous les éléments d'information tirés de la nature morale de chaque individu. Quand on sera arrivé à reconnaître cette espèce d'enchaînement du libre arbitre, il s'ensuivra nécessairement que l'on devra admettre, suivant les degrés, le défaut absolu ou l'atténuation plus ou moins complète de la capacité et de la responsabilité. Ce dernier point nous intéresse, bien que nous ayons retranché de notre étude toutes les questions de droit criminel : car, au point de vue des réparations civiles, il sera très important de savoir si une personne a pu, oui ou non, étant donné son état mental, s'obliger envers une autre par quelque acte dommageable.

Épileptiques. — L'épilepsie, désignée par les anciens sous les noms de *morbus sacer. morbus. herculeus*, n'est pas toujours et uniquement caractérisée par ces accidents bien connus que l'imagination se représente derrière les mots populaires de *grande attaque* ou de *haut mal.*

Certes l'attaque franche d'épilepsie se compose la plupart du temps de convulsions violentes, de contractions musculaires, de chutes avec perte du sentiment. La tâche du médecin et du juge n'est pas alors très compliquée. Pendant ces accès, le malade est évidemment incapable et irresponsable ; il convient même d'admettre que pendant un certain laps de temps antérieur et

postérieur à la crise il peut être considéré comme inconscient. Zacchias posait en principe que les actes commis avant ou après l'accès doivent être annulés, et que,
sans le moindre doute, cette incapacité mentale dure au
moins trois jours après l'attaque (1). Un certain abbé
Gattus, peu de temps après une série d'accidents épileptiques, souscrivit une obligation onéreuse : Zacchias fut
consulté et conclut à l'annulation de l'acte (2). Mais en
dehors de ces périodes, toujours assez courtes, et si d'ailleurs la maladie n'est pas, comme on le voit souvent,
accompagnée d'imbécillité, l'épileptique n'est pas frappé
d'une incapacité continue. Le mal exerce, il est vrai,
dans l'organisme des ravages profonds et durables ; il se
complique en général d'un affaiblissement, d'une perversion, et quelquefois d'une abolition des facultés intellectuelles et morales. Est-ce à dire qu'il faille, avec Trousseau, regarder de prime abord les épileptiques comme
fatalement incapables et irresponsables ? Nos plus éminents médecins légistes repoussent cette proposition
comme trop absolue. Sans doute, chez un grand nombre
de ces malades, l'harmonie des sentiments moraux se
rompt, le caractère s'aigrit, l'ordre des sensations se
trouble : la folie est pressentie, mais elle n'est pas nécessairement acquise. Suivant l'ingénieuse expression de
M. Legrand du Saulle, l'épileptique n'est qu'un candidat
à l'aliénation mentale (3). Quand la maladie a duré un
certain temps sous la forme convulsive ordinaire, la rai-

(1) *Quæst. medic. legal.*, lib. IX, cons. 17 (Amsterdam, 1651).
(2) Legrand du Saulle, *la Folie devant les tribunaux*, p. 449.
(3) Legrand du Saulle, *op. cit.*, p. 45.

son en reçoit à la longue une profonde atteinte : le malade finit par tomber dans une véritable démence ; mais,
avant de s'éteindre ainsi, son intelligence subit une série
d'éclipses momentanées.

Jusqu'à présent, nous rencontrons peu de difficultés.
D'une part, en effet, tant que la folie épileptique n'est
pas constituée, et que le mal est borné à des attaques
convulsives intermittentes plus ou moins rapprochées,
mais entre lesquelles la santé et la raison reparaissent
dans leur intégrité, on ne peut, sinon d'une manière
également intermittente, assimiler l'épileptique à un véritable aliéné ; d'autre part, lorsqu'il est arrivé à l'état
de fureur ou de démence, il tombe dans la catégorie des
fous ordinaires dont l'incapacité et l'irresponsabilité ne
sont pas douteuses.

Mais il n'est pas rare de rencontrer des épileptiques
d'un tout autre caractère et d'une tout autre allure.
Non seulement il en est qui offrent seulement des espèces
d'absences pendant lesquelles les sens restent fermés à
toute impression, ou un simple étourdissement, un ver-
tige avec suspension brusque de la volonté, une secousse
passagère et partielle ; mais chez d'autres (et ce sont les
plus intéressants au point de vue qui nous occupe), l'é-
pilepsie est caractérisée par l'impulsion instinctive, par
l'acte soudain, irréfléchi, par ce que l'on a très bien
nommé l'*ictus* sans précédent et sans suite : celui qui
ressent ce phénomène subit de surexcitation nerveuse
n'a peut-être jamais donné auparavant, et ne donnera
pas plus tard le moindre signe d'altération mentale. Un
savant assis à sa table de travail s'interrompt trois ou

quatre fois dans un court espace de temps pour aller dé-
faire et refaire son lit ; un menuisier abandonne son établi et disparaît pendant huit jours : il était allé à soixante
lieues de son domicile, et en était revenu, sans savoir
pourquoi. Un ouvrier dans une rue qu'il traverse en man-
geant plonge le couteau dont il se sert dans le ventre
d'un passant, puis il continue son chemin et son repas.
C'est là, dans toute sa simplicité et à son degré le plus
évident, l'impulsion instinctive irrésistible résultant
d'une forme d'épilepsie appelée par les médecins *épilepsie larvée* (1). Quand telle est la cause bien démontrée
d'un acte, elle implique pour l'auteur de cet acte l'incapacité et l'irresponsabilité la plus absolue.

En pratique, il sera extrêmement délicat de déterminer si un individu a agi ainsi sous le coup d'un choc épileptique et sans que sa volonté soit intervenue. C'est là
un des problèmes les plus difficiles qui puissent s'imposer aux experts et aux magistrats. L'acte à examiner ne
sera peut-être pas par lui-même tellement étrange et
inouï qu'on soit forcé d'y reconnaître l'effet d'un entraînement maladif. Ainsi une personne a pu être invincible-
ment poussée par une influence morbide à tel achat, à
telle libéralité qu'on pourrait attribuer à une fantaisie de
son goût, à une inspiration de son cœur ; elle a pu commettre un délit par suite de quelque impulsion irréfléchie, fatale : comment savoir si elle ne l'a pas accompli
par méchanceté, par emportement et dans l'intégrité de
son libre arbitre ? Pour trancher la question, il faudra

(1) Tardieu, *op. cit.*, p. 133. — Falret, *de l'État mental des épileptiques* (*Arch. gén. de médec.*, décembre 1860 et suiv.).

avant tout, dit M. Tardieu, ne pas séparer l'acte lui-même de l'état mental de celui qui en est l'auteur ; il faudra s'efforcer, par le rapprochement des témoignages, de comparer l'individu à lui-même : l'état ordinaire de sa raison, la direction habituelle de ses idées, le caractère de sa conduite quotidienne, pourront jeter une vive lumière sur la nature et la valeur de l'acte précis qu'on examinera. Si cet acte comporte pour son auteur une lésion énorme, s'il est tout à fait incompatible avec le discernement qu'on remarquait généralement chez la personne qui l'a accompli, si la brusquerie et la soudaineté du fait excluent absolument la vraisemblance d'un acquiescement volontaire, d'une décision réfléchie, il y aura là de sérieux motifs pour reconnaître chez l'agent une influence épileptique suspendant la capacité et la responsabilité (1). De telles conclusions ne devront d'ailleurs être admises qu'avec la plus grande réserve.

Idiots et imbéciles. — Les idiots et les imbéciles ne nous intéressent pas seulement par leur faiblesse d'esprit : ils sont encore sujets à des impulsions morbides dont ils ne sont pas maîtres et qui les entraînent à des actes réellement involontaires. On ne saurait alors attribuer à ces actes aucune conséquence juridique.

Il est un crime pour lequel il semble que les idiots et les imbéciles aient une prédilection marquée : rien n'est plus commun que de voir quelques-uns de ces malheureux poursuivis comme incendiaires. Si l'on admet (et

(1) Comparez M. Delasiauve, *de l'Épilepsie*, p. 522 et 523, et une discussion très importante de l'Académie de médecine (*Bullet. de l'Acad. de médecine*, t. XXVI, 1860-1861).

c'est une question que nous étudierons plus loin) que les aliénés ne peuvent pas être poursuivis devant les tribunaux civils pour la réparation pécuniaire du dommage qu'ils ont causé, ou qu'étant acquittés par les tribunaux répressifs, ils ne peuvent être même condamnés à des dommages-intérêts, l'individu qui aura agi sous l'empire d'un entraînement irrésistible dû à l'état pathologique de ses facultés intellectuelles, ne pourra à aucun titre être déclaré responsable. Il faut encore ici, pour bien juger les faits de cette nature, ne pas se borner à apprécier l'acte en lui-même; c'est dans le rapprochement et dans la comparaison de l'acte avec la nature morale de celui qui l'a commis que l'expert et le juge devront chercher la solution du difficile problème qui leur est soumis (1).

Dégénérés, excentriques. — A mesure que nous avançons dans l'étude de ces types sur lesquels peuvent avoir à porter les investigations de la justice, les difficultés s'accroissent, et les caractères deviennent de plus en plus délicats à saisir. « Les descriptions didactiques, les déterminations dogmatiques sont ici impossibles, dit M. Tardieu, et courent le risque d'être radicalement fausses. C'est dans les faits seuls, c'est dans une série d'observations prises sur nature, c'est pour ainsi dire dans une galerie de portraits qu'il convient de montrer ces individus dégénérés, cent fois pires que les véritables aliénés, qui ne sont pas intellectuellement des imbéciles, mais qui, par l'ensemble de leur vie, par l'excentricité de leur

____

(1) Tardieu, *op. cit.*, p. 143.

conduite, par leur absolu défaut de jugement, par l'inconscience surtout de leurs actes, viennent légitimement prendre place dans les cadres de la folie, parmi ceux que le médecin légiste a le droit et le devoir de déclarer incapables de se conduire suivant les règles de la raison. » Nous ne nous aventurerons pas ici à tracer un tableau de ces êtres étranges et dénaturés dont les actes feront naître dans la pratique tant d'hésitations et de perplexités. Ce sont eux qui sont par excellence les fous lucides ; c'est pour eux qu'on a créé les noms de *manie raisonnante*, de *manie sans délire*, de *folie des actes ;* tel était par exemple ce Buchoz Hilton qui se fit pendant quinze ans le persécuteur obstiné du roi Louis-Philippe (1), ou ce célèbre M. d'Arzac dont la folie consistait à adresser sans cesse ses hommages, écrits dans le style le plus indécent, à la duchesse de Berry, à la duchesse d'Angoulême et aux autres dames de la Cour, et dont Dupin, sans doute ignorant ces faits, osa en 1826 soutenir l'intégrité d'esprit (2). Ils ont été bien décrits par Esquirol dans sa théorie des monomanies : « Certains monomaniaques, dit-il, ne déraisonnent pas, mais leurs affections, leur caractère sont pervertis ; par des motifs plausibles, par des explications très bien raisonnées, ils justifient l'état actuel de leurs sentiments, et excusent la bizarrerie, l'inconvenance de leur conduite ; c'est ce que les auteurs ont appelé *manie raisonnante*, mais ce que je voudrais nommer *monomanie affective*. » On peut dire que de tels personnages feront

(1) Tardieu, *op. cit.*, p. 290 et suiv.
(2) Sentoux, *De la surexcitation intellectuelle dans la folie* (Thèse pour le doctorat en médecine, Paris, 1867), p. 183.

souvent le désespoir de ceux qui auront à déterminer leur capacité civile. Dans la plupart des cas, il sera impossible de démontrer qu'ils sont vraiment aliénés, et leurs actes seront généralement maintenus. C'est ainsi que nos annales judiciaires sont remplies de testaments d'une étrangeté incroyable et qui, néanmoins, ont dû être confirmées (1). La jurisprudence anglaise va plus loin encore que la nôtre sur ce point, et on l'a vue tenir pour valable ce testament où un individu plus qu'original laissait une grande partie de sa fortune à son propriétaire, à la condition que ce dernier ferait avec ses intestins des cordes à violon, et, avec le reste de son corps cristallisé, des verres optiques (2).

Ces excentricités, ces fantaisies inexplicables peuvent se réduire à une seule action, constamment suggérée à un individu par quelque impulsion irrésistible : nous sommes alors en présence d'une variété de monomanes décrite encore par Esquirol : « Quelquefois, dit-il, la volonté est lésée; le malade, hors des voies ordinaires, est entraîné à des actes que la raison ou le sentiment ne détermine pas, que la conscience réprouve, que la volonté n'a plus la force de réprimer; les actions sont involontaires, instinctives, irrésistibles : c'est la *monomanie sans délire* ou la *monomanie instinctive*. » Tel est, par exemple, le cas de ce diplomate, chargé d'honneurs, qui chaque nuit interrompait ses méditations sur la politique du monde pour se pencher à sa fenêtre, imiter plusieurs

---

(1) Voy. par exemple le fameux testament du commandeur da Gama Machado (Legrand du Saulle, *op. cit.*, p. 211 et suiv.).

(2) Legrand du Saulle, *op. cit.*, p. 50.

fois le chant du coq, et battre l'air avec ses bras (1). Si quelque acte a été accompli sous la pression d'une de ces monomanies, on ne saurait lui accorder aucune valeur juridique : tel est le principe. Il sera souvent en pratique d'une application extrêmement délicate. Deux points seront à élucider : 1° Y a-t-il vraiment monomanie? Cette impulsion instinctive exclut-elle vraiment la liberté morale? n'est-elle pas plutôt un goût particulier, une fantaisie bizarre? 2° L'acte contesté se rattache-t-il à cette cause morbide, ou n'a-t-il pas été accompli dans un ordre d'idées différent de celui où la volonté de l'agent se trouvait opprimée? ces solutions seront souvent obtenues à grand'peine. On n'y parviendra, si l'acte lui-même ne les fournit pas, qu'en pénétrant avec un soin scrupuleux dans la vie intime de la personne, en anal y sant sa conduite antérieure, les tendances habituelles de son esprit, les particularités de son caractère, et en les rapprochant de l'acte qu'il s'agira d'apprécier. Nous retrouverons d'ailleurs ces difficultés quand nous traiterons de la monomanie par excellence, ou monomanie intellectuelle, caractérisée par un délire partiel.

Alcoolisants. — Le code civil prussien ordonne de considérer un homme en état d'ivresse comme un véritable maniaque (2). En effet, il est hors d'état de calculer les conséquences de ses actions; il n'a donc pas sa liberté morale, et tout ce que nous avons dit jusqu'ici de l'aliénation mentale peut être appliqué au cas d'ivresse.

Cette décision, que notre code civil n'a pas explicite-

(1) Alb. Lemoine, *op. cit.*, p. 415.
(2) *Allgem. Landr.*, § 28, tit. IV, thl. I.

ment formulée, nous est imposée par le bon sens et par
les principes généraux du droit. Des difficultés peuvent
se présenter en droit criminel sur la question de savoir
si l'on doit attribuer à l'ivresse les effets d'une excuse légale absolutoire. Nous n'aborderons pas cette discussion ;
et, nous restreignant au domaine du droit civil, nous dirons que l'ivresse portée à un certain degré produit certainement, tant qu'elle dure, un état complet d'incapacité.
Les auteurs sont unanimes à professer cette doctrine (1),
et la jurisprudence en a fait bien souvent application. De
nombreux arrêts décident, par exemple, que l'ivresse est
une cause de nullité des obligations, encore qu'il n'y ait
ni dol ni fraude de la part de celui envers qui l'obligation est contractée, et bien que l'acte ne contienne pas
la preuve de l'absence de raison, s'il résulte des faits de
la cause, et même de l'audition des témoins, que celui
qui s'est engagé était, par suite de son état d'ivresse, incapable de donner un consentement ; que la vente ou
l'achat consentis dans ces conditions, même par acte notarié, doivent donc être annulés (2). Un autre arrêt décide qu'un testament doit être annulé lorsqu'il est constant que le testateur était ivre en accomplissant cet acte,
et que l'ivresse peut être prouvée par témoins, bien que
le notaire ait indiqué dans l'acte même que le testateur
lui a paru sain d'entendement (3).

La mise en pratique de cette théorie donnera souvent

(1) Pothier, *Oblig.*, n° 49. — Toullier, t. VI, n° 112. — Duranton,
t. X, n° 103. — Larombière, I, art. 1124, n° 14.

(2) Angers, 30 mars 1843 ; Rennes, 14 juillet 1849 ; Toulouse,
28 juillet 1863.

(3) Rouen, 9 janvier 1823.

lieu à d'assez graves embarras. Il est en effet fort délicat
de préciser à quel degré d'intoxication alcoolique com-
mence.vraiment ce qu'on appelle l'ivresse. Un proverbe
napolitain définit avec assez d'exactitude les différentes
phases de cet empoisonnement *sui generis :* « Les premiers verres donnent du sang d'agneau, qui adoucit ; les
suivants donnent du sang de tigre, qui rend furieux ; les
derniers donnent du sang de porc, qui fait rouler dans
la boue. »

L'éminent médecin-légiste de Berlin, J.-L. Casper,
reconnaît aussi et analyse avec une finesse ingénieuse
trois périodes distinctes dans l'ivresse. Pendant la première, on éprouve une forte excitation des systèmes san-
guin et nerveux ; les facultés mentales deviennent plus
vives et sont pour ainsi dire en effervescence : l'homme
est encore maître de ses sens et de ses actions. Dans la
seconde période, la congestion cérébrale vient altérer les
fonctions du cerveau, l'homme n'a plus conscience des
impressions que lui transmettent ses sens ; ses passions
n'ont plus de frein, on est en face d'un maniaque quelquefois furieux. Enfin, il peut arriver que, l'ivresse aug-
mentant encore, la violence même ne soit plus possible ;
l'homme tombe comme une masse inerte dans une prostration et une perte de connaissance absolue (1). A quel
moment aura-t-il perdu la réflexion qui lui donne le
pouvoir de calculer les suites de ses actions ? Les difficultés ne s'élèveront guère au sujet de la dernière phase ;
mais la transition de la première à la seconde sera pres-

(1) J.-L. Casper, *Traité pratique de médecine légale,* p. 367.

que insensible, et l'examen attentif de chaque espèce particulière pourra seul permettre d'apprécier, avec quelques chances d'exactitude, la question de capacité.

Si l'ivresse n'est pas de nature à faire perdre complètement la raison, et par suite à rendre nul le consentement, il peut être utile de rechercher si elle n'a pas été
provoquée intentionnellement par un tiers dont elle
devait favoriser les manœuvres : il y aurait alors dans ce
fait un dol et une fraude, causes légitimes d'une nullité
que l'ivresse seule n'aurait pas autorisée. Il a été jugé,
par exemple, qu'il y a lieu d'annuler une convention
lorsqu'il est constaté qu'à l'état d'ivresse se joignaient des
manœuvres frauduleuses de l'autre partie qui ont con-
tribué à mettre son cocontractant dans cet état (1).

Quant à la responsabilité civile résultant de dommages
causés à autrui, il nous paraît impossible d'en exonérer
l'homme ivre. Le fondement même de l'obligation que
fait naître un délit ou un quasi-délit, c'est la faute
commise par l'auteur du préjudice : or, l'homme qui
s'est enivré n'a-t-il pas commis une faute quand il
a en quelque sorte aliéné son libre arbitre, quand il s'est
mis lui-même en état de nuire (2)?

L'abus des liqueurs alcooliques ne produit pas seulement à point nommé, à la suite de telle ou telle libation,
ces éclipses passagères de la raison cessant bientôt avec
la cause qui les a provoquées. Quand il devient une
habitude invétérée, il peut conduire à une forme de

(1) Rennes, 10 août 1812 ; Rouen, 1er mars 1825 et 17 juin 1845.
(2) Pothier, *Des oblig.*, n° 119. — Larombière, art. 1382 et 1383,
n° 23.

folie déterminée, à une maladie mentale définie. En attendant, l'ivrogne traversera presque nécessairement une période caractérisée par des phénomènes analogues à certains accidents épileptiques. Une singulière dépression des facultés, un engourdissement général, une indifférence et une insensibilité presque complètes, seront entrecoupés chez lui par des crises d'excitation où, en dehors de toute ivresse, on constate encore des impulsions irrésistibles et des actions purement machinales. C'est par là que l'alcoolisme se rattache au groupe qui nous occupe en ce moment : on devra lui appliquer alors la méthode d'investigation que nous avons déjà signalée (1). Quant à la folie alcoolique proprement dite, connue sous le nom de *delirium tremens*, et qui provoque des accès de délire intermittents ; quant à la manie chronique, à la démence ou à la paralysie générale que les excès déterminent souvent chez l'ivrogne, elles n'ont rien, au point de vue médico-légal, qui les distingue particulièrement. Elles rentrent toutes dans des types dont nous exposons ailleurs les caractères et les effets juridiques.

Hypochondriaques. — Certains hypochondriaques chez qui les préoccupations de leur santé physique ont fini par altérer profondément les facultés affectives, peuvent, par moments, sous l'influence d'une violente contrariété ou

---

(1) Un testament ne serait pas annulé par le motif que le testateur était presque constamment en état d'ivresse et que cet état avait dérangé ses facultés intellectuelles, s'il était établi que dans les intervalles de son ivresse le testateur avait l'intelligence de ses actes, et que c'est dans un de ces intervalles qu'il a fait son testament (Rennes, 10 mars 1846).

d'une tension d'esprit exagérée, arriver à un véritable état d'aberration, à une sorte d'inconscience d'où peuvent résulter des actes plus ou moins insensés (1).

Il existe une variété d'hypochondriaques qui appartiennent à cette forme de folie appelée folie raisonnante, et qui sont spécialement caractérisés par la *maladie du doute*. Ces malheureux sont dominés par des craintes diverses qui réagissent incessamment sur tous les détails de leur existence : ils fuient surtout le contact des objets extérieurs, ils ne consentent à toucher le bouton d'une porte qu'à la condition de se servir de leur mouchoir. Pour ces individus, M. Jules Falret, partisan si résolu de l'incapacité et de l'irresponsabilité absolues de tous les aliénés, quels qu'ils soient, reconnaît qu'il y a peut-être lieu de faire quelques réserves, et que l'on pourrait être en droit de valider un testament rédigé par eux (2).

Hystériques. — Comme l'épilepsie, dont elle peut à bon droit être rapprochée, l'hystérie constitue une forme spéciale d'aliénation mentale ; comme l'épilepsie, elle atteint la volonté, altère les facultés morales, et provoque des impulsions instinctives dont l'appréciation est d'une haute importance au point de vue légal.

Les accès de délire et de fureur dus à l'hystérie ne feront surgir pour les tribunaux aucune difficulté : la capacité, la responsabilité sont alors évidemment suspendues. Mais l'hystérie produit chez les femmes qui en sont

(1) Esquirol, *Exposé de l'état psychique d'une femme hypochondriaque* (*Ann. d'hyg. publ. et de méd. lég.*, 1re série, t. XVII, p. 197).

(2) J. Falret, *de la Folie raisonnante ou folie morale* (Paris, 1866).

atteintes bien d'autres désordres dont il est souvent très délicat et très nécessaire de rechercher l'influence.

En dehors des anomalies purement physiques que nous n'avons pas à indiquer, le signe vraiment dominant de cette maladie, c'est la perversion des facultés affectives et de la sensibilité, l'abolition du sens commun, qui entraînent les hystériques à des actes involontaires et inconscients, les plus bizarres et les plus déraisonnables. C'est ainsi qu'une jeune fille très bien née, pour se punir du péché d'orgueil et ne se laissant pas convaincre par les conseils du directeur éclairé qui combattait ses scrupules exagérés, quitte un jour la maison paternelle, change ses habits pour des haillons de chiffonnière, se procure les attributs de son nouveau métier, et l'exerce pendant toute une semaine dans les rues de Paris (1). On cite de nombreux exemples de femmes poussées ainsi par des influences morbides à des vols qu'aucun mobile ne pouvait expliquer, et qui, entassant dans des armoires les objets qu'elles dérobaient, ne songeaient même pas à en tirer parti (2). Si cette force étrange et invincible les eût entraînées, non pas à un vol, mais à un achat, par exemple, ou à une convention quelconque, l'acte n'aurait-il pas été entaché de nullité? Et si un fait dommageable est commis dans ces conditions, ne doit-on pas penser qu'il ne peut faire naître aucune obligation à la charge de la femme, auteur irresponsable d'un acte involontaire?

(1) Tardieu, *op. cit.*, p. 165.

(2) Voy. par exemple un fait rapporté par M. Motet (*Annales médico-psychologiques*, 5e série, t. VI, p. 368),

Un trait commun caractérise les hystériques, c'est la simulation instinctive, le besoin de mentir sans intérêt, sans but, uniquement pour mentir, et cela non seulement en paroles, mais encore en actions, par une sorte de mise en scène où leur imagination enfante les péripéties les plus inconcevables. On devra donc n'admettre qu'avec grande circonspection le serment et le témoignage des hystériques.

Femmes enceintes ou récemment accouchées. — C'est un fait vulgaire et qui, s'il a été exagéré dans l'opinion commune, n'en est pas moins réel et universellement reconnu, que l'influence, parfois très notable, exercée par la grossesse sur le système nerveux et les facultés mentales de la femme. Il est incontestable que la femme enceinte peut être quelquefois entraînée par des appétits physiques auxquels elle ne sait pas résister, par des envies, c'est le mot consacré, qu'elle satisfera malgré tout et par tous les moyens. On voit quel rôle ces impulsions morbides peuvent jouer dans beaucoup d'actes de la vie civile qui ne sont plus dès lors l'œuvre d'une volonté intelligente et libre : ainsi le désir irrésistible d'acheter un objet, de louer un appartement, peut amener une femme enceinte à conclure telle convention dont peut-être elle n'aurait pas même eu l'idée dans un état de santé normal. Cette constatation offrira pour le tribunal une extrême difficulté et souvent même sera tout à fait impossible ; mais on peut concevoir qu'en présence d'un acte d'un ordre complètement inattendu, contraire à la moralité antérieure, aux habitudes ordinaires, à la position sociale de la personne qui l'a accompli, on considère la grossesse comme une cause d'incapacité ou d'irresponsabilité (1).

Nous n'avons pas à nous occuper ici des cas de délire maniaque ou lypémaniaque qui peuvent se présenter chez certaines femmes à une époque plus ou moins éloignée de l'accouchement ; ils n'ont rien de particulier, et méritent à peine, comme le fait remarquer M. Tardieu, ce nom de folie puerpérale qu'on a voulu leur donner : pour la plupart, ils se rattachent aux différentes espèces de délire, ou encore bien souvent à la folie hystérique.

On a noté chez les femmes récemment accouchées, et spécialement chez les nourrices, certains exemples d'impulsions instinctives irrésistibles ; mais ces observations intéressent surtout le criminaliste, car elles sont presque toutes relatives à des faits d'infanticide ou à des meurtres commis sur les nourrissons.

Enfin Marcé déclare avoir constaté plusieurs fois, à la suite d'accouchement, une forme de folie particulière qui semble se rapprocher de la démence et se caractériser par l'affaissement et la dépression des facultés intellectuelles (2). Elle pourrait entraîner alors une suspension de la capacité.

§ 3. — **Des espèces de folie caractérisées par le délire.**

Ce groupe comprend toutes les variétés de folie dans

(1) Marcé, *Traité de la folie des femmes enceintes*. Paris, 1858. — Legrand du Saulle, *op. cit.*, p. 560 et suiv. — Tardieu, *op. cit.*, p. 174 et suiv.

(2) Marcé, *op. cit.*, p. 303 et 321.

lesquelles il existe des conceptions délirantes, et où le délire général ou partiel exerce sur les actes de l'aliéné une influence directe, mais non absolue, la volonté restant d'ailleurs active dans une certaine mesure, et se trouvant plutôt égarée qu'anéantie. L'aliéné est ici en proie à des erreurs d'imagination, à des idées fixes, à des faux jugements qui sont souvent pour lui des mobiles d'actions insensées ; mais c'est par une sorte de déduction logique, par un enchaînement raisonné, sinon raisonnable, que du délire naissent les actes. Il en résulte cette conséquence importante au point de vue qui nous occupe, que les actions des fous délirants, étant souvent le résultat manifeste de la volonté, conçues et préparées par une opération intérieure qui ne diffère pas essentiellement de celles auxquelles peut se livrer un esprit sain, il est nécessaire, pour invalider un acte, d'établir qu'il a été commis sous l'influence du délire. Cette obligation de reconstituer en quelque sorte l'opération intellectuelle d'où l'acte est dérivé offrira une difficulté pratique incontestable. Heureusement, il faut reconnaître, dit M. Tardieu, que le groupe dont il s'agit ici va nous offrir des types très francs et très nettement accusés, et non plus de ces demi-fous dont l'état mental, même bien fixé, était sans cesse, au point de vue de la capacité, un sujet d'embarras et d'indécision. Ici, quand nous aurons établi les conditions mentales sous l'empire desquelles a agi un individu, nous n'aurons plus au moins grand'peine à décider quelle en est la conséquence au point de vue juridique (1). Nous sommes

(1) Tardieu, *op. cit.*, p. 189 et 190.

sur le terrain de la folie commune, avec ses grandes
divisions de délire général et de délire partiel, et ses
variétés caractérisées par la nature des conceptions
délirantes. Ces types dont les exemples sont si fréquents
sont d'ailleurs peu nombreux et peuvent se ramener à
trois principaux : 1° les maniaques atteints de manie
aiguë ou chronique, ou de folie à double forme ; 2° les
monomanes, lypémaniaques et persécutés, qui forment
la grande majorité des vrais aliénés ; 3° les fous paralytiques qui, dans une grande partie de la durée de la paralysie générale, se distinguent surtout par le caractère
spécial et la marche de leur délire ; ajoutons enfin les
somnambules dont l'état, par le côté médico-légal, doit
être rapproché de la folie.

Maniaques. — La manie peut être aiguë ou chronique, continue ou intermittente. Dans tous les cas, elle
est caractérisée par un délire général. Les indications
qu'elle présente à l'expert et au magistrat sont simples et
précises : elle ne peut laisser de doute sur l'incapacité et
l'irresponsabilité absolues de ceux qui en sont atteints.
Il importe seulement d'en bien constater les caractères.
« La manie, dit Casper, est le dérangement de la conscience du moi produit par des conceptions délirantes.
Cette conscience du moi qui fait que l'on a la connaissance de sa personnalité n'est pas complètement abolie
dans la manie, comme elle l'est dans les hauts degrés
d'imbécillité ; elle n'est pas même abolie dans la manie
furieuse, où elle persiste encore plus ou moins vague-
ment. Mais cette conscience du moi est déplacée de son
milieu, elle est *dérangée*, et ce mot n'est pas seulement

une figure capricieuse du langage : il y a réellement dérangement, aberration. Les causes de cette aberration
sont les conceptions délirantes quelles qu'elles soient,
s'emparant de l'esprit n'importe de quelle manière,
n'importe pour quelle raison. Lorsque la perception délirante est enracinée et qu'elle paraît réelle au malade,
lorsque d'ailleurs le pouvoir de corriger les fausses per-
ceptions n'existe plus, la manie commence (1). »

La *manie aiguë* réalise le tableau le plus complet que
l'on puisse imaginer de la folie, par la perversion, le
bouleversement de toutes les fonctions de l'entendement,
l'incohérence des idées, la violence tumultueuse des
actes, et cet ensemble que l'on considère dans le monde
comme constituant le type même du fou (2). Nous
n'avons pas à insister sur les phénomènes pathologiques
très variés qui l'accompagnent et dont le trait principal
semble être l'exaltation extravagante de la pensée jointe
à l'égarement de l'imagination. Au bout d'un certain
temps, cette excitation fait place à un état plus calme ;
rarement elle est suivie d'un retour durable à la raison ;
plus souvent, après plusieurs alternatives d'agitation et
d'apaisement, elle est remplacée, soit par un délire général chronique, soit par l'une des variétés du délire
partiel, soit enfin elle constitue le premier paroxysme de
cette *folie à double forme* dont le cercle fatal est formé
par des alternatives de turbulence maniaque, de dépression mélancolique, et de retour à la raison. La manie

(1) J.-L. Casper, *op. cit.*, I, p. 317 et 318.
(2) Voyez une description du maniaque d'après Calmeil (Tardieu,
op. cit., p. 191).

aiguë sera presque toujours caractérisée par des signes extérieurs, parfois même par des symptômes physiques, qui permettront au point de vue légal une appréciation franche et des conclusions positives. Tant qu'elle exerce son empire, elle est évidemment une cause d'incapacité absolue.

La *manie chronique* est celle dont la durée continue est longue et déterminée, dont les périodes successives sont ordinairement lentes et peu distinctes (1). Elle diffère de l'état que nous venons de décrire par l'absence d'agitation musculaire et d'accès furieux; mais le délire est également général et presque constant. Il est fréquent chez les malades de cette catégorie d'observer des hallucinations presque incessantes qui deviennent le point de départ de la plupart des conceptions délirantes. Un pareil état mental se révèle en général de lui-même; sauf les difficultés relatives aux périodes de rémission, et sur lesquelles nous reviendrons plus loin, ses conséquences juridiques ne sont pas douteuses.

La manie revêt assez souvent une forme intermittente et se manifeste alors par une suite d'attaques plus ou moins rapprochées. Ce flux et ce reflux sont même quelquefois périodiques et régularisés à ce point que la crise est prévue et annoncée à jour fixe. L'accès se déclare, suit son cours habituel, a sa durée déterminée, puis tout rentre dans l'ordre. Broussais a cité l'observation d'une dame qui, depuis trente années, avait une attaque annuelle de folie d'une durée de trois ou quatre

(1) Dubuisson, *Des vésanies* (Paris, 1 16), p. 183.

mois. Elle en pressentait le retour et se rendait d'elle-même dans une maison de santé (1). Enfin, dans la folie à double forme ou circulaire, le délire maniaque se produit en quelque sorte par poussées, par explosions, suivies de périodes calmes où l'abattement et la stupeur peuvent laisser place à quelques manifestations d'intelligence et de raison (2). Ces différentes variétés d'aliénation mentale soulèvent la question si délicate des *intervalles lucides*, sur laquelle nous donnerons, dans un paragraphe spécial, quelques explications.

Monomanes. — Les désordres intellectuels qui viennent se ranger dans cette nouvelle classe ont pour caractère essentiel et commun d'être constitués par un délire partiel : les facultés, manifestement lésées sur un point, semblent conserver sur tous les autres une intégrité presque complète.

La théorie de la monomanie n'est pas récente. Paul Zacchias, médecin du pape Innocent X, faisait déjà remarquer que beaucoup de fous ont de la raison et n'en manquent que sur l'objet de leur folie : « *Hi omnes in cunctis benè* quoad *rationem se habebant, in uno delirantes; in his tamen omnibus manifestum fuisse insanium quis non videret* (3) ? »

C'est là peut-être l'espèce de folie qui fera naître pour les tribunaux les problèmes les plus embarrassants. L'aliéné, dominé par une idée fixe, est sans cesse ramené dans le cer-

____

(1) Broussais, *de l'Irritation et de la Folie*. — Voyez aussi Morel, *Traité des Maladies mentales*, p. 477 ; Dubuisson, *op. cit.*, p. 186 et suiv.

(2) Maudsley, *le Crime et la Folie*, p. 166 et suiv.

(3) *Quæst. medic. leg.*, lib. II.

cle des conceptions fausses et des actes sans motifs sérieux que cette idée enfante ; mais l'origine morbide des unes et des autres est souvent dissimulée chez lui par la logique qui règne dans ses déductions, par le calcul, la méthode et les combinaisons réfléchies qui président à sa conduite. C'est de cette variété de fous que Pinel pouvait dire : « Les aliénés, à moins d'un entier bouleversement de la raison, cherchent à déjouer ceux qui veulent les examiner de trop près ; ils sont doués d'une dissimulation profonde ou d'une froide réserve pour ne pas se laisser pénétrer (1). » Ils ont souvent une volonté de fer et commettent des actions motivées auxquelles il ne manque qu'un point de départ plus juste, des prémisses mieux fondées (2). Il faudra souvent un coup d'œil sûr, une expérience consommée pour découvrir le point de départ faux, les prémisses absurdes qui doivent faire annuler, par exemple, un testament rédigé avec les apparences du sens commun. Une grande finesse de tact sera aussi nécessaire pour ne pas confondre l'étrangeté avec l'aliénation mentale, et ne pas frapper d'incapacité un individu dont l'esprit était original et bizarre, mais non malade.

Les formes que peut prendre la monomanie sont innombrables. Depuis cet individu qui, se croyant Jésus-Christ, tue dans la rue un cheval de fiacre pour attirer l'attention sur lui et faciliter l'accomplissement de sa mission, jusqu'à ce pauvre hère qui reste des mois en-

____

(1) Pinel, *Physiologie de l'homme aliéné.*

(2) *Bullet. de l'Acad. de médecine*, 31 mai 1855 (Discussion sur le délire).

tiers sans s'asseoir parce qu'il croit avoir un corps en cristal (1), une aussi étrange alliance d'idées saines et d'erreurs confond la pensée et défie tout essai d'explication.

Le plus fréquent des délires partiels, celui qui en résume les principaux caractères, est le délire *lypémaniaque* ou mélancolique, auquel appartient le type, si bien dénommé par M. Lasègue, du *délire de persécution* (2).

Lorsqu'on aura ainsi reconnu chez une personne quelque lésion circonscrite des facultés mentales, devra-t-on penser qu'il en résulte une incapacité absolue et complète? Ira-t-on jusqu'à refuser tout discernement au monomane, même dans les actes qui sont en dehors de ses aberrations habituelles? Ce système a été préconisé par d'éminents auteurs. « Le délire, dit Maudsley, n'est pas lui-même la maladie ; il n'en est qu'un symptôme frappant. Quand un délire existe dans l'esprit, si circonscrite qu'en puisse paraître la portée, le reste n'est certainement pas sain. Au contraire il se trouve dans un état où non seulement les impulsions rattachables au délire acquièrent une force irrésistible, mais qui favorise en outre la naissance d'impulsions inexplicables, et sans rapport avec l'aberration dominante... Un délire ne peut naître et se développer dans un terrain impropre, et le terrain qui lui convient, c'est l'insanité elle-même (3). »

M. Troplong exprimait la même idée quand il disait :

(1) Maudsley, *op. cit.*, p. 207. — Lemoine, *op. cit.*, p. 415, *in fine.*
(2) Lasègue, *Mémoire sur le délire des persécutions* (*Arch. gén. de Médecine*, 4e série, t. XXVII, p. 129).
(3) Maudsley, *op. cit.*, p. 209 et 210.

« La raison de l'homme est une, elle n'est pas susceptible
de divisions ; quand la folie s'en rend maîtresse, ne
fût-ce que sur un côté isolé, elle la vicie dans son entier, semblable à ces cancers qui ne rongent qu'une
seule partie du corps, mais sont une corruption de toute
la masse du sang (1). »

Casper professait le système diamétralement opposé,
et déclarait que les monomanes étaient même souvent
responsables des actes commis en vertu de leur idée
fixe (2).

La vérité nous semble à égale distance de ces deux
théories.

« Que de lésions variées, disait Pinel, peuvent éprou-
ver une ou plusieurs fonctions de l'entendement sans
que la personne en soit moins propre à faire des transactions et à contracter des engagements dans l'ordre
civil (3)! » On ne peut donc pas dire qu'un individu
atteint de délire partiel doive être au point de vue juridique assimilé à celui dont l'intelligence et la volonté
sont totalement abolies.

Il nous semble, d'autre part, que l'homme agissant
sous l'empire et par l'impulsion de son idée fixe ne peut
jamais être considéré comme donnant un consentement
éclairé, une libre adhésion à l'acte qu'il accomplit.

Notre jurisprudence se maintient entre ces deux excès.
Elle décide que la folie du testateur, « bien que ne portant que sur un seul ordre d'idées, suffit pour entraîner

(1) Briand et Chaudé, *Manuel de médec. lég.*, p. 513.
(2) J.-L. Casper, *op. cit.*, I, p. 351.
(3) Pinel, *Physiol. de l'homme aliéné*, p. 191.

la nullité d'un testament, alors que les circonstances de la cause servent à démontrer *que le testament est le résultat de la folie,* » et « *que la monomanie a dirigé le testateur dans tout ou partie des dispositions de son testament (1).* » C'est la doctrine de la capacité partielle.

Un monomane pourra donc faire un acte valable, mais sous certaines conditions : il sera capable s'il agit sans subir la pression de son idée fixe, incapable dans le cas contraire.

Nous accordons d'ailleurs aux partisans de l'incapacité absolue qu'il ne faudra pas, pour apprécier cet acte, s'arrêter à la surface des choses et se contenter de voir s'il ne se rattache pas ouvertement aux conceptions délirantes de l'aliéné, s'il n'en porte pas l'empreinte évidente. En étudiant bien ceux mêmes dont la folie reste enfermée dans d'étroites limites, on s'aperçoit que leur idée fixe est le point de départ de presque toutes leurs actions. Le système de leur délire une fois construit, les monomanes s'y attachent avec une opiniâtreté inouïe, y concentrent leur pensée avec acharnement, et s'en inspirent généralement dans leur conduite. Il faudra donc chercher quelles relations existent entre l'acte et l'hallucination de son auteur : si l'acte, de près ou de loin, dérive de cette hallucination, on ne saurait le considérer comme réunissant les conditions de validité exigées par la loi.

Si l'acte n'a pas été spécialement provoqué par la monomanie, il conviendra d'examiner si l'idée prédominante

(1) Bordeaux, 14 avril 1836 ; Trib. de la Seine, 20 août 1842. Voy. aussi Aubry et Rau, VII, p. 13 ; Demolombe, XVIII, 339 et 340 ; Dalloz 1854, V, 246.

de l'agent ne se détache pas sur un fond généralement
altéré, et si le délire partiel n'est pas, comme le dit
M. Tardieu, la note la plus élevée du désaccord profond
qui existe entre les différentes fonctions de l'esprit : l'incapacité générale pourrait alors résulter d'un pareil état de
trouble intellectuel. Ainsi, d'après un arrêt de la Cour
de Bordeaux (27 mai 1852), « la monomanie ou démence
partielle consistant, par exemple, dans cette idée fixe du
testateur, qu'il est environné d'embûches et d'assassins,
est une cause de nullité du testament *quoique ses soupçons
ne se soient jamais dirigés contre ses héritiers*, alors qu'il
est établi que l'esprit du testateur était dans cette situation
au moment de l'acte, encore bien qu'à la même époque
ses facultés intellectuelles eussent conservé un certain
degré de force et d'activité (1). Mais nous ne concevrions
pas que l'on refusât toute capacité à une personne pour
ce seul motif qu'elle s'imagine avoir résolu le problème
du mouvement perpétuel ou qu'elle croit, comme Pascal,
voir un abîme ouvert auprès d'elle.

En Angleterre, la jurisprudence invalidait autrefois
tout acte émané d'un lunatique, bien que sa folie fût
circonscrite et que l'acte contesté pût n'en avoir pas été
influencé (2). Cette doctrine est aujourd'hui repoussée
par la pratique, et, chez nos voisins comme chez nous,
on annule les actes faits par un monomane alors seulement qu'ils se rattachent à l'idée fixe de leur auteur, ou
que la monomanie a dû jeter dans tout le mécanisme in-

(1) Voy. *le Droit* du 31 juillet 1852.
(2) Prichard, *On the different forms of insanity in relation to Jurisprudence.* — Maudsley, *op. cit.*, p. 109.

tellectuel un désordre profond. Un arrêt, très intéressant et très longuement motivé, rendu en audience plénière par la Cour du Banc de la Reine, explique et justifie la théorie dont il fait application : «S'il est vrai, dit-il, que l'esprit peut être dominé par des conceptions délirantes qui le démoralisent entièrement et le rendent incapable de percevoir la vraie nature des choses environnantes ou d'accomplir les obligations ordinaires de la vie, il est vrai aussi que certains égarements du même ordre, bien que produits par une maladie de l'esprit, laissent à l'individu, excepté sur ce seul point, sa raison et la capacité de négocier les affaires ordinaires et de remplir les devoirs et les obligations qui naissent accidentellement des relations diverses de la vie.... Lorsqu'en fin de compte, le jury s'est convaincu que le délire n'a pas affecté les facultés générales de l'esprit et peut avoir été de nul effet sur le testament, on ne voit pas de raison suffisante pour que le testateur puisse avoir perdu le droit de tester, ou pour annuler ses dernières volontés exprimées dans de telles circonstances(1). »

Fous paralytiques. — Le fou paralytique, comme tous les autres aliénés, appartient à l'investigation médico-légale, non seulement dans la période terminale où la démence est complète et entraîne une incapacité notoire, mais encore et surtout dans les premières manifestations du délire paralytique et même dans la période souvent obscure et inaperçue qui précède l'explosion de la folie. La nature spéciale des modifications qui s'o-

____

(1) Arrêt Banks-Goodfellow (Maudsley, *op. cit.*, p. 110 et suiv.).

pèrent dans le caractère et dans les idées engendre des actes insensés dont le mobile échappe le plus souvent et qui, avant d'être rapportés à leur véritable cause, peuvent consommer la perte et la ruine de toute une famille. Des dépenses folles, des entreprises gigantesques, des conceptions extravagantes sont la conséquence de cette manie de grandeur, de ce délire ambitieux qui éclate presque toujours chez les malheureux atteints de paralysie générale (1). C'est donc une des hypothèses où l'intervention de la justice aura le plus souvent à s'exercer pour soustraire le malade ou sa famille aux effets d'actes absurdes et désastreux.

Malgré l'apparence de raison que conservent quelquefois ces aliénés, bien qu'ils gardent dans le monde leur position et leurs habitudes sociales, bien qu'ils continuent l'exercice de leur profession, et quelque prolongée que soit cette période prodromique de la maladie, la paralysie générale que le médecin saura reconnaître et dénoncer entraîne irrévocablement, dit M. Tardieu, l'incapacité complète et l'irresponsabilité absolue de ceux qu'elle a frappés. « Je ne me crois pas même autorisé, ajoute cet auteur, à faire aucune réserve relative aux rémissions qui peuvent se produire dans le cours de la folie paralytique. »

Somnambules. — Les sens du somnambule étant fermés à la plupart des impressions, toutes ses facultés étant paralysées par le sommeil, à l'exception de celle qui se trouve actuellement en exercice, on ne peut dire que le somnambule agisse avec la même réflexion et le même

_____
(1) Tardieu, *op. cit.*, p. 215.

cernement que dans l'état de veille ordinaire. Le trouble qu'il éprouve, les accidents auxquels il est exposé s'il vient à être réveillé brusquement, prouvent qu'il n'obéissait auparavant qu'à une sorte d'impulsion machinale, qu'il n'avait réellement pas la connaissance de ses actions (1). Dans l'ancienne jurisprudence, le somnambulisme était assimulé à la démence : *dormiens furioso æquiparatur*. Il ne semble donc pas que le somnambule puisse être, pendant son sommeil, considéré comme capable.

Néanmoins, certains auteurs, notamment Muyart de Vouglans, Fodéré et Hoffbauer lui-même, ont soutenu que les actes d'un somnambule devaient être traités comme faits en connaissance de cause, sous prétexte qu'ils sont le résultat des idées précédemment conçues pendant la veille. Fodéré allait jusqu'à s'exprimer ainsi : « Loin de considérer ces actes comme un délire, je les regarde comme les plus indépendants qui puissent être dans la vie humaine. Je vois le somnambulisme comme un creuset dans lequel la pensée et l'intention se sont absolument séparées de leur gangue de matière (2). » C'est le raisonnement de cet empereur romain, envoyant au supplice un homme qui avait rêvé de l'assassiner : « Si tu n'avais pas pensé pendant le jour à me tuer, disait-il, tu n'y aurais pas rêvé pendant la nuit. »

Nous ne saurions partager cette opinion, qui est d'ailleurs généralement condamnée. Comment affirmer, par exemple, qu'un testament, écrit durant le sommeil

(1) Hoffbauer, *Médecine légale relative aux aliénés* (Traduction Chambeyron. Paris, 1827).

(2) Fodéré, *Traité de Médecine légale* (Paris, 1813), I, p. 259.

somnambulique, a été rédigé d'après un plan arrêté
d'avance? En admettant même qu'un projet antérieurement formé ait ainsi inspiré, guidé le testateur, il faut,
pour qu'un acte soit valable, le concours simultané, et
non successif, de cet acte avec l'intelligence et la volonté.
Or le somnambule n'a plus ni la conscience ni la liberté
qui sont les éléments indispensables de toute opération
juridique; Casper a pu légitimement le comparer à un
maniaque ordinaire (1) : leur incapacité, leur irresponsabilité doit être la même.

§ 4. — Des intervalles lucides.

Non seulement la nature et l'étendue, mais aussi la
durée et la continuité de la folie sont extrêmement va-
riables. « Un fou qui n'est pas guéri, dit M. Lemoine,
qui n'est pas même encore convalescent, ne délire pas
nécessairement toujours sans discontinuité depuis le
premier instant où le mal le gagne jusqu'au dernier où
il le quitte. Il est rare que la folie n'ait pas ses intermittences, elle procède souvent par accès. Entre deux accès
de folie, un fou est un homme comme un autre, qui
possède ou peut posséder évidemment comme un autre sa
liberté, sa volonté avec sa raison (2). »

Hâtons-nous de le dire : les intervalles lucides ne sont
ni aussi fréquents ni aussi naturels que paraît le penser
M. Lemoine. On ne peut donner ce titre aux simples

(1) Casper, *op. cit.*, I, p. 376. — Briand et Chaudé, *Manuel de médecine légale*, p. 581.
(2) Lemoine, *op. cit.*, p. 278.

rémittences où le malade est souvent encore tout ébranlé de la secousse qu'il a subie, où sa raison est encore chancelante, sa volonté mal affermie, où il se trouve en un mot dans une situation analogue à celle d'un homme qui flotte entre le sommeil et la veille, *in margine somni.* Dans le compte rendu d'un procès célèbre entre le prince de Conti et madame de Nemours, au sujet du testament de l'abbé d'Orléans, on trouve une définition de l'intervalle lucide qui, malgré l'imperfection notoire des connaissances médicales à cette époque (1698), laisse peu à désirer : « Ce n'est pas, dit d'Aguesseau, un crépuscule qui joint le jour et la nuit, mais une lumière parfaite, un éclat vif et continu, un jour plein et entier qui sépare deux nuits. » En d'autres termes, c'est une suspension absolue, mais temporaire, des manifestations et des caractères du délire. C'est, suivant l'expression de M. Legrand du Saulle, une trêve réelle, un loyal armistice. On l'observe assez souvent dans la manie (1), quelquefois dans la mélancolie, très rarement dans la monomanie proprement dite ; la démence, l'idiotisme, l'imbécillité n'en offrent jamais d'exemple.

On s'est souvent demandé si un ou plusieurs accès préalables de folie pouvaient laisser, dans les intervalles lucides, assez de clairvoyance pour permettre l'accomplissement judicieux et réfléchi de quelque acte juridique. Casper nous atteste l'existence d'une controverse sur ce

---

(1) 25 fois sur 100, d'après M. Legrand du Saulle (*op. cit.*, p. 110). M. le docteur Billod croit que la manie est bien plus rarement intermittente qu'on ne le pense généralement (*Des maladies mentales et nerveuses*, p. 280).

point : « Les uns, dit-il, prétendent qu'un maniaque en apparence guéri peut encore cacher des conceptions délirantes dont la manifestation peut éclater à une occasion quelconque et mettre un terme à l'intervalle lucide, et qu'ainsi le maniaque reste aliéné même dans les moments où il paraît jouir de son entière raison, et doit être considéré comme non responsable. D'autres disent qu'un homme atteint d'accès de manie peut, dans l'intervalle de ces accès, reprendre empire complet sur sa raison, et qu'alors il doit être considéré comme responsable de ses actions (1). »

La première opinion semble avoir inspiré le législateur français quand il a posé en principe qu'un fou, malgré ses intervalles lucides, devait être interdit (art. 489). Mais il cédait surtout au désir d'établir une présomption générale d'incapacité, destinée à tarir une source de procès et à garantir complètement les familles contre les conséquences désastreuses d'une folie habituelle : il n'entendait pas pour cela déclarer que, en fait, les intervalles lucides laissent subsister l'incapacité mentale. Autre chose est organiser un régime de protection continue, subsistant même pendant les retours de raison, et propre à rassurer les familles, autre chose déclarer que ces retours de raison ne doivent avoir, en dehors de l'interdiction, aucune influence sur la capacité effective du malade.

Qu'exige la loi pour la validité des actes d'un homme dont l'état juridique n'a pas été modifié par une sen-

____

(1) Casper, *op. cit.*, I, p. 346.

tence d'interdiction? Un esprit lucide, un consentement libre et éclairé. Or, par hypothèse, ces conditions sont remplies pendant les intervalles que nous supposons. Aussi notre jurisprudence n'hésite-t-elle pas à valider les actes civils contractés ou consentis pendant les intercurrences de calme et de raison indubitables et ayant eu une durée suffisante pour que leur constatation réelle fût à l'abri de tout soupçon.

« Bien qu'un individu ait commis des actes de démence avant et depuis la confection de son testament, il suffit qu'une Cour ait déclaré qu'il était sain d'esprit au moment de la confection de cet acte pour que sa décision soit à l'abri de toute censure (1).

Quoiqu'un individu ait été frappé en 1851 de démence manifestée par des accès de fureur et de monomanie, que plus tard en 1857 et jusqu'à l'époque de sa mort il ait été atteint de la même maladie, une donation par lui faite en 1852 a pu être déclarée valable, parce qu'il résultait des faits qu'au moment de l'acte il était sain d'esprit (2).

Nous verrons d'ailleurs plus loin à l'aide de quels éléments on pourra établir la liberté morale ou au contraire l'incapacité de la personne qui a fait tel ou tel acte juridique.

Le Code prussien reconnaît la valeur des intervalles lucides pour les questions civiles et permet aux aliénés qui se trouvent dans un tel intervalle, de tester, de faire un contrat, etc...

____

(1) Cour de cassation, 16 novembre 1829 ; — 26 juillet 1842.
(2) Paris, 22 novembre 1860 (*Gaz. des Tribunaux*, 6 déc. 1860). Voyez aussi un arrêt de la Cour de cassation du 9 avril 1862.

« Ceux qui ne sont privés de leur raison que de temps en temps pourront disposer par testament dans les intervalles lucides (1). »

« Lorsqu'il est avéré que le testateur souffrait à certains intervalles d'une maladie mentale, le juge devra rechercher si le testateur était sain d'esprit au moment où il a testé (2). »

La jurisprudence anglaise admet que, si un testament est raisonnable et raisonnablement fait, il est par lui-même la preuve d'un intervalle lucide, et valable à ce titre (3).

§ 5. — De l'influence des passions.

« Il est, disait Bellart, il est des fous que la nature a condamnés à la perte éternelle de leur raison, et d'autres qui ne la perdent qu'instantanément par l'effet d'une grande douleur, d'une grande surprise, ou de toute autre cause pareille. Il n'est de différence entre ces deux folies que celle de la durée; et celui dont le désespoir tourne la tête pour quelques jours ou quelques heures est aussi complètement fou, pendant son agitation éphémère, que celui qui délire pendant beaucoup d'années (4). »

On pourrait aller loin avec une semblable théorie, et s'il convient de s'en inspirer jusqu'à un certain point dans les affaires criminelles, par exemple pour écarter le fait de préméditation ou pour accorder des circons-

---

(1) *Allgem. Landr.*, § 20, tit. XI, vol. 1.
(2) *Ibid.*, § 147.
(3) Maudsley, *op. cit.*, p. 106 et suiv.
(4) *Choix des plaidoyers, discours et mémoires de Bellart*, I, p. 18.

lances atténuantes (1), on ne saurait en faire application quand il s'agit de questions civiles. Une personne accomplit un acte juridique quelconque sous l'empire d'une passion, l'amour, la haine, la colère : elle ne doit compte à personne des sentiments qui l'ont guidée. Ces sentiments peuvent être immoraux, imprudents, déraisonnables : mais, en principe, on n'a le droit ni de les rechercher ni d'en discuter la valeur.

L'ancien droit permettait d'attaquer pour cause de démence les dispositions de dernière volonté inspirées au testateur par une haine violente et injuste contre ses héritiers présomptifs (*testamentum ab irato conditum*) : le Code civil ayant gardé le silence sur ce point, on pense généralement que l'action *ab irato* ne doit plus être admise comme une action spéciale, distincte de celle qui serait fondée sur l'insanité d'esprit. Le contraire pourrait, à la rigueur, s'induire des explications données par Bigot-Préameneu dans l'Exposé des motifs du titre *des Donations*. C'est en se fondant sur ces explications que plusieurs auteurs soutiennent que l'action *ab irato* subsiste encore avec son caractère propre et sous les seules conditions exigées par l'ancienne jurisprudence. Mais l'opinion personnelle de Bigot-Préameneu ne saurait prévaloir contre la disposition de l'art. 902, aux termes duquel le juge ne peut admettre d'autres causes d'incapacité que celles qui sont établies par la loi ; elle ne saurait prévaloir non plus contre les raisons de principe si bien indiquées par Marcadé : « L'auteur d'une disposition n'est

_____

(1) **Briand et Chaudé**, *op. cit.*, p. 579.

jamais obligé d'en déduire les motifs, et encore moins
de les justifier ; du moment qu'il jouissait de sa capacité, qu'il n'a donné que des biens disponibles, et qu'il l'a
fait dans les formes voulues par la loi, on n'a aucun droit
d'aller scruter sa pensée, ni de s'enquérir de l'usage qu'il
a fait de sa liberté (1). »

Cependant, si l'on parvenait à établir que, chez l'auteur d'un acte juridique, la colère ou la haine ont été
portées à un degré de violence tel que sa raison en a été
momentanément altérée, l'acte pourrait être annulé
comme émanant d'un insensé. Le dérangement accidentel de la raison est une cause de nullité comme l'état
habituel de démence ; c'est alors ce principe qu'on appliquerait, et la nullité serait fondée sur le fait d'une altération passagère des facultés intellectuelles, non sur une
assimilation de la haine ou de la colère à l'aliénation
mentale.

Un homme, poussé par une injuste jalousie, conçoit
une haine mortelle contre sa femme, fait un testament
qui dépouille ses héritiers, et se précipite dans la Meuse.
On demanda à prouver que « la jalousie le dominait
complètement et le mettait en proie aux plus violents
chagrins, qu'il avait manifesté plusieurs fois le dessein
de se détruire, qu'il tenait les propos les plus contradictoires et les plus extravagants, que l'on ne pouvait attribuer qu'à un homme frappé de mélancolie. » Le tribunal,
« considérant que, toutes ces circonstances réunies, le peu
de sagesse que l'on remarque dans sa dernière disposition,

____

(1) Voy. en ce sens Toullier, V, 717 ; Aubry et Rau, VII, p. 16. —
Lyon, 25 juillet 1816 ; Angers, 27 août 1824.

la haine qu'il avait pour sa femme, les idées d'empoisonnement, la contenance dans laquelle on l'a aperçu,
chagrin, grinçant des dents, les yeux hagards ; enfin, la
triste fin qu'il a subie et qu'il s'est donnée lui-même, sont
des preuves suffisantes qu'il a fait son testament dans le
délire et l'égarement d'esprit, » annule le testament. Sur
appel, la Cour de Liège, par arrêt du 12 février 1812,
confirma cette annulation (1).

Voilà dans quelles conditions on peut concevoir que la
passion devienne une cause de nullité. Ajoutons qu'il
nous semblerait bien difficile d'admettre ce résultat pour
les conventions à titre onéreux où l'intérêt du cocontractant doit être mis en ligne de compte, et où (comme
nous le verrons) la loi n'autorise l'annulation qu'avec
beaucoup de réserve et de précaution.

Disons enfin, en terminant, que le *suicide*, considéré en
lui-même, n'est pas une preuve d'insanité d'esprit, et ne
saurait être, à lui seul, une cause de nullité des testaments.
M. Brierre de Boismont a remarqué que, la plupart du
temps, les dernières volontés que rédige une personne
avant de se tuer portent l'empreinte du sang-froid, d'une
volonté ferme et d'une grande lucidité dans les idées.
L'examen de ces pièces, dit l'éminent aliéniste, « est la
meilleure réfutation de l'opinion de ceux qui ont prétendu
qu'à ce moment suprême il se manifeste toujours un
vrai délire, un désordre intellectuel appréciable (2). »

(1) Briand et Chaudé, *op. cit.*, p. 532. — Voy. aussi un jug. du
tribunal de la Seine du 9 mai 1865, et un arrêt de la Cour de Paris du
6 août 1866 (*Gaz. des Trib.*, 12 et 13 mai 1865, 8 août 1866).

(2) Brierre de Boismont, *Du suicide et de la folie-suicide* (Paris,
1856), p. 341. — Voy. aussi Tardieu, *op. cit.*, p. 43.

A moins de circonstances particulières, la jurisprudence n'hésite pas à confirmer les testaments faits dans ces conditions (1).

C'est une loi supérieure écrite dans la conscience universelle que l'homme ne peut exercer ses droits que s'il jouit de la plénitude de ses facultés. La première condition de la vie civile, c'est la sanité d'esprit, sans laquelle aucune relation de droit ne saurait exister entre les individus.

Un acte juridique ne peut être valablement accompli que par la personne qui sait et qui décide librement ce qu'elle fait : telle est l'idée générale, d'une simplicité tout élémentaire, qui plane en quelque sorte sur toute notre étude ; c'est ce principe, imposé par le simple bon sens et reconnu par la loi positive, qui sert à déterminer ce que devient, sous l'influence des perturbations mentales, la capacité civile d'un individu.

Ajoutons un autre principe, spécial à la catégorie d'aliénés qui nous occupe, c'est-à-dire à ceux qui ne sont placés sous aucun régime de protection continue : chacun de leurs actes doit être apprécié à sa date même, à sa date précise, si l'annulation est demandée. L'auteur de cet acte était-il sain d'esprit au moment même où il l'accomplissait ? Telle est la question que devront exami-

____

(1) Cass., 11 nov. 1829 ; Cass., 3 févr. 1836 ; Trib. de Versailles, 25 juill. 1867. — Voy. en ce sens Aubry et Rau, VII, p. 13 ; Demolombe, XXIII, 349.

ner les tribunaux en l'absence d'une présomption d'incapacité permanente.

Plusieurs dispositions du Code font, en différentes matières, application des règles que nous venons d'indiquer.

Mariage. — Aux termes des art. 173 et 174 du Code civil, opposition peut être formée au mariage d'un individu en démence, non seulement par le père où par la mère, et, à leur défaut, par les aïeuls ou aïeules, mais encore, à défaut d'aucun ascendant, par le frère ou la sœur, l'oncle et la tante, le cousin ou la cousine germains majeurs ; mais cette opposition, dont le tribunal peut prononcer mainlevée pure et simple, n'est reçue qu'à la charge, par l'opposant, de provoquer l'interdiction et d'y faire statuer dans le délai qui sera fixé par le jugement.

L'art. 174 ne saurait s'étendre à d'autres personnes qu'à celles qu'il a limitativement déterminées ; les neveux ne peuvent donc pas être admis à former opposition au mariage de leur oncle, même pour cause de démence (1). La jurisprudence refuse ce droit aux enfants mêmes du futur conjoint (2), bien qu'ils puissent provoquer l'interdiction de leur père.

Cette opposition à mariage peut être formée par les parents lors même qu'à raison de l'état de minorité du futur époux, le conseil de famille aurait été appelé à consentir au mariage ; les parents agissent, en effet, dans les cas de l'art. 174, en vertu d'une attribution par-

(1) Trib. de Bourg, 20 février 1870.
(2) Toulouse, 9 janvier 1839 ; Cass., 28 avril 1872.

ticulière que leur confère expressément la loi, et qui résulte de leurs droits de famille.

En cas de démence, l'opposition peut encore être formée, à défaut d'ascendants, par le tuteur du mineur ou par le curateur du mineur émancipé (art. 175), mais auparavant, il doit se faire autoriser par une délibération du conseil de famille; les autres membres du conseil pourraient sans doute aussi faire convoquer le conseil pour faire former opposition par le tuteur; si le tuteur ne peut pas agir quand il existe des ascendants, l'existence des collatéraux énoncés dans l'art. 174 et leur inaction ne peuvent l'empêcher d'agir.

Malgré les termes de l'art. 174, l'opposant au mariage pour cause de démence n'est pas tenu de provoquer immédiatement l'interdiction; l'opposition a eu pour effet d'empêcher l'officier de l'état civil de célébrer le mariage tant que la mainlevée ne sera pas rapportée. Si la personne qui a voulu se marier s'arrête devant cet obstacle, le but sera atteint; si, au contraire, elle veut le faire tomber, elle demandera la mainlevée, et c'est alors que le tribunal, en déclarant l'opposition recevable, devra fixer un délai pour faire statuer sur l'interdiction, et que l'opposant devra former sa demande. Le tribunal peut du reste donner immédiatement mainlevée pure et simple sans être astreint à remplir aucune formalité. La Cour de Bruxelles a jugé, le 15 décembre 1812, que, lorsque l'opposition fondée sur la démence était formée par un ascendant, le tribunal devait nécessairement suivre les formes tracées par la loi pour les demandes d'interdiction; mais la Cour de

Caen a jugé, avec raison selon nous, le 12 octobre 1857 et le 5 janvier 1858, que même dans ce cas la mainlevée pure et simple pouvait être prononcée (1).

Il est évident d'ailleurs que, par *démence*, on doit entendre ici *absence de raison*, et comprendre sous cette dénomination la démence proprement dite, l'imbécillité et la fureur, comme dans l'art. 489, au titre *de l'Interdiction*. Quand nous reviendrons plus loin sur cet article, nous verrons quel sens général il faut attribuer aux expressions qu'il emploie.

« Il n'y a pas mariage lorsqu'il n'y a pas eu consentement (art. 146). » Celui qui est atteint d'aliénation mentale est donc incapable de contracter mariage, puisqu'il est incapable de donner un consentement.

Le projet du Code civil contenait une disposition qui déclarait l'interdit pour cause de démence ou de fureur incapable de contracter mariage. Cet article fut retranché sur la demande du consul Cambacérès qui en fit remarquer l'inutilité, en présence de la règle générale qui exige pour le mariage un consentement valable (2). Or, cette règle générale ne peut être que celle qui se trouve consignée dans l'art. 146, portant qu'il n'y a pas de mariage sans consentement. Il a donc été reconnu au Conseil d'État que l'art. 145 comprend implicitement tous les cas où l'un des contractants serait, à raison de son état mental, dans l'impossibilité de consentir au ma-

____

(1) Voyez en ce sens Demolombe, III, 141; Aubry et Rau, V, p. 31 ; Pau, 18 juin 1867 ; Orléans, 26 août 1871.

(2) Locré, *Lég.*, IV, p. 312, art. 3 ; p. 322, n° 12, *in fine*.

riage, sans distinguer si ce contractant a été ou non préalablement interdit.

Partant de là, nous nous croyons autorisé à soutenir
la proposition suivante : lorsque l'une ou l'autre des parties était, au moment de la célébration, privée de l'exercice de ses facultés intellectuelles, le mariage est *inexistant* ; on doit le considérer comme non avenu, comme un
pur fait destitué de tout effet civil.

Contrairement à cette opinion, les premiers commentateurs du Code regardaient en pareil cas le mariage
comme simplement frappé de nullité (1). L'art. 180,
disent-ils, restreint aux époux seuls ou à celui des deux
dont le consentement n'a pas été libre, le droit d'attaquer le mariage : c'est donc par les époux seuls, ou par
celui des deux qui prétend avoir contracté sous l'empire de la folie, que le mariage est attaquable. De deux
choses l'une, en effet : ou bien ceux qui voudraient attaquer le mariage sont parents aux degrés fixés par les
art. 173 et 174, ou bien ils ne le sont qu'à un degré
plus éloigné. Dans le premier cas, pourquoi n'ont-ils
pas usé, pour empêcher le mariage, de la faculté que
leur accordaient ces articles d'y former opposition ? Ils
ne peuvent pas alléguer une incapacité sur laquelle ils
ont gardé le silence. Dans le deuxième cas, si le législateur n'a pas cru devoir les admettre à former une opposition, à plus forte raison ne doit-on pas les admettre à
demander une nullité. Ainsi cette nullité serait relative
et temporaire : elle ne pourrait être invoquée que par

______

(1) En ce sens, Proudhon, I, p. 391 ; Toullier, I, p. 501, 502 ; Duranton, 27 et 29 à 35.

celui des époux qui n'a pu réellement consentir au mariage, et serait couverte par une ratification expresse ou tacite.

Le vice et le danger de cette doctrine ont été clairement révélés dans une espèce jugée par la Cour de Paris, le 18 mai 1818, et par la Cour de cassation, le 9 janvier 1821 (1). La Cour de Paris avait annulé le mariage d'un sieur Martin sur la demande de ses héritiers collatéraux qui invoquaient, entre autres causes de nullité, l'état de démence de leur auteur. Cet arrêt fut cassé pour avoir admis des héritiers collatéraux à proposer un moyen de nullité que, dans la supposition où il eût été fondé, aucune loi ne les autorisait à faire valoir. La Cour de cassation a d'ailleurs persisté depuis lors dans sa jurisprudence (2). Elle s'appuie sur ce principe, en lui-même incontestable, qu'une nullité de mariage ne peut être proposée que par les personnes au profit desquelles la loi ouvre une action à cet effet. Mais, si cette règle était applicable au mariage contracté en état de démence par un individu non interdit, il faudrait en conclure qu'un pareil mariage ne pourrait être attaqué par qui que ce soit : nulle part, en effet, la loi n'a indiqué à qui appartiendrait l'action en nullité dans notre espèce. On s'est efforcé de trouver cette indication dans l'art. 180, et l'on a dit qu'aux termes de cette disposition, la nullité pourrait être invoquée par l'aliéné revenu à la raison, ou par son tuteur s'il était interdit (3). Mais nous sommes

____

(1) Sirey, 19, 2, 182 et 21, 1, 157.
(2) Voy. un arrêt de rejet du 12 novembre 1844.
(3) Merlin, *Répert.*, v° *Mariage*, sect. VI, § 2 et § 12.

convaincu que l'art. 180 ne s'occupait nullement de notre hypothèse et ne visait que les cas où le consentement serait *vicié* : on ne peut sans arbitraire l'appliquer à un mariage où le consentement a fait complètement défaut. Ainsi donc, pour rester fidèles à leurs prémisses, les partisans de la jurisprudence auraient dû aller jusqu'à admettre que personne ne pouvait attaquer le mariage, car personne n'a reçu formellement de la loi le droit d'intenter cette action. Le seul moyen d'échapper à une aussi déplorable conclusion, c'est de considérer le mariage, non pas comme simplement annulable, mais comme non existant. Cette non-existence pourra dès lors être invoquée en tout temps, et par toute personne intéressée : tels sont, par exemple, l'époux sain d'esprit, l'époux aliéné au jour de la célébration, ou, après son décès, ses héritiers (1).

« Ce n'est cependant qu'avec une grande réserve, ajoutent très judicieusement MM. Aubry et Rau, que les tribunaux doivent déclarer non avenu un mariage attaqué pour un pareil motif, lorsque la demande est formée soit par l'époux sain d'esprit qui ne prouverait pas qu'il a ignoré l'état mental de son futur conjoint, soit par des collatéraux qui n'auraient pas provoqué l'interdiction de l'époux qu'ils prétendraient s'être marié en état de démence, et surtout lorsqu'elle est intentée par l'époux qui, après avoir complètement recouvré l'usage de ses facultés intellectuelles, aurait continué de cohabiter avec la personne à laquelle il soutiendrait s'être

____

(1) En ce sens, Demolombe, III, 242 ; Aubry et Rau, V, p. 10 et 13 ; Tribunal de Gand, 14 déc. 1846 ; Alger, 21 avril 1853,

uni à une époque où il n'était pas sain d'esprit. »

Donations et testaments. — Art. 901. « Pour faire une donation entre vifs ou un testament, il faut être sain d'esprit. »

Conventions. — Art. 1108. « Quatre conditions sont essentielles pour la validité d'une convention : — Le consentement de la partie qui s'oblige.... »

— On remarque la différence entre ces deux articles : l'un paraît édicter une condition originale, et sa rédaction précise semble indiquer qu'il contient une théorie particulière aux dispositions gratuites ; l'autre mentionne simplement le consentement dans une énumération et comme pour mémoire. Pourquoi consacrer un article à l'expression de cette vérité banale qu'il faut être sain d'esprit pour donner ou pour tester? Y a-t-il donc des actes qui échappent à cette nécessité?

Suivant l'opinion commune, l'art. 901 crée pour les donations et les testaments un régime spécial. Le droit de disposer de ses biens, soit entre vifs, soit par testament, est une des prérogatives les plus précieuses de la liberté individuelle et de la propriété. La loi en protège l'exercice par certaines dispositions exceptionnelles : ainsi quand le donateur ou le testateur a ajouté à la libéralité entre vifs ou testamentaire des conditions impossibles, contraires aux lois ou aux bonnes mœurs, l'acte n'est pas annulé, il subsiste, la condition seule est réputée non écrite ; le mineur, incapable de s'obliger et de donner, peut cependant tester à l'âge de seize ans pour une partie de ses biens. Mais, en accordant quelques faveurs aux donations et surtout aux testaments, le législateur devait exiger que ces actes fussent bien l'expression de la volonté du disposant, *testatio mentis*.

Aux termes de l'art. 901, pour faire une donation ou un testament, il faut être sain d'esprit. Il eût été inutile d'exprimer cette condition, évidemment indispensable à la validité de tous les actes, si l'on n'avait pas voulu lui donner ici un sens tout particulier. En quoi consiste donc la portée spéciale de l'art. 901 ? C'est ce que nous allons voir en le rapprochant de l'art. 504.

Art. 504. « Après la mort d'un individu, les actes par lui faits ne pourront être attaqués pour cause de démence, qu'autant que son interdiction aurait été prononcée ou provoquée avant son décès, à moins que la preuve de la démence ne résulte de l'acte même qui est attaqué. »

Ainsi, tant qu'un individu est encore vivant, bien qu'il n'ait été l'objet d'aucune sentence ni d'aucune demande d'interdiction, ses ayant-cause ou lui-même peuvent prouver par tous les moyens qu'il n'avait pas sa raison au moment précis où il a passé certains actes. Mais, s'il est décédé sans que son interdiction ait été ni prononcée ni provoquée, les actes par lui faits ne peuvent plus être contestés pour cause d'aliénation mentale que s'ils portent en eux-mêmes la trace de cette aliénation.

La règle de l'art. 504, empruntée en partie à la jurisprudence des anciens parlements, est justifiée par de puissants motifs. Elle n'a pas pour but, comme on a pu le dire, de punir les héritiers qui ont négligé de faire interdire leur auteur : une pareille manière de voir serait à peu près aussi exacte que celle qui ferait de la prescription une peine contre les créanciers ou propriétaires qui laissent passer le délai légal sans actionner leurs débiteurs ou les détenteurs de leurs biens. D'ailleurs, si la folie était accidentelle ou si l'héritier était trop jeune pour prendre l'initiative de l'interdiction, quelle faute reprocher à ceux qu'on prive de l'action en nullité? D'après les travaux préparatoires du Code, la disposition de l'art. 504 serait fondée sur ce qu'il ne doit pas être permis aux héritiers de soulever des contestations de nature à porter atteinte à la mémoire de leur auteur (1). A cette première considération on peut encore ajouter la suivante : si, quant à la personne qui a fait un acte en état de démence, un intérêt simplement moral ou de convenance doit être suffisant pour l'autoriser à en demander l'annulation, il n'en est plus de même en ce qui concerne ses héritiers, dont le droit d'action est restreint à la mesure de leur intérêt pécuniaire. On comprend que la loi, pour éviter les perturbations qu'entraîneraient, après la mort d'un individu, les attaques dirigées contre les actes par lui passés, ait exigé que l'intérêt pécuniaire des héritiers à demander la nullité de ces actes, ressortît de la lésion qu'ils leur auraient causée, et qu'elle ait restreint leur action au cas où la preuve de la folie résulterait de l'acte contesté, puisqu'une lésion de certaine importance est de nature à former déjà un indice grave d'insanité d'esprit chez l'auteur de cet acte (2).

(1) Rapport au Tribunat par Bertrand de Greuille (Locré, *Lég.*, VII, p. 371, n° 8). — Discours au Corps législatif par Tarrible (Locré, *Lég.*, VII, p. 394, n° 12).

(2) Aubry et Rau, I, p. 525.

Tel est le droit commun qui régit les actes passés par l'aliéné : on est généralement d'accord pour admettre que l'art. 901 en exclut les actes *à titre gratuit*. L'auteur d'une donation ou d'un testament fût-il mort sans que son interdiction ait été ni demandée ni prononcée, la donation ou le testament pourra être attaqué pour cause d'aliénation mentale, et l'on pourra chercher ailleurs que dans la rédaction même de l'acte les moyens propres à établir l'état d'esprit du disposant.

Deux arrêts anciens de la Cour de Paris des 30 germinal an XI et 20 mars 1807 avaient cependant exigé le contraire, et exigé, conformément à l'art. 504, que la preuve de la démence résultât du testament même d'un individu mort sans avoir été interdit : mais ce système est aujourd'hui repoussé par presque tous les auteurs et par la jurisprudence (1).

Il faut, bien entendu, que l'acte qualifié donation constitue bien réellement une libéralité; si, en réalité, c'était un contrat à titre onéreux, il ne pourrait être attaqué après la mort de son auteur pour cause de démence, si l'interdiction n'avait pas été provoquée ou si la preuve de la folie ne résultait pas de l'acte : on appliquerait alors la règle générale de l'art. 504 (2). En sens inverse, une donation déguisée sous la forme d'un contrat à titre onéreux est soumise par la jurisprudence aux règles des donations (3).

(1) Voy. par exemple, Demolombe, VIII, 673 et 674, XVIII, 355 ; Aubry et Rau, VII, p. 14 ; Valette, sur Proudhon, II, p. 543 ; Cass., 22 nov. 1827 et 7 mars 1864.

(2) Cass., 9 mars 1830 ; Bourges, 16 avril 1832.

(3) Cass., 12 avril 1865.

L'interprétation que nous venons de donner de l'art. 901 est pleinement justifiée par les travaux préparatoires du Code civil. Le projet d'article s'exprimait en ces termes : « Pour faire une donation entre vifs ou un testament, il faut être sain d'esprit. Ces actes ne pourront être attaqués pour cause de démence que dans le cas et de la manière prescrits part l'art. 17 du titre *de la Majorité* et *de l'Interdiction* (art. 504 actuel). » La seconde partie du projet fut supprimée dans la séance du Conseil d'État du 14 pluviôse an VI, après une discussion entre Tronchet et Cambacérès, et une observation d'Emmery disant que l'art. 17 du titre *de l'Interdiction* ne concernait ni les donations ni les testaments (1). On a pensé que l'intérêt des donataires ou légataires qui luttent pour conserver un bénéfice, un gain pur et simple (*de lucro captando*), était moins respectable que celui des tiers qui demandent le maintien d'un contrat à titre onéreux et qui luttent ainsi *de damno vitando*. D'autre part, les circonstances d'âge et de maladie, l'entourage d'influences impérieuses, agissent plus souvent sur les dispositions à titre gratuit que sur les actes à titre onéreux : ceux qui veulent tirer parti de l'affaiblissement morbide, du délire ou de l'ivresse d'une personne, en profitent généralement pour solliciter une libéralité, et non pas une adhésion à quelque contrat ordinaire. Il importait de pouvoir déjouer ces manœuvres dans les cas où elles se présentent le plus fréquemment, et c'est pourquoi on en a rendu la preuve plus facile lorsqu'il s'agit de dispostions à titre gratuit.

(1) Locré, *Lég.*, XI, p. 132, nº 21, et p. 334, nº 84.

La règle que nous venons de dégager de l'art. 901 s'applique sans distinguer si le disposant a subi, dans ses facultés mentales, une atteinte passagère ou une altération continue et si, par conséquent, il a pu être, ou non, question de l'interdire. Certains auteurs n'admettent la règle si large et si favorable de l'art. 901 qu'au cas de folie accidentelle : en revanche, ils soutiennent alors que les actes à titre onéreux eux-mêmes peuvent toujours être attaqués, quand même ils ne porteraient en eux aucun indice d'aliénation mentale. Au cas de démence habituelle, aucun acte d'aucune sorte, *même à titre gratuit*, ne pourrait être contesté qu'avec les restrictions indiquées part l'art. 504. Cette doctrine part de l'idée que nous avons signalée plus haut et d'après laquelle l'art. 504 contiendrait une espèce de peine contre les héritiers qui n'auraient pas poursuivi l'interdiction de leur auteur, malgré l'existence de causes propres à la faire déclarer. Si la folie n'était pas habituelle, l'interdiction n'était pas possible, aucune faute n'a été commise, les héritiers doivent avoir une complète liberté d'action (théorie de l'art. 901); si la folie était habituelle, une faute a été commise, elle entraîne une peine, et cette peine, ce sont les entraves apportées par l'art. 504 à l'action en nullité contre les actes, quels qu'ils soient, émanés du défunt.

Une telle interprétation est contredite par la spécialité de l'art. 901 qui ne vise que les donations et les testaments, et par cette déclaration faite au Conseil d'État que l'art. 504 ne s'occupait que des actes à titre onéreux. Aussi est-elle condamnée par la presque unanimité des auteurs et par une jurisprudence constante (1).

A l'art. 901 et à la question des demandes en nullité des actes à titre gratuit se rattachent un certain nombre de propositions très importantes, consacrées par la jurisprudence, et qu'il est utile de signaler.

La présomption est la capacité du disposant, la validité de l'acte par lui passé; en cas de doute, la demande en nullité ne peut être admise. Les juges ont à se livrer à une appréciation de fait, et leurs décisions échappent à la censure de la Cour de cassation (2); mais toujours les faits allégués doivent être graves et concluants; les héritiers ne pourraient se borner à demander qu'il leur fût permis de prouver la démence, sans préciser aucun fait (3).

Si la faiblesse d'esprit était constante, la présomption qui existe en faveur de la sanité d'esprit d'un individu non interdit, et qui oblige les héritiers qui attaquent le testament à prouver la démence au moment de l'acte, devrait disparaître pour faire place à la présomption contraire, et ce serait alors au légataire à prouver que le testament a été fait dans un intervalle lucide (4).

Le fait que le notaire, dans la rédaction d'un testament authentique, a constaté la sanité d'esprit du testateur, n'empêcherait pas les héritiers d'être recevables à prouver sa folie; l'acte fait pleine foi des faits et des formalités qu'il énonce, mais l'état d'esprit du testateur

(1) Demolombe, VIII, 666 ; Aubry et Rau, I, p. 525.
(2) Cass., 5 août 1856 et 7 mars 1864.
(3) Rouen, 3 mai 1816 ; Bruxelles, 21 juin 1822.
(4) Cass., 26 févr. 1838; Caen, 20 nov. 1826. Voy. aussi Aubry et Rau, I, p. 524.

n'est pas un fait dont le notaire puisse être juge (1). Au contraire, si, dans un acte à titre gratuit, il était dit que le disposant a lui-même dicté ses dispositions, qu'il en a entendu la lecture, et qu'il a déclaré y persister, on ne serait pas admis à prouver sans inscription de faux que le disposant était dans le délire ou dans un état complet d'imbécillité au moment de la rédaction de l'acte, ou qu'il avait la langue tellement épaissie qu'il ne pouvait plus articuler de paroles intelligibles (2). De pareilles allégations seraient en opposition directe avec des faits matériels qui sont relatifs à la confection et aux solennités du testament, et que le notaire rédacteur a qualité pour constater.

La preuve que l'auteur d'une disposition à titre gratuit n'était pas sain d'esprit peut être faite par témoins, indépendamment de tout commencement de preuve par écrit (3). Mais le tribunal peut refuser d'admettre la preuve testimoniale qui lui est offerte, si le fait de démence allégué à l'époque du testament lui paraît dès à présent détruit par les circonstances de la cause, encore bien que le testateur ait été ultérieurement interdit (4).

Dans tous les cas, ainsi que le dit avec raison un jugement du tribunal de Lyon du 14 mars 1866 : « La preuve testimoniale, en cette matière, ne peut être admise qu'avec une extrême circonspection ; elle est, de sa nature, fragile, incertaine et périlleuse, surtout quand

---

(1) Cass., 27 février 1821 ; Bourges, 26 février 1855.
(2) Cass., 1er déc. 1851. Voy. aussi Aubry et Rau, VII, p. 17.
(3) Bourges, 26 février 1855; Aubry et Rau, VII, p. 17.
(4) Cass., 17 août 1824; Agen, 7 mai 1851.

il s'agit de l'interprétation d'un fait moral, de l'état intellectuel du testateur ; elle doit être écartée quand elle ne porte pas sur une articulation grave, précise et concordante, quand les faits allégués sont en désaccord avec les vraisemblances ou déjà contredits par l'ensemble des documents visés au procès...

La captation, c'est-à-dire l'emploi de moyens propres à nous rendre agréables aux autres, tels, par exemple, que les démonstrations d'amitié, les soins assidus, les présents, ne suffirait pas, par elle-même, à entraîner la nullité d'un testament ; il en est de même de la suggestion, c'est-à-dire des moyens de persuasion mis en usage auprès du testateur pour le déterminer à disposer en faveur de certaines personnes, bien que ces dispositions aient été en réalité le résultat des moyens employés.

La suggestion ou la captation n'autorisent une demande en nullité que si elles peuvent être assimilées au dol ou à la fraude (1). Néanmoins, un acte à titre gratuit pourrait être attaqué si, à des faits insuffisants pour constituer un véritable dol, mais indiquant une pression morale très énergique, se joignait une grande faiblesse d'esprit chez le disposant : l'acte peut alors ne plus être regardé comme l'œuvre personnelle du donateur ou du testateur. Les tribunaux font sans cesse application de cette idée : « Attendu, dit un jugement du tribunal de Belfort, que, s'il résulte de nombreux documents que Ménétré était affaibli par l'âge et les maladies, qu'il manquait de mémoire, que ses habitudes n'étaient pas en rapport avec sa position de fortune, il en résulte aussi

(1) Douai, 12 mars 1867 ; Cass., 21 juillet 1868.

qu'il était capable, livré à lui-même, d'avoir une volonté, qu'il avait un degré suffisant de lumière et de discernement pour faire des libéralités de la nature de celles qui sont l'objet du litige ; mais attendu que les mots *sain d'esprit* de l'art. 901 ne signifient pas seulement cette intégrité de jugement qui est exclusive de la démence et de l'imbécillité ; qu'ils veulent dire, de plus, que l'esprit du testateur doit être libre, indépendant et dégagé de pernicieuses influences ; que les auteurs et la jurisprudence sont d'accord pour reconnaître que la captation et la suggestion dans les libéralités, lorsqu'elles ont pour effet de détruire la volonté du disposant, de substituer une volonté étrangère à la sienne, sont une cause de nullité ; que le juge doit, pour apprécier leur portée, tenir compte des facultés morales du donateur, en conséquence annule, etc. (1). »

En pareil cas, les juges peuvent annuler certaines dispositions du testament, et en maintenir certaines autres. Un testateur avait fait des legs à sa gouvernante et à d'autres personnes ; le testament avait été annulé en entier le 10 juin 1868 par le tribunal de Nîmes. En appel, la Cour avait maintenu l'annulation des dispositions faites au profit de la gouvernante et d'une autre personne : « Attendu qu'il était évident qu'elles étaient le résultat de la captation et que le testateur, en les faisant, n'avait pas toute la liberté et toute la sanité d'esprit que la loi exige pour la validité des actes de dernière vo-

(1) *Gaz. des Tribunaux* du 13 février 1862. — Voy. aussi un arrêt de la Cour de Paris du 18 août 1843, et un arrêt de la Cour de cassation du 8 février 1869.

lonté. » Mais elle avait déclaré valable un autre legs, « attendu qu'il ne résultait pas de l'enquête qu'il fût le résultat de manœuvres ; qu'il était établi au contraire que le défunt avait pour le jeune homme qu'il avait élevé une affection qui expliquait et justifiait le legs (1). » Sur le pourvoi des héritiers qui soutenaient que le testament devait être annulé pour le tout puisqu'il était jugé que le testateur, au moment de l'acte, n'était pas sain d'esprit, la Cour de cassation s'exprima ainsi : « Attendu que l'arrêt n'est tombé dans aucune contradiction, qu'aux yeux du juge du fait le testateur n'était pas dans un état général et habituel de démence, que l'insanité d'esprit que l'arrêt constate n'était que le résultat du trouble dans lequel le jetaient les manœuvres de la concubine, et qu'en dehors de ces manœuvres sa volonté reprenait sa force, et son esprit sa lucidité... ; que ces appréciations souveraines ne sont pas moins logiques que conformes à l'art. 901. » Le pourvoi fut rejeté (2).

On peut demander l'annulation pour démence d'une donation ou d'un testament, quoiqu'un jugement ait déclaré qu'il n'y avait pas lieu d'interdire le disposant : des faits qui ne seraient pas pertinents pour démontrer l'état habituel de démence nécessaire au prononcé de l'interdiction, peuvent prouver l'état momentané d'altération mentale au moment de la confection de l'acte, ce qui suffirait pour le faire annuler (3).

---

(1) Nîmes, 30 juin 1869.
(2) Cass., 17 juillet 1871.
(3) Bruxelles, 15 juin 1832 ; Cass., 17 mai 1813 ; Cass., 19 déc. 1814 ; Cass., 3 avril 1872 ; Cass., 28 juillet 1874.

Nous avons vu que les engagements contractés par un individu non interdit peuvent être attaqués pour cause de démence, et que la preuve de cette démence sera soumise à des règles différentes suivant que le prétendu aliéné sera vivant ou mort (art. 504). S'il n'existe plus, les juges pourront, afin d'élucider la question, s'aider des circonstances qui ont environné la conclusion de l'acte ; mais ils ne devront chercher dans les allégations accessoires qu'un supplément d'instruction, et c'est l'acte même qui leur fournira la base de leur décision. — Au sujet des circonstances qui doivent guider le juge, la Cour de cassation a rendu le 31 décembre 1866 un arrêt intéressant ; elle a décidé que l'art. 504 *in fine* ne s'appliquait qu'aux actes faits *in commitendo* et non aux actes faits *in omittendo*, et qu'ainsi on ne pouvait attaquer la renonciation tacite résultant du silence prolongé du dément alors qu'il avait le droit de quereller un testament qui lui était préjudiciable : « Attendu qu'il est évident que, dans l'art. 504, les mots *actes par lui faits* ont le même sens que les mots *actes passés* de l'art. 1304, ou *actes souscrits* de l'art. 39 de la loi de 1838 ; que, dans le langage du droit comme dans le langage vulgaire, le mot *acte* indique quelque chose d'actif, de positif, et ne saurait s'étendre au simple silence, à l'inaction, laquelle est précisément le contre-pied de l'acte ou action. » Cette jurisprudence, peut-être un peu étroite, s'appuie sur cette idée qu'on ne pourrait alors trouver les indices de la folie dans un document matériel, dans un *instrumentum*, comme semble l'exiger l'art. 504.

La défense d'admettre d'autres preuves de l'aliénation

mentale que celles résultant de l'acte attaqué, cesse lorsque l'interdiction a été prononcée ou provoquée du vivant de l'auteur de cet acte.

Par interdiction prononcée, il faut entendre une interdiction existant encore au temps du décès : si l'interdiction avait été d'abord prononcée, puis postérieurement levée, les actes accomplis après la mainlevée devraient être régis par l'art. 504 : les motifs qui ont inspiré cet article au législateur se présenteraient alors avec autant d'autorité que si aucune sentence d'interdiction n'avait été rendue. Dans cette hypothèse, autant que dans les cas ordinaires, il importe de prévenir les allégations téméraires contre un individu mort en possession de son état ; et même le fait d'une interdiction autrefois prononcée, encore que la justice en eût donné plus tard mainlevée, stimulerait presque toujours les héritiers désappointés à demander l'annulation d'actes, fort raisonnables en eux-mêmes, que leur auteur n'est plus là pour défendre (1).

Que doit-on entendre par les termes *interdiction provoquée* ? L'interdiction se trouve provoquée par là seule présentation de la requête ; tel est le sens du mot *provoquer* dans l'art 495 ; rien ne peut faire supposer que le législateur lui ait attribué un sens différent dans l'art. 504. Quant à la demande en interdiction qui a été rejetée, suivie de désistement, ou déclarée périmée, il est certain qu'elle est à considérer comme n'ayant jamais été formée : elle ne peut donc servir de point de départ à une action en nullité contre les actes d'un défunt (2).

(1) Lallement, *de la Condition des aliénés* (Paris, 1872), p. 111.
(2) Aubry et Rau, I, p. 524, n° 41 ; Demolombe, VIII, 647.

Si la demande a été abandonnée après le commencement de la procédure, sans qu'il y ait eu désistement
exprès ou péremption prononcée, il appartient aux tribunaux d'apprécier souverainement en fait si la cessation des procédures équivaut à une véritable renonciation (1).

Des divergences se sont élevées entre les auteurs sur le
caractère de la nullité des engagements de l'aliéné non
interdit. Certains auteurs, contrairement à la doctrine
de nos anciens jurisconsultes (2), ne voient dans l'oblité-
ration permanente ou passagère des facultés intellectuelles qu'un défaut de capacité ou un simple vice du
consentement qui n'empêche pas la formation même
du contrat, et qui, faisant seulement obstacle à sa validité, ne donne lieu qu'à une action en nullité, relative
et temporaire, c'est-à-dire ouverte seulement au profit
de l'incapable, susceptible de se couvrir par une ratification, et soumise à la prescription décennale de l'art. 1304.
Cette théorie résulterait, dit-on, des art. 503 et 504 et
surtout de l'art. 39 de la loi du 30 juin 1838 sur les
aliénés, faisant application de l'art. 1304 du Code civil ;
elle s'appuie en outre sur une double considération :
1° il serait choquant qu'une personne actionnée en exécution d'un contrat fût admise à s'y soustraire en prouvant que l'autre partie se trouvait en démence au jour de
cet acte ; 2° l'interdit n'a que dix ans, après la mainlevée
de son interdiction, pour arguer de nullité les actes par
lui passés : on ne saurait concevoir que l'aliéné non in-

(1) Aubry et Rau, *ibid*. Paris, 13 juillet 1808.
(2) Domat, *Lois civiles*, l. I, tit. I, sect. V

terdit fût placé dans une situation plus favorable et affranchi de cette prescription (1).

L'opinion contraire nous paraît préférable, et, à notre avis, la convention conclue avec un individu qui se trouvait alors en état d'aliénation mentale, serait à considérer, non pas comme simplement annulable, mais comme non avenue. Pour nous, en pareil cas, la nullité pourra être invoquée par chacune des parties, et elle ne pourra être couverte ni par une ratification expresse, ni par l'expiration du délai de dix ans. Disons tout de suite que les art. 503 et 504 ne nous semblent pas avoir tranché la question, puisqu'ils s'occupent uniquement des moyens autorisés pour prouver la démence ; quant à la loi de 1838, elle se réfère à des aliénés placés dans une situation spéciale. La difficulté reste donc entière. Peut-on vraiment soutenir que la démence soit un simple vice du consentement ? Ce serait une assertion inexacte en fait et en droit : en fait, car le consentement produit en l'absence de volonté est, non pas amoindri, mais complètement inexistant ; en droit, car les art. 1109 et suivants, qui ont traité des vices du consentement, n'y ont pas compris l'aliénation mentale.

De là deux conséquences. D'abord, puisqu'un des éléments indispensables à la formatiou du contrat a fait défaut, l'insensé n'a pas obligé l'autre partie envers lui plus qu'il ne s'est obligé lui-même envers elle : cette autre partie pourra, aussi bien que l'insensé, se prévaloir de la nullité.

(1) En ce sens, Aubry et Rau, IV, p. 290 ; Larombière, I, art. 1124 ; Lyon, 24 août 1831.

Il est vrai que l'interdit peut seul demander l'annulation de ses actes (art. 1125); mais cette différence se justifie si l'on considère que les tiers ont ou doivent avoir connaissance de l'interdiction par les moyens légaux de publicité, tandis qu'en traitant avec le fou non interdit, ils peuvent être souvent dans l'ignorance de son état mental : il serait bien dur qu'ils ne fussent pas recevables à demander la nullité de la convention, lorsqu'en définitive ils ont été trompés sur la capacité du contractant.

En second lieu, et toujours par suite de cette idée que l'opération juridique intervenue est inexistante, elle ne saurait être consolidée ni par un acte de confirmation exprès, ni par la prescription de l'art. 1304. La confirmation, dont le seul effet est d'effacer les vices à raison desquels une obligation pouvait être attaquée par voie de nullité ou de rescision, suppose que l'obligation à laquelle elle s'applique existe d'après le droit positif, et se trouve seulement soumise à une action en nullité ou en rescision : on ne peut donc confirmer les obligations qui sont à considérer comme non avenues. La prescription de l'art. 1304 s'applique de même aux actions en nullité pour vice de consentement ou pour incapacité légale, et suppose une obligation existante, susceptible de ratification, s'éteignant par l'effet d'un jugement qui en prononce la nullité ou la rescision (art. 1234 et 1338). Objectera-t-on que les actes passés par l'interdit sont soumis à cette prescription décennale? Nous répondrons : peu importe. Par l'interdiction, le législateur a substitué à l'incapacité naturelle résultant de la folie une incapa-

cité artificielle dont il a, à son gré, déterminé les effets.
Tout autre est la situation du fou non interdit que la loi
n'a pas déclaré incapable, mais que la force même des
choses prive de la faculté de consentir. Il n'est pas d'ailleurs très exact de prétendre que l'aliéné non interdit
se trouvera ainsi dans une situation beaucoup plus favorable que l'aliéné interdit. Ce dernier, à la différence de
l'autre, sera soumis à la prescription décennale à partir
de la mainlevée, c'est vrai; mais il fera tomber sans
preuve, et malgré toute preuve, les actes par lui souscrits pendant l'interdiction, tandis que le non-interdit
aura à justifier de son état de démence au moment précis
de la confection de l'acte (1).

Les prétendus contrats passés avec un aliéné, étant radicalement nuls, ne peuvent même servir de base à la
prescription acquisitive de dix à vingt ans établie par les
art. 2265 et suivants, puisque l'une des conditions de
cette prescription, le juste titre, fait alors absolument
défaut. S'ils n'ont pas été suivis d'exécution, la partie
qui demandera cette exécution après un délai plus ou
moins long devra être repoussée. Si au contraire l'exécution a eu lieu, le droit de répétition existe au profit des
deux parties et ne peut être éteint que par la prescription de trente ans. Mais, tandis que l'action existant au
profit de l'aliéné comprendra tout ce que ce dernier
aura remis à l'autre partie, celle-ci ne pourra actionner
l'aliéné que pour les choses encore subsistantes, et pour

(1) En ce sens, Demolombe, XXIV, 81 ; Marcadé, sur l'art. 1108;
Zachariæ, § 343, a, texte et note 9. Cpr. Rennes, 18 août 1828 ; Angers,
1er mars 1845; 13 février 1846.

les choses consommées, jusqu'à concurrence de l'utilité qu'en a retirée l'aliéné.

Le principe d'après lequel le fou ne saurait s'obliger doit être restreint aux cas où un acte personnel et libre serait de sa part nécessaire pour le rendre débiteur. Le fou pourra donc être tenu en vertu d'un quasi-contrat, lorsque l'obligation pourra se former sans que sa volonté ait à intervenir : par exemple, quand ses biens auront été gérés par un tiers. A l'inverse, il ne serait jamais obligé pour avoir géré les affaires d'autrui.

— Que faut-il décider pour les délits et les quasi-délits ? Si l'insensé n'est pas responsable de ses actes au point de vue criminel, la partie lésée peut-elle au moins en poursuivre la réparation civile ?

La réponse à cette question se trouve dans l'analyse même des éléments qui constituent le délit ou le quasi-délit.

Un fait dommageable ne constitue un délit ou un quasi-délit que sous les conditions suivantes :

1° il faut qu'il soit illicite ; 2° il faut qu'il soit imputable à son auteur, c'est-à-dire qu'il puisse être considéré comme le résultat d'une libre détermination de sa part (1).

« On appelle délit, dit Pothier, le fait par lequel une personne, *par dol ou malignité*, cause du dommage ou quelque tort à un autre ; le quasi-délit est le fait par lequel une personne, sans malignité, mais *par une imprudence qui n'est pas excusable*, cause quelque tort à un

____

(1) Aubry et Rau, IV, p. 746 et 747, p. 754,

autre (1). » Il faut donc, dans les deux cas, qu'il y ait eu faute commise pour que le fait produise une obligation à la charge de son auteur.

Cette idée se trouve positivement exprimée par l'art. 1382 : « Tout fait quelconque de l'homme, qui cause à autrui un dommage, oblige celui *par la faute* duquel il est arrivé, à le réparer. »

Eh bien, l'individu qui agit sous l'empire de l'aliénation mentale n'est évidemment coupable d'aucune faute : par suite, il ne saurait être rendu civilement responsable des dommages qu'il a causés pendant sa démence. Dans les rapports entre l'aliéné et la partie lésée, la folie se présente avec tous les caractères d'un cas de force majeure dont chacun doit supporter les résultats fâcheux sans pouvoir en faire tomber la responsabilité sur aucun autre. Certes il peut paraître dur qu'un homme dont la personne a été blessée, la propriété dévastée par un fou, n'ait droit à aucune indemnité : cette considération avait été assez puissante pour déterminer Merlin à admettre la responsabilité civile de l'insensé (2). Mais la doctrine et la jurisprudence sont aujourd'hui d'accord pour repousser une telle théorie. « Les prétendus délits ou quasi-délits commis par un fou sont, dit M. Larombière, des accidents, des malheurs, comme si une bête cause un dommage, comme si une tuile vient à tomber : ainsi s'exprime Ulpien (3). On ne peut légalement s'en prendre ni à la personne ni aux biens de ceux qui en ont été la cause,

---

(1) Pothier, *Oblig.*, n° 116.
(2) Merlin. *Rép.*, v° *Blessé*, § 3, n° 4, et v° *Démence*, § 2, n°s 3 et 4.
(s) L. 5. § 2, D., *Ad legem Aquil.*, 9, 2.

sauf à poursuivre, d'après l'art. 1384, les personnes qui
répondent civilement de leur fait, en leur qualité de
père, mère, tuteur, maître, commettant, artisan, insti-
tuteur, surveillant, ou gardien de l'insensé (art. 475,
n° 7, C. pén.) (1). »

Entre autres décisions judiciaires, la Cour de cassation
a jugé, le 14 avril 1848 ; « que le fait de celui qui était en
démence au temps de l'action n'est pas suceptible d'im-
putation et ne peut entraîner à sa charge ni responsabilité
pénale, ni responsabilité civile. » Le 31 octobre 1853, le
sieur Bernal, embarqué au Havre sur un bateau à vapeur
qui retournait en Amérique, frappa mortellement et sans
aucun motif une des passagères. Les héritiers de la
victime formèrent contre lui une action en dommages-
intérêts ; mais le tribunal du Havre, par jugement du
39 mars 1855, rejeta cette demande : « Attendu que
l'art. 1382, en employant le mot *faute*, indiquait suffisamment qu'il n'avait voulu atteindre que les actes de la
volonté, et qu'il était prouvé que Bernal était en état de
démence (2). »

D'ailleurs un acquittement pour cause de folie, suivant nous, n'empêcherait pas *nécessairement* la condamnation par le tribunal civil. Ainsi que le fait remarquer
un arrêt de la Cour de Paris du 6 juillet 1844, autre chose
est la folie qui empêche d'appliquer la peine, autre
chose est la folie qui empêche de réparer un dommage :

(1) Larombière, *Des oblig.*, V, art. 1382 et 1383, n° 21. Voy. aussi
dans le même sens, Pothier, *Oblig.*, n° 118 ; Aubry et Rau, IV, p. 747 ;
Colmet de Santerre, V, 364 *bis*.

(2) *Gaz. des Trib.*, 1er avril 1855.

« Sans examiner, dit la Cour, si un acte commis dans un état complet et permanent de folie peut donner lieu à des dommages-intérêts, il y a lieu pour le tribunal civil d'en accorder s'il est constant que, bien que le juge criminel n'ait pas trouvé dans l'accusé une volonté assez libre pour encourir la pénalité, il avait cependant conservé une conscience suffisante de ce qu'il faisait en se livrant à des violences, ce qui le rendait passible de conséquences civiles (1). »

Ce principe que nous venons de poser, et d'après lequel l'acte commis en état de démence est un cas de force majeure, produit un certain nombre de conséquences juridiques fort importantes. Elles ont été analysées avec une lucidité remarquable par notre savant maître M. Labbé (2). Ainsi le fou débiteur d'un corps certain est libéré lorsqu'il détruit dans un mouvement de folie l'objet de son obligation, et s'il était tenu, comme vendeur, de livrer l'objet en vertu d'une vente pure et simple, l'acheteur devra néanmoins payer le prix. Si la vente était affectée d'une condition suspensive, l'acheteur ne devra pas le prix, mais ne pourra rien exiger de l'aliéné, son vendeur, alors même que, la condition se réalisant ensuite, il souffrirait un préjudice de l'inexécution du contrat.

Mêmes solutions dans une société à l'égard des associés dont les apports consistent dans la translation de la propriété de corps certains.

Le locateur, devenu fou, détruit la chose louée : le lo-

(1) Briand et Chaudé, *op. cit.*, p. 543.
(2) *Revue critique*, t. 37, p. 109 et suiv.

cataire ne doit plus dès lors les loyers, mais il n'a droit à aucune indemnité. A l'inverse, si le locataire détruisait dans un accès de folie la chose qui lui a été donnée à bail, il n'encourrait pas de responsabilité civile : par exemple, s'il avait allumé un incendie dans la maison dont il est locataire, il n'en répondrait pas, car, en établissant un cas de force majeure, il échapperait à la présomption de faute sur laquelle est fondé l'art. 1733.

Ces principes ont été appliqués avec raison au contrat d'assurance. Un individu avait fait assurer contre l'incendie ses bâtiments le 20 avril 1868. Le 26 mai, il y mettait le feu dans un accès d'aliénation mentale et était enfermé dans un asile. La compagnie d'assurance se refusait à payer le sinistre : que l'assuré, disait-elle, échappe à l'action du ministère public, à raison de sa folie, qu'il n'encoure même aucune responsabilité envers les tiers lésés si le feu s'est communiqué chez eux, c'est là l'application des principes ; mais il ne peut réclamer une indemnité pour l'incendie qu'il a allumé lui-même. La Cour : « Attendu en fait qu'il est établi que X. se trouvait pleinement en état de démence ; attendu en droit que l'assureur contracte l'obligation d'indemniser l'assuré du dommage causé par l'incendie résultant, soit d'un événement fortuit ou d'une force majeure, soit du fait d'un tiers, soit même de la négligence de l'assuré lorsque cette négligence ne constitue pas une faute lourde et telle qu'elle n'aurait pas été commise par un propriétaire non assuré ; qu'aucune faute n'est imputable à celui qui, sous l'empire de la folie, incendie lui-même son immeuble ; que le sinistre, dans ce cas, est le résultat d'une véritable force majeure, puisque celui qui le cause agit sous l'influence d'une force aveugle et qu'il ne peut maîtriser ; que, dès que la force majeure est reconnue, il importe peu qu'elle se réalise par un fait de l'assuré qui n'en a pas conscience, ou qu'elle résulte d'une cause extérieure et étrangère à celui-ci ; que tous les cas de force majeure pouvant déterminer nn sinistre rentrent dans les prévisions du contrat d'assurance par cela même qu'ils ne font pas l'objet d'une exception formelle, » condamna la Compagnie à payer le sinistre (1). Le pourvoi formé contre cet arrêt fut rejeté par la Cour de cassation le 18 janvier 1870 (2).

La même solution devrait être admise s'il s'agissait d'assurance maritime (3). Enfin le suicide de l'assuré sur la vie, accompli sous l'influence de l'aliénation mentale, doit rendre également exigible le capital assuré. Presque toutes les polices d'assurance sur la vie sont rédigées dans l'esprit des considérations qui précèdent. Une clause stipule la résiliation de plein droit du contrat, sans restitution des primes reçues dans le cas où l'assuré se donnerait *volontairement* la mort. Le terme *volontairement* laisse sous l'empire de l'assurance et la mort résultant d'une imprudence, et surtout la mort résultant d'un délire furieux ou d'une monomanie de suicide. Si le contrat se sert du mot *suicide*, le résultat ne saurait être différent, et le suicide volontaire doit seul être regardé comme cause de résiliation de l'assurance. C'est ce

(1) Rouen, 8 juin 1869.
(2) *Journal du Palais*, 1870, p. 241.
(3) Labbé, *loc. cit.*, p. 122.

qui a été jugé avec raison par le tribunal civil de la Seine dans un jugement du 8 août 1854 (1).

Ainsi que nous l'avons dit plus haut, la situation du fou peut être modifiée toutes les fois que cette modification peut se produire sans fait volontaire de sa part. Nous déciderons en conséquence que le fou non interdit reste soumis à la prescription. Telle est la doctrine consacrée par la Cour suprême : « Attendu qu'aux termes de l'art. 2251 la prescription court contre toutes personnes à moins qu'elles ne soient dans quelque exception établie par la loi; que l'art. 2252 ne fait exception qu'en faveur des mineurs et des interdits, exception qui, elle-même, cesse au cas prévu par l'art. 2278; que les termes de l'art. 2252 ne sauraient être étendus aux personnes en état d'imbécillité non frappées d'interdiction, sans porter le plus grave préjudice au mouvement des transactions sociales et à l'intérêt des tiers, impuissants souvent à se créer un autre contradicteur; que cette limitation de l'art. 2252 résulte si nécessairement du texte et de l'esprit de cet article, que la loi du 30 juin 1838, pour suspendre, en faveur des aliénés non interdits renfermés dans la maison destinée à les recevoir, la prescription de dix ans de l'art. 1304, a dû en faire l'objet d'une disposition spéciale dans son art. 39 (2). »

L'aliéné doit subir également les autres déchéances légales résultant de l'expiration de délais déterminés, tels que celui de dix ans pour renouveler une inscription hypothécaire; d'un an pour intenter une action posses-

____

(1) *Gaz. des Trib.*, 10 août 1854.
(2) Cass., 31 décembre 1866.

soire, etc... La jurisprudence a eu occasion d'appliquer cette règle à la déchéance encourue par le bréveté qui, frappé d'aliénation mentale, a négligé de payer l'annuité nécessaire à la conservation du brevet (loi du 5 juillet 1844) (1). Toutefois, nous ne croyons pas devoir soumettre l'insensé aux déchéances qui supposent nécessairement la connaissance d'un fait. Par exemple, la folie suspendra le délai pour intenter l'action en désaveu de paternité (2).

CHAPITRE II

DES ALIÉNÉS INTERDITS.

Dans le langage du droit, le mot *interdiction* désigne un régime spécial organisé par la loi et qui place les individus dans un état d'incapacité, non pas purement naturelle, mais en quelque sorte artificielle ; non pas intermittente, mais continue.

L'interdiction est légale ou judiciaire.

L'interdiction légale résulte *ipso jure* de certaines condamnations criminelles (C. pén., 29, 30 et 31). Nous la laisserons de côté pour nous occuper seulement de l'interdiction judiciaire que les tribunaux civils sont appelés à prononcer dans l'intérêt des individus qui, à raison de la faiblesse ou de l'altération de leurs facultés intellectuelles, sont incapables de gouverner leur personne et de gérer leurs biens.

(1) Cass., 16 mars 1864.
(2) Dijon, 28 juin 1871. Voy. aussi Aubry et Rau, VI, p. 57 et 58.

Le cadre de notre étude étant restreint aux incapacités civiles qui résultent de l'aliénation mentale, deux points seulement nous intéressent dans l'interdiction :

1° Dans quels cas applique-t-on ce régime qui entraîne un état particulier d'incapacité juridique ?

2° En quoi consiste cette incapacité ?

Pour toutes les autres questions, nous renvoyons aux articles du Code civil et aux auteurs qui ont écrit sur la matière.

SECTION I. — Comment l'interdiction peut-elle être prononcée ?

Art. 489 : « Le majeur qui est dans un état habituel d'imbécillité, de démence ou de fureur, doit être interdit, même lorsque cet état présente des intervalles lucides. » Légalement, les causes d'interdiction sont donc l'imbécillité, la démence et la fureur.

Cette nomenclature a été vivement critiquée, et il est certain qu'*au point de vue scientifique* elle laisse beaucoup à désirer. Pour énoncer cette règle que toute personne se trouvant dans un état habituel d'aliénation mentale doit être interdite, il n'était pas besoin d'avoir recours à un essai de classification assez présomptueux et dont les médecins légistes peuvent à bon droit signaler l'insuccès. Les mots *imbécillité*, *démence* et *fureur*, employés par les rédacteurs du Code, correspondent exactement aux locutions qu'on retrouve d'ordinaire dans les textes de la jurisprudence romaine, *mente captus*, *demens*, *furiosus*. Il est donc probable que nos législateurs, s'inspirant des idées antiques, ont cru embrasser dans leur division tous les désordres de l'intelligence et en indiquer les principaux types : en cela, ils se sont doublement trompés. La nomenclature de l'art. 489 est à la fois incomplète et erronée : incomplète, en ce qu'elle laisse de côté plusieurs formes d'aliénation très importantes, telles que la folie lucide et la monomanie, et qui, à prendre les expressions du Code dans leur sens technique, n'ont pas été prévues par la loi ; inexacte, en ce qu'elle paraît considérer la fureur comme une variété de folie, au lieu d'y voir un simple accident, commun à diverses maladies mentales.

Quoi qu'il en soit de ces critiques, et quelque contestable que puisse paraître aux pathologistes la rédaction de l'art. 489, l'essentiel, pour nous, est de pouvoir faire rentrer dans les termes employés par le Code les différentes espèces de folie. Y sommes-nous autorisés ? L'affirmative n'est pas douteuse. Il ne faut pas chercher dans les mots que contient notre article le sens étroit que la nosologie actuelle leur attribue : le législateur les a certainement entendus d'une manière très générale et comme on le ferait dans le langage usuel. L'imbécillité est pour tout le monde la faiblesse d'esprit originelle, du latin *imbecillis*, qui, au plus haut degré, constitue l'idiotisme ; la démence, dans le style courant, est une expression très vague et très large par laquelle on désigne l'abolition complète ou incomplète des facultés intellectuelles. D'après une spirituelle comparaison imaginée par M. Legrand du Saulle, l'imbécile, c'est le pauvre qui n'a jamais rien possédé, le dément, c'est le riche qui a graduellement perdu sa fortune (1). Quant à la

---

(1) Legrand du Saulle, *Étude médico-légale sur l'interdiction des aliénés* (Paris, 1881), p. 9.

fureur, elle comprend toutes les formes aiguës de l'aliénation caractérisées par le délire, l'agitation, la violence. Quelle est l'espèce de folie qui, d'après cette
interprétation, ne pourrait être ramenée dans le cadre
tracé par l'art. 489? L'énumération de la loi ne saurait
être prise à la lettre sous peine d'être reconnue funeste :
interprétée, comme elle doit l'être, d'une façon très
générale, n'a-t-elle pas, à défaut de mérite scientifique,
d'incontestables avantages pour la pratique judiciaire?

Telle est l'opinion des représentants les plus éclairés
de la médecine légale et du droit : « Comme je suis
fermement convaincu, dit M. Tardieu, qu'en matière de
folie plus qu'en aucune autre, il importe de laisser une
très large place à l'appréciation, et toute latitude au juge
de prononcer suivant les particularités du fait, je me
range très franchement à l'opinion formulée avec tant
d'autorité par le savant jurisconsulte M. Demolombe :
les rédacteurs du Code civil n'ont pas eu la prétention
de définir avec une exactitude rigoureusement scientifique les différentes variétés des maladies mentales, et
les expressions un peu vagues qu'ils ont employées et
dont on leur fait un reproche ont, au contraire, peut-être
l'avantage d'être par cela même plus compréhensives et
plus susceptibles d'interprétation et même d'extension
suivant les différentes circonstances (1). »

Que le législateur ait agi ou non dans une intention
aussi formelle, on ne saurait nier le résultat : il a suffisamment exprimé qu'il soumettait à l'interdiction les

(1) Tardieu, *op. cit.*, p. 33 et 34.

formes diverses de l'insanité d'esprit, et il l'a fait dans des termes assez larges pour permettre d'apprécier très librement dans chaque cas particulier l'application qu'il convient de faire des définitions légales.

L'art. 489 ne s'est pas borné à indiquer quelles sont les causes d'interdiction : il exige de plus que ces causes existent *à l'état habituel*. La loi a voulu éliminer par ces mots les cas de troubles passagers de l'intelligence qui se produisent à titre de simple complication ou d'affection secondaire dans une foule de maladies aiguës, cette perturbation accidentelle des facultés et des sentiments que les causes les plus diverses peuvent engendrer, et qui n'est pas la folie. Elle a soigneusement indiqué que celle-ci devait prédominer, opprimer et étouffer la raison, pour qu'une personne majeure fût privée de ses droits et placée dans une condition d'incapacité permanente ; toutefois il n'est pas nécessaire que l'état d'aliénation soit tout à fait continu : il suffit qu'il soit habituel.

Ici encore la formule du Code n'a pas échappé à certains reproches. « Pour quiconque a observé les aliénés, dit Renaudin, le mot *habituel* est trop vague, et permet ou de consacrer les injustices les plus criantes, ou de laisser les familles privées de la protection à laquelle elles ont droit. On sait aujourd'hui très bien qu'il est des délires aigus ou initiaux, d'une guérison facile quand on soumet immédiatement le malade à l'influence d'un traitement rationnel. Une famille peut donc, par une incurie calculée, abandonner la maladie à elle-même, la rendre incurable, et obtenir, après un certain temps, une interdiction fondée sur un état de folie qu'elle a rendu habituel. En vain le malade aura-t-il des intervalles lucides : son séjour au milieu des causes qui entretiennent le mal contribue à rapprocher les accès, et ne lui permet aucune réaction contre la procédure suivie contre lui. L'histoire de plus d'un interdit témoignerait en faveur de la vérité de cette assertion (1). »

On peut répondre à ces critiques que la tâche du législateur était fort délicate : il fallait bien déclarer qu'un accident passager ne peut servir de cause à une interdiction ! Enlever à un homme l'exercice de tous ses droits, le priver du gouvernement de sa personne et de ses biens, lui donner un gardien revêtu d'une autorité presque sans contrôle, remettre son patrimoine entre les mains d'un administrateur qui n'est tenu à rendre aucun compte durant le cours de sa gestion, c'est un pouvoir bien étendu donné aux juges : il importait de proclamer que des motifs graves et pleinement démontrés peuvent seuls permettre de prononcer ainsi la déchéance civile d'un individu. D'autre part, il était périlleux de vouloir préciser quel degré de fréquence et d'intensité devaient avoir les troubles intellectuels pour justifier l'interdiction : on courait le risque de lier les mains aux magistrats dans des cas où la folie, bien qu'intermittente, leur paraîtrait nécessiter néanmoins des mesures protectrices. Le mieux était encore de choisir une locution vague laissant aux tribunaux une grande indépendance d'appréciation : avec le mot *habituel* ils pourront attein-

(1) Renaudin, *Commentaires médico-administratifs sur le service des aliénés.* Paris, 1863, p. 68 et 69.

dre les maladies sérieuses, bien qu'elles n'aient pas encore revêtu la forme chronique ; mais ils devront négliger les accès purement fugitifs qui ne sauraient altérer à titre permanent la capacité civile.

La dernière disposition de l'art. 489 décide formellement que l'interdiction doit être prononcée malgré les intervalles lucides. Dans notre ancien droit, quand le mal était ainsi entrecoupé par des périodes où la raison reparaissait, on trouvait là un obstacle presque invincible à l'interdiction. Il n'en est plus de même aujourd'hui, et les rédacteurs du Code ont tenu à bien s'expliquer sur ce point. Ils avaient présents à la mémoire tous les dangers de l'ancienne législation qui laissait les aliénés pleinement capables pendant leurs intervalles lucides ; ils se rappelaient que de procès, que d'embarras, que de difficultés suscitait une pareille théorie, et ils ont pensé que, s'il est un cas où l'interdiction soit utile, c'est précisément celui où la folie est intermittente : alors en effet les tiers sont exposés à mal juger l'état du malade, et à traiter avec lui, s'imaginant à tort qu'il se trouve dans une période momentanée de bon sens. On a pu le dire avec raison : l'interdiction doit être prononcée, non pas malgré les intervalles lucides, mais plutôt à cause d'eux (1).

Tel est en effet le but et l'immense avantage de l'interdiction : au lieu d'un état indéfini, variable et flottant pour ainsi dire, où le sort des actes serait l'objet de mille controverses entre les parties et de terribles perplexités

____

(1) Ducaurroy, Bonnier et Roustain, I, p. 712.

pour les juges, elle crée une situation fixe, claire, qui ne laissera prise ni aux discussions ni aux incertitudes.

Hâtons-nous de le dire : si ce régime rend la condition juridique de l'aliéné stable et bien définie, il s'élèvera au sujet même de son établissement de graves et fréquentes difficultés. L'analyse rapide des principales formes d'aliénation mentale, que nous avons cherché à faire au début de cette étude, montre qu'on sera souvent en présence d'états intellectuels équivoques, dont il sera malaisé de bien mesurer l'influence sur la capacité effective de l'individu. Cette partie de notre travail, ayant déjà fourni quelques indications sur les différents cas où la raison et la liberté morale se trouvent altérées, nous dispensera de donner encore ici de longues explications sur ce point.

Le premier groupe de maladies mentales, que nous avons vu caractérisé par la faiblesse d'esprit, n'est certainement pas celui qui présentera aux tribunaux les affaires les plus obscures et les plus embarrassantes.

L'*idiotie* se constate par l'examen le plus simple et ne peut faire naître en pratique aucune difficulté. L'*imbécillité* se révèle souvent d'elle-même, et, quand elle est ainsi manifeste, on ne saurait hésiter sur ses conséquences au point de vue qui nous occupe. « L'interdiction, dit M. Tardieu, appliquée à ces êtres incomplets (aux imbéciles), doit être considérée comme une mesure essentiellement protectrice, qui peut leur éviter des chutes déplorables, et préserver leur famille de bien des malheurs, quelquefois même de la honte (1). » Il impor-

____

(1) Tardieu, *op. cit.*, p. 121.

tera seulement de ne pas confondre (ce qui sera parfois assez délicat) les travers de conduite, la bizarrerie ou la débilité du caractère avec les signes d'une atrophie véritable du sens moral et de l'intelligence. En principe, la simple faiblesse d'esprit ne permet pas plus d'interdire un individu que d'annuler ses actes. Tout sera, en pareille hypothèse, une question de proportion. La Cour de cassation a décidé que si des inclinations peu honorables, des mœurs relâchées, la dégradation morale, ne suffisent pas toujours pour faire supposer l'état permanent d'imbécillité, un tribunal a prononcé avec raison l'interdiction lorsqu'il a constaté que le défendeur est atteint d'une faiblesse d'esprit qui le rend incapable d'une volonté libre qui lui soit propre ; qu'il est le jouet de ceux qui l'entourent et quelquefois victime de leur brutalité et de leurs mauvais traitements ; qu'il n'a aucune énergie, cédant à toutes les influences, aux suggestions, aux obsesssions des personnes qui le maîtrisent ; que ses facultés intellectuelles sont tellement énervées qu'il n'est plus accessible à aucun sentiment honorable, et qu'il est incapable de se gouverner lui-même (1).

La *démence* est en général d'une constatation facile, et se dénonce elle-même par des phénomènes peu ambigus : elle doit alors nécessairement entraîner l'interdiction. Mais il est encore ici certaines hypothèses où l'on se trouvera en présence de réelles difficultés, par exemple quand il s'agira de l'affaiblissement intellectuel dé-

____

(1) Cass., 6 décembre 1831. — Voy. aussi une consultation de MM. Parchappe, Grisolle et Tardieu (Tardieu, *op. cit.*, p. 241), et les observations citées par M. Legrand du Saulle, *op. cit.*, p. 25 et suiv.

— 235 —

terminé par l'âge. La vieillesse n'est pas, par elle-même,
une cause d'interdiction : si elle n'amène pas avec elle
un état au moins analogue à la démence, le vieillard
devra échapper aux mesures tutélaires organisées par la
loi. Que faire alors s'il est incapable de bien gérer ses
affaires, s'il est exposé à être trompé par ceux qui l'entourent? La nomination d'un conseil judiciaire sera
possible, mais les héritiers éventuels reculeront peut-être
devant les frais et la publicité de la procédure nécessaire
pour y parvenir. Notre ancien droit avait imaginé et autorisait entre l'incapable et ses héritiers présomptifs certaines conventions, appelées *accords*, qui, tout en donnant à ces derniers le droit d'administrer les biens de
leur auteur, laissaient au vieillard le pouvoir de toucher
tout ou partie de ses revenus (1). Mais il est certain que
notre loi ne permet pas de pareils arrangements et que
la justice ne pourrait pas les homologuer. M. Demolombe
conseille aux parents du vieillard de s'entendre entre eux
et d'administrer sa fortune à titre de gérants d'affaires
sous l'égale et commune responsabilité de chacun d'eux
(art. 1372); mais il avoue lui-même que la doctrine
qu'il propose présente d'inévitables dangers dans le cas
où l'administration des biens devra être confiée à des
collatéraux (2).

Parmi les différentes lésions de l'encéphale qui peuvent exercer une influence sur les facultés intellectuelles,
il en est une qui se manifeste par un symptôme tout à
fait caractéristique : nous voulons parler de l'*aphasie*.

(1) Meslé, *op. cit.*, partie II, chap. XIII, n° 27.
(2) Demolombe, VIII, p. 434.

« L'aphasie, dit Broca, est constituée par la perte de la faculté du langage en général, c'est-à-dire de cette faculté qui nous permet d'établir une relation constante entre une idée et un signe, que ce signe soit un mot, un geste, ou un tracé quelconque. » Le langage peut être atteint soit dans son ensemble, soit dans quelqu'une de ses différentes formes, parole, chant, lecture, écriture, calcul ou dessin, et la perturbation peut être alors plus ou moins profonde. Bourdin parle d'une religieuse qui oublia sa langue naturelle et conserva l'anglais qu'elle avait appris dans sa jeunesse. On connaît l'exemple cité par Trousseau d'une dame qui accueillait ses visiteurs avec les phrases les plus injurieuses et croyait cependant leur adresser des paroles aimables. D'autres enfin ne conservent plus de leur vocabulaire qu'une seule expression : « Je ne sais pas » — « Bonjour, » etc., qu'ils répètent à tout propos.

L'état intellectuel des aphasiques, étudié tour à tour par les auteurs les plus compétents, soumis à diverses reprises à de savantes discussions, est cependant encore très controversé et peu connu. Trois opinions sont en présence dans la science : celle de Broca qui proclame l'intégrité de l'intelligence des aphasiques ; celle de Falret, qui croit à une déchéance intellectuelle relative, mais au maintien d'une somme encore très considérable des facultés de l'esprit ; enfin l'opinion de Trousseau qui déclare beaucoup plus dégradée qu'on ne le pense généralement la raison des aphasiques. Suivant qu'on adopte la doctrine de Trousseau ou celle de Broca, on doit conclure à l'adoption ou au rejet de l'interdiction en cas d'aphasie. Pour M. Tardieu, « l'impossibilité de trouver les mots et d'exprimer sa pensée n'implique pas par elle-même une abolition de l'intelligence et n'est pas de nature à justifier nécessairement et dans tous les cas l'interdiction (1). Mais il est constant qu'une semblable lésion organique et un pareil trouble fonctionnel sont très ordinairement accompagnés d'un affaiblissement marqué de l'intelligence et doivent donner lieu, pour chaque cas particulier, à un examen très attentif en ce qui touche le degré d'altération qu'auraient subi les facultés, et les mesures qui pourraient être applicables suivant les circonstances (2). »

Telle est aussi la théorie soutenue et amplement motivée par M. Legrand du Saulle. S'agit-il d'un malade fortement lésé dans une ou dans plusieurs formes du langage, mais demeuré raisonnable quant à ses actes, quant à ses sympathies ou à ses antipathies ? S'il ne se fait comprendre qu'avec peine, s'il ne communique que difficilement avec ses semblables, on peut admettre pour lui la nécessité d'un conseil judiciaire, qui le guide et le protège ; mais on ne saurait le confondre parmi les déments, les imbéciles et les furieux, et l'on doit s'opposer à son interdiction. Au contraire, si l'aphasique, moins impotent quant au langage, présentait des troubles moraux considérables, manifestait des aversions et des sympathies inexplicables, se laissait dominer par des étrangers, gouverner par des intrigants, il y aurait

_____

(1) Voy. aussi Falret, *Rapport sur un cas d'aphasie* (*Ann. d'hyg. publ. et de méd. lég.*, 2e série, 1869, t. XXI, p. 430).

(2) Tardieu, *op. cit.*, p. 117.

lieu d'invoquer énergiquement l'art. 489 (1). La Cour de
Caen a rendu, le 1ᵉʳ mai 1879, un arrêt d'une très grande
importance qui se prononce en faveur de cette dernière
opinion, et dont la doctrine peut se résumer ainsi :
« L'interdiction, n'ayant été établie que pour remédier
aux maladies mentales, ne doit pas être appliquée aux
maladies physiques. Le juge ne doit donc pas prononcer
l'interdiction de l'individu qui n'est atteint que d'une
paralysie de la langue le mettant dans l'impossibilité de
parler (2). »

La *surdi-mutité* est-elle une cause d'interdiction?
Sacaze, après avoir proposé trois classes de sourds-muets,
fait rentrer dans la première ceux qui n'ont reçu aucune
éducation ; dans la seconde, ceux qui, ayant reçu l'éducation mimique, ne savent pas écrire, et dans la troisième
ceux qui savent lire et écrire. Puis il ajoute qu'il faut
interdire les sourds-muets de la première classe, donner
un conseil judiciaire à ceux de la deuxième, et laisser
l'exercice de leurs droits à ceux de la troisième. Sacaze
essaye de démontrer que non seulement sa doctrine est
conforme aux observations de la science médicale, mais
qu'elle est même consacrée par le Code civil. Aux termes
de l'art. 936, « le sourd-muet qui saura écrire pourra
accepter lui-même ou par un fondé de pouvoirs la donation entre vifs ; s'il ne sait pas écrire, l'acceptation doit
être faite par un curateur nommé à cet effet suivant les
règles établies au titre *de la Minorité, de la Tutelle* et
de l'Émancipation. » Cet article, dit Sacaze, stipule pour

<hr>

(1) Legrand du Saulle, *op. cit.*, p. 204 et suiv.
(2) Voy. l'arrêt rapporté par M. Legrand du Saulle, *op. cit.*, p. 209.

deux classes de sourds-muets, pour celui qui sait écrire et pour celui qui ne sait pas écrire : au premier il reconnaît la plénitude de ses droits ; au second il nomme un curateur. La nomination même d'un curateur indique que, dans l'esprit de la loi, le sourd-muet dont il s'agit en dernier lieu n'est pas dénué de toute instruction ; un curateur ne remplace pas, il assiste l'incapable qui doit donc avoir une volonté personnelle ; c'est donc au sourd-muet doué d'un commencement d'instruction, au sourd-muet intelligent que le Code donne un curateur. L'art. 936 ne s'occupe pas d'une troisième classe de sourds-muets, de ceux qui n'ont reçu aucune espèce d'instruction et qui ne sont même pas initiés au langage mimique. Pourquoi les avoir omis? C'est qu'ils n'ont à exercer par eux-mêmes aucun droit, c'est qu'ils doivent être en état d'interdiction, et que leur tuteur agira pour eux.

Il y a assurément dans cette théorie une distinction très juste, et en fait elle sera souvent appliquée. Le plus souvent le sourd-muet qui n'a aucune espèce d'instruction ni d'éducation mimique différera bien peu de l'idiot et devra être interdit ; celui qui ne saura s'exprimer que par gestes comprendra difficilement les pensées abstraites, ne pourra guère administrer sa fortune et aura besoin d'un conseil judiciaire ; mais ce sera là une appréciation à faire pour chaque cas particulier. La loi n'a pas établi *a priori* de semblables divisions, et l'art. 936 n'est qu'un expédient pour faire profiter le sourd-muet illettré d'une libéralité qui lui serait faite. Telle est du reste l'opinion généralement adoptée (1).

(1) En ce sens, Demolombe, VIII, nᵒˢ 439, 529; Aubry et Rau, I,

Les deux derniers groupes de maladies mentales qui se distinguent, l'un par des impulsions instinctives, l'autre par des conceptions délirantes, feront naître pour l'expert et pour le juge des questions bien plus délicates. L'épilepsie, par exemple, est, au point de vue qui nous intéresse, un sujet plein de difficultés et de périls. A quel moment peut-on dire que les accès ont réellement amené le malade à un état habituel de démence? Jusqu'alors les conditions qu'exige la loi ne sont pas remplies, et l'interdiction n'est pas possible.

L'hystérie est une cause d'interdiction lorsqu'elle a pour résultat d'affaiblir les facultés intellectuelles, d'anéantir la liberté et l'indépendance de la volonté ; de troubler et d'oblitérer la raison au point de placer la personne dans l'état de démence : c'est là une appréciation souveraine des juges du fond (1).

Mais il est certains individus qui font le désespoir des médecins légistes et qui seront pour les tribunaux autant de problèmes : nous voulons parler de ces êtres étranges désignés par M. Tardieu sous le nom très large de dégénérés, d'excentriques, et qui sont atteints de *folie lucide* ou folie des actes. Fils ou descendants de fous épileptiques ou imbéciles, ils ne sont pas eux-mêmes dépourvus d'intelligence, parfois même ils semblent sur quelque point doués de facultés supérieures ; mais ils font tout ou presque tout au rebours des gens sensés, n'apportant dans leurs desseins ni consistance ni décision sérieuse. Com-

p. 511 ; Legrand du Saulle, *op. cit.*, p. 21 et 22 ; Lyon, 14 janvier 1812 ; Rouen, 18 mai 1842.

(1) Cass., 16 août 1875.

ment les distinguer à coup sûr des simples originaux dont le caractère bizarre n'indique pourtant pas une véritable lésion de l'économie cérébrale? Que penser de « ce Diogène de haut étage », cité par le Dr Billod, qui se désaltérait l'été en versant des glaces dans ses bottes et n'ouvrait son parapluie que quand le ciel était pur (1)? Que penser de ces personnes qui s'acharnent après un ennemi improvisé, et dépensent en efforts stériles, pour arriver à un but chimérique, cent fois plus d'intelligence et de peine qu'il ne leur en faudrait pour suivre tranquillement la voie commune et occuper honnêtement leur place dans la société (2)?

Est-on autorisé à les exclure de la vie civile par une sentence d'interdiction? Ce sont peut-être là les hypothèses qui exigeront chez les experts et chez les magistrats le plus de tact et de sagacité. On ne saurait apporter dans des affaires de ce genre trop de circonspection et de réserve : notre jurisprudence l'a bien compris, comme en témoignent plusieurs décisions judiciaires :

« Des erreurs de jugement, même sur les faits les plus graves, des écarts de conduite, quelque répréhensibles qu'ils soient, s'ils ne sont pas le produit de la démence, ne peuvent donner lieu à une interdiction (3). »

« Il n'y a pas lieu d'accueillir une demande en interdiction basée sur des actes attestant de la bizarrerie, de l'imprévoyance, de la prodigalité poussée aux dernières limites, des habitudes résultant d'un défaut de sens moral

____

(1) Billod, *op. cit.*, p. 287.
(2) Tardieu, *op. cit.*, p. 147.
(3) Paris, 30 août 1817.

et de soin de la considération personnelle, mais n'accusant pas une altération des facultés intellectuelles qui constitue la démence ; il en doit être ainsi surtout lorsque le conseil de famille a émis un avis contraire à l'interdiction, et en de telles circonstances l'existence d'un conseil judiciaire déjà nommé est la seule mesure de protection qui puisse être prise (1). »

« Une personne ne peut être interdite sous le seul prétexte qu'elle voudrait contracter un mariage inconvenant, quelle que soit l'inconvenance de cette union (2). »

L'*ivresse*, même passée à l'état d'habitude invétérée, ne saurait par elle seule, et tant qu'elle ne dégénère pas en aliénation mentale, devenir une cause d'interdiction. « Il en est ainsi lors même que, dix années auparavant, le même individu a été enfermé dans une maison d'aliénés, lorsqu'il résulte des faits la preuve que l'aliénation mentale a disparu et que cet individu conserve hors de l'état d'ivresse son intelligence ; qu'il est uniquement affecté d'une habitude invétérée, mais volontaire, d'ivrognerie, avec tous les risques de maladie nouvelle dont l'excès d'un vice pareil menace sa raison (3). »

Le *délire partiel* est-il une cause d'interdiction ? Sacaze a soutenu que tout individu atteint d'une manie partielle et circonscrite doit être nécessairement interdit. Aux yeux de l'éminent jurisconsulte, il n'y a pas d'état mixte dans la liberté morale : cette liberté est ou n'est pas. On doit, selon lui, rejeter comme une vaine hypothèse l'existence

(1) Lyon, 19 juin 1862 (Voy. la *Gaz. des Trib.* du 13 juillet 1862).
(2) Rennes, 2 mars 1825.
(3) Rouen, 18 janvier 1865.

d'un délire qui aurait uniquement son siège dans la lésion d'une seule faculté. Nous avons déjà indiqué cette doctrine quand nous nous sommes occupé des actes faits par un monomane non interdit, et nous avons dit combien elle nous paraissait excessive. Rappelant l'exemple de l'Argien dont parle Horace, qui allait s'asseoir avec un vrai plaisir dans le théâtre vide pour y applaudir des acteurs imaginaires et qui, sauf cette bizarrerie, se comportait comme un homme fort sage, M. Troplong déclare que, sous l'empire de nos lois, l'Argien d'Horace devrait être interdit. Nous ne saurions raisonner sur cette espèce qui nous est imparfaitement connue. Il est au moins permis de révoquer en doute que la folie de l'Argien se soit manifestée d'une manière aussi exclusive et aussi circonscrite. Elle relève vraisemblablement d'un état cérébral sérieusement altéré, et, si le cas se présentait à nous, nous pensons qu'il justifierait peut-être soit l'application de l'interdiction, soit la dation d'un conseil judiciaire. Mais, en définitive, il nous semble impossible de poser *a priori* une règle formelle sur l'interdiction des monomanes. Les théories absolues n'ont pas, à nos yeux, grande valeur : elles en ont moins que jamais dans la matière qui nous occupe. Quand bien même on adopterait, avec Reid et Condillac, ce principe que l'action de toutes les facultés mentales est simultanée et synthétique, comment pourrait-on admettre qu'une seule idée fausse, venant à s'introduire dans l'intelligence, condamnerait à jamais la raison d'un individu, entraînerait sa déchéance morale et justifierait son incapacité civile? Le bon sens et l'humanité n'accepteraient jamais les déductions de cette logique implacable. Elles seraient

incompatibles avec l'esprit de notre loi. « Si les rédacteurs
du Code, dit M. de Castelnau, avaient eu l'intention d'interdire tout citoyen qui a éprouvé une altération *quel-*
conque de la raison, ils se seraient probablement contentés
de le dire purement et simplement, sans employer plusieurs termes pour exprimer la même idée, et sans donner
de chacun des termes employés une définition différente ;
s'ils sont entrés dans des distinctions sur la forme et le
degré des altérations, c'est que ces distinctions avaient de
l'importance à leurs yeux (1). »

Les juges auront à se poser une seule question : la
personne qu'on prétend atteinte de monomanie est-
elle habituellement dans un état d'esprit tel que la
raison ne soit plus la maîtresse ? Selon la réponse affirmative ou négative, il y aura ou non lieu de prononcer
l'interdiction.

Un jugement du tribunal de Marseille, en date du
15 avril 1862, a expliqué magistralement le rôle qui
convient aux tribunaux dans les affaires de ce genre.

« Attendu, dit-il, qu'en définitive la cause réelle et
unique de l'interdiction, c'est, d'après Demolombe,
l'absence de la raison et du libre arbitre résultant de
l'état des facultés mentales ; qu'à ces causes, la science
a ajouté d'autres variétés des maladies mentales que la
jurisprudence ne saurait ni admettre ni repousser d'une
manière absolue ; que, quels que soient les autres et
nouveaux caractères de la folie qui tendent à élargir le
cercle tracé par l'art. 489, et quelque respect que les

---

(1) H. de Castelnau, *De l'interdiction des aliénés* (Paris, 1860).

juges doivent à ces enseignements de la science, toutefois, c'est au point de vue judiciaire et en égard à l'application à en faire aux actes de la vie civile, que les tribunaux doivent apprécier le raisonnement et les attestations des hommes de l'art ; que la mission des juges n'est pas d'étudier des symptômes cérébraux, de rechercher l'influence de telle ou telle lésion sur les facultés de l'homme, mais de savoir simplement en fait, si, d'après les faits constatés, la personne qu'on veut interdire conserve l'intelligence de ses affaires, une aptitude suffisante pour administrer ses biens et diriger sa personne dans les actes ordinaires de la vie ; qu'au surplus, les deux indications importantes que doit suivre l'esprit du juge pour apprécier ces demandes d'une nature si grave et si délicate sont : 1° l'intérêt privé de la personne et de la famille ; 2° l'intérêt public. »

D'après un arrêt de la Cour de cassation, la démence partielle qui n'affecte pas l'ensemble des facultés intellectuelles est néanmoins une cause d'interdiction alors, qu'elle laisse la personne dont l'interdiction est demandée exposée sans défense aux influences et aux suggestions de quiconque s'attache à flatter ou à surexciter sa manie et promet de la délivrer de ses maux et de ses ennemis imaginaires ; alors surtout que la monomanie de cette personne sortant de l'ordre des conceptions intellectuelles pour se traduire en actes préjudiciables à sa fortune, il importe de la protéger soit contre sa propre aberration, soit contre les abus nouveaux qu'elle pourrait favoriser (1).

(1) Cass., 13 mars 1876 (Dall., 76, 1, 343. Interdiction de la com-

Lorsque dans une première instance en interdiction les faits articulés ont été repoussés comme non concluants, ils peuvent être présentés de nouveau dans une seconde instance avec d'autres faits qu'ils viennent corroborer : le tribunal peut alors en ordonner la preuve sans qu'on puisse opposer l'exception de la chose jugée (1).

Quoiqu'un accusé ait été acquitté par la juridiction criminelle pour cause d'aliénation mentale et que la Cour l'ait mis à la disposition du ministère public pour faire prononcer son interdiction, le tribunal civil n'est pas lié par cet arrêt, et s'il pense qu'il n'y a pas état habituel de démence ou de fureur, il peut refuser l'interdiction (2).

Un arrêt de Cour d'appel, statuant sur une affaire d'interdiction, peut-il être frappé d'un recours en cassation pour violation de l'art. 489 ? Jusqu'où s'étend en cette matière le droit de censure de la Cour suprême ? La question de savoir si un individu est dans cet état habituel d'imbécillité, de démence ou de fureur qui permet son interdiction, est une question de fait, et la Cour de cassation elle-même a déclaré que les tribunaux et les Cours d'appel prononcent à cet égard comme un jury ; seulement, elle se réserve le droit d'apprécier « les conséquences légales des faits déclarés constants et l'application de la loi à ces faits (3). » Peut-être

tesse de S... ; Voy. dans la *Gaz. des Trib.* des 18 et 21 août 1874, 11 et 12 mai 1875, les débats de cette affaire).

(1) Paris, 10 juillet 1876 (*Gaz. des Trib.*, 11 juillet 1876).

(2) Bastia, 2 mai 1827.

(3) Cass., 6 décembre 1831 (Dall., 31, 1, p. 368).

y a-t-il là une distinction qui, en notre espèce, tendrait à dénaturer le rôle de la Cour suprême. Que les causes qui motivent l'interdiction aient été bien ou mal indiquées par le Code civil, il n'en reste pas moins certain que le tribunal de première instance et la Cour d'appel sont seuls compétents pour trancher la question de fait : or, le fait ici, c'est le rapport existant entre les actes d'une intelligence et l'état de cette intelligence elle-même. Comment rechercher si les termes du Code ont été compris dans le sens que le législateur leur a donné sans revenir sur l'examen et la discussion du fait, à savoir sur l'état mental de la personne en cause? En admettant même que la Cour de cassation accepte comme constants les phénomènes qui se sont produits chez l'individu, elle ne pourrait, nous semble-t-il, vérifier si ces phénomènes justifient l'application de l'art. 489, sans se livrer sur les faits à une véritable étude de médecine légale qui ne saurait rentrer dans ses attributions.

Deux arrêts antérieurs avaient décidé, très sagement suivant nous, qu'en l'absence de toute définition légale quelque peu précise des causes pouvant motiver l'interdiction, « c'est aux tribunaux qu'il appartient de statuer souverainement et exclusivement en cette matière, par une appréciation que la loi confie à leur conscience (1). »

Nous venons de voir dans quels cas pathologiques l'interdiction peut être prononcée. Toute personne placée dans un de ces cas peut-elle être interdite, quel

(1) Cass., 29 mai 1822 ; 23 janvier 1828.

que soit d'ailleurs son âge, son sexe ou sa condition?

L'art. 489 ne parle que des *majeurs*, ce qui semble-rait établir que les mineurs, protégés déjà par leur inca-pacité légale, ne sont pas soumis à l'interdiction. Telle était en effet la doctrine admise par le droit romain et par la jurisprudence coutumière. Mais nous ne pensons pas qu'elle nous soit imposée aujourd'hui par la rédac-tion de l'art. 489. Dans l'art. 488 le Code venait d'éta-blir en principe que le majeur était capable de tous les actes de la vie civile ; dans l'article suivant, il a déclaré que cette capacité doit être supprimée en cas de folie : voilà ce qui explique pourquoi il n'a fait mention que des majeurs. Au surplus, l'historique même de notre article démontre qu'on ne saurait en tirer un argument *a contrario*. Dans le projet de Code civil, qui fut sou-mis aux observations des tribunaux, il y avait un arti-cle ainsi conçu : « La provocation en interdiction n'est pas admise contre les mineurs non émancipés, elle l'est contre les mineurs émancipés. » Le Tribunal de cassa-tion protesta contre la première de ces dispositions. Il fit remarquer qu'il pouvait être fort utile d'interdire le mineur, au moins dans la dernière année de la tutelle, pour l'empêcher de ratifier des actes passés lorsqu'il était mineur. Un certain laps de temps s'écoulait en effet entre sa majorité et le jugement qui prononçait l'interdiction. On aurait pu profiter de cet instant de capacité pour le faire agir contre ses intérêts. Sur cette observation, on effaça l'article que nous avons cité plus haut (1). Le Tribunat élabora un article qui devait satis-

(1) Fenet, t. II, p. 96, art. 39,

faire les désirs du Tribunal de cassation, et tout le
monde semblait d'accord pour admettre que le mineur
fût interdit. Si la section de législation du Conseil d'État
n'a pas traduit, dans l'art. 489, cette opinion unanime,
c'est qu'elle a statué sur le *plerumque fit* et que le majeur, dont elle venait de traiter dans l'article précédent,
absorbait, comme nous l'avons déjà dit, toute son attention. Dans l'exposé des motifs de la loi, M. Emmery a
dit formellement : « Il peut arriver qu'une personne
soit en tutelle lors de son interdiction, et alors la tutelle
continue (1). »

Enfin, il résulte de la combinaison des art. 174, 2°,
et 175 du Code civil que l'interdiction devra être provoquée contre le mineur dans un cas (pour faire maintenir une opposition contre son mariage), ce qui suppose bien la possibilité générale de prononcer l'interdiction du mineur.

Peut-on d'ailleurs en méconnaître l'utilité ? Sans
doute, elle serait superflue, au moins pendant le cours
de la tutelle, si l'incapacité du mineur était aussi absolue que l'incapacité de l'interdit ; mais il n'en est rien.
Signalons d'abord deux différences contestées, mais dont
nous nous efforcerons plus loin de démontrer la jus-
tesse : il est hors de doute que le mineur peut se marier, et, quand il a seize ans, tester pour une partie de
ses biens (art. 904) ; or, suivant nous, l'interdit ne peut
ni se marier, ni faire son testament. Ce que tout le
monde reconnaît, c'est que le mineur, pour faire annuler ses engagements, doit établir l'existence d'une lésion

(1) Fenet, t. X, p. 712.

à son préjudice, et que l'interdit, au contraire, pour arriver au même résultat, n'aura qu'un fait à prouver : l'an-
tériorité d'un jugement d'interdiction, encore en vigueur
lorsque les actes ont été passés.

Au reste, fût-il vrai de dire que l'incapacité du mineur
est identique à celle de l'interdit, il serait encore utile
d'interdire un fou pendant sa minorité : car s'il fallait,
pour le mettre en état d'interdiction, attendre qu'il fût
majeur, on aurait (suivant la très juste remarque du tribunal de cassation), entre sa majorité et le jugement
d'interdiction, un intervalle de temps pendant lequel il
pourrait faire des actes aussi préjudiciables à sa famille
qu'à lui-même. Il vaut mieux prendre les devants. De
cette manière, on déconcerte les artifices de ceux qui
n'attendent que le moment de sa majorité pour lui faire
souscrire des engagements ruineux ou pour lui faire ratifier les actes qu'il a faits en minorité (1).

La femme mariée peut être interdite : cette solution
résulte nécessairement de l'art. 506. Il en est de même
de la personne déjà pourvue d'un conseil judiciaire.

Section II. — Quelles conséquences juridiques produit l'interdiction
sur la capacité civile de l'aliéné ?

Nous supposons le jugement d'interdiction prononcé.
Quels vont en être les effets au point de vue spécial qui
nous occupe?

Disons d'abord qu'en vertu de l'art. 509 « l'interdit

(1) En ce sens, Demolombe, VIII, 442; Aubry et Rau, 1, p. 511;
Paris, 15 juin 1857 ; Bourges, 22 décembre 1862.

est assimilé au mineur pour sa personne et pour ses biens : les lois sur la tutelle des mineurs s'appliqueront à la tutelle de l'interdit. » Sauf quelques différences que nous signalons en passant — la tutelle de l'interdit est en principe une tutelle dative ; — le tuteur peut se faire relever de ses fonctions au bout de dix ans ; — les revenus de l'interdit doivent être essentiellement employés à adoucir son sort et accélérer sa guérison ; — pour l'établissement des enfants de l'interdit, le tuteur peut leur constituer une dot en la faisant régler par le conseil de famille et en obtenant l'homologation du tribunal, — l'interdit se trouve placé, quant à la tutelle, dans la même situation que le mineur.

Voilà donc une première protection organisée par la loi en sa faveur. Le tuteur représente l'interdit dans les différents actes de la vie civile qui ne répugnent pas par leur nature à cette représentation : il prend soin de sa personne et administre ses biens.

Mais là n'est pas le seul avantage accordé à l'aliéné par le jugement d'interdiction. Il peut arriver que l'interdit accomplisse seul certains actes juridiques après la sentence, et il est probable qu'il en avait accompli auparavant : la loi permet à l'interdit de les faire tomber facilement, suivant une distinction et d'après des règles que nous allons indiquer.

§ 1. — Des actes passés après le jugement d'interdiction.

Aux termes de l'art. 502, tous les actes passés par l'interdit après le jugement d'interdiction sont *nuls de droit.*

Cette formule de la loi n'est pas très heureuse, et pourrait entraîner une méprise sur le caractère de la nullité dont il est ici question. Le texte semble dire que les actes faits par l'interdit sont à considérer comme non avenus, sont frappés d'une nullité radicale. S'il en était ainsi, cette nullité pourrait être invoquée par toute personne intéressée et ne s'effacerait ni par une ratification ni par le laps de temps. Est-ce là ce qu'a voulu exprimer l'art. 502 ? Évidemment non, car nous trouvons dans les art. 1125 et 1304 la preuve que les actes de l'interdit sont simplement annulables, c'est-à-dire atteints d'une nullité relative et temporaire. L'interdit seul pourra les attaquer (art. 1125) : et encore son action s'éteindra-t-elle, soit par le laps de dix ans à partir de la mainlevée de son interdiction (art. 1304), soit par une confirmation expresse ou tacite émanée de lui depuis cette même époque (art. 1338).

Quel est alors le sens des mots *nuls de droit* que nous avons relevés dans l'art. 502 ? Cette rédaction avait un double but :

1º Elle nous signale quelle différence profonde existera entre l'aliéné non interdit et l'aliéné interdit. Les actes juridiques faits par ce dernier doivent être nécessairement annulés, sans que les tiers intéressés à les faire maintenir soient admis à établir qu'ils ont été passés dans un intervalle lucide.

Tel sera en effet l'immense utilité de l'interdiction : elle crée pour le fou une présomption invincible d'insanité continuelle, ou, pour mieux dire, elle substitue à son incapacité de fait, souvent intermittente et contestable, un état permanent d'incapacité légale. Si un acte a été accompli par l'interdit, au lieu d'examiner sa valeur en se reportant au jour même de sa confection, en s'efforçant de reconstituer l'état mental de son auteur tel qu'il était à ce moment précis, opération très délicate, très incertaine, dont la conduite est si périlleuse et les résultats si peu sûrs, les tribunaux n'auront, pour prononcer sur le sort de cet acte, qu'à comparer sa date et celle de l'interdiction : si la seconde est plus ancienne que la première, la nullité s'imposera. Tel est le principe.

2° L'art. 502 oppose en outre la situation de l'interdit à celle du mineur. Comme nous l'avons déjà indiqué plus haut, le mineur ne peut faire tomber ses actes que s'ils le constituaient en perte (*restituitur non tanquam minor, sed tanquam læsus*) : l'interdit pourra faire annuler les siens sans avoir à prouver la moindre lésion, et en alléguant uniquement sa qualité d'interdit.

Cette théorie législative sur le caractère de la nullité attachée aux actes de l'interdit n'est pas sans soulever de graves objections.

Quand nous nous sommes occupé des actes accomplis par l'aliéné non interdit, nous avons dit que ces actes devaient être regardés comme non existants : nous voyons à présent que, par suite de l'interdiction, les actes d'un aliéné ne sont plus qu'annulables. L'interdiction se trouve donc avoir pour résultat de donner une existence légale, une réalité juridique, à un acte qui, sans elle, serait peut-être un simple fait destitué de tout effet civil, complètement non avenu aux yeux de la loi ! Sans l'in-

terdiction, et si l'acte avait d'ailleurs été passé sous l'empire de l'aliénation mentale, l'aliéné pourrait toujours en
invoquer l'irréparable nullité, le cocontractant lui-même
pourrait en faire proclamer l'inexistence : par l'interdiction, le même acte se trouve transformé, et reçoit en
quelque sorte, sous condition résolutoire, la validité qui lui
manquait; provisoirement il produira les mêmes effets
que s'il était régulier, et si l'aliéné ne le fait pas mettre à
néant dans un certain délai, il acquerra la force et la valeur d'un acte parfaitement correct.

Choqués de ce résultat, certains auteurs ont dit : « On
ne saurait admettre que l'interdiction eût pour conséquence de valider un acte radicalement nul en droit
commun. Aussi, quand il sera prouvé que l'interdit n'a-
vait pas sa raison au moment précis où il a passé cet acte,
il faut de toute nécessité admettre ici une nullité absolue
et perpétuelle. En pareille hypothèse, le tiers qui a contracté avec l'insensé pourra faire tomber la convention, et
l'insensé ne sera plus entravé par la prescription de
l'art. 1304 (1). » Une telle doctrine nous semble absolument contraire aux art. 1125 et 1304, et ce motif seul
suffirait à la faire écarter. En outre, le système de la loi,
qui paraît certainement singulier, peut jusqu'à un certain
point s'expliquer. Les tiers ne pourront pas invoquer la
nullité des conventions conclues par eux avec l'interdit.
Mais la loi a ordonné que la sentence d'interdiction fût
rendue publique (art. 501); toute personne qui traite avec
l'interdit se rend donc coupable d'une grave impru-

____

(1) Marcadé, t. II, art. 504, n° 2.

dence, et n'a pas lieu de nous intéresser beaucoup puisqu'elle devait être informée de la condition juridique de son cocontractant. Il en serait autrement, notons-le bien, si aucune sentence d'interdiction n'avait fait connaître l'état d'esprit de l'aliéné. L'interdit va se trouver soumis à un délai de déchéance qu'il n'aurait pas subi sans son interdiction. C'est vrai, mais cet inconvénient est largement compensé par la simplicité élémentaire de la preuve qu'il aura à fournir pour faire annuler ses actes.

En définitive, l'aliéné a été soustrait par la sentence au régime du droit commun, et placé dans une situation d'incapacité artificielle. Cette situation a été organisée dans son intérêt, et c'est pourquoi lui seul peut s'en prévaloir.

D'autre part, les avantages qu'on lui fait sont immenses, puisqu'il n'a plus à prouver sa folie, et qu'on ne peut pas établir contre lui l'existence des intervalles lucides : on a donc pu sans injustice restreindre à un certain délai l'exercice de cette action qu'on lui rendait si facile (1).

Nous l'avons dit : l'action en nullité qui appartient à l'interdit ou à ses héritiers s'éteint par le laps de dix ans soit à partir de la mainlevée de l'interdiction, soit à compter de la mort de l'interdit. Mais, une fois le délai écoulé, doit-on admettre que l'interdit ou ses héritiers ne puissent plus même opposer la nullité par voie d'exception ? Ne doit-on pas au contraire appliquer ici la

____

(1) En ce sens, Demolombe, VIII, n° 629.

maxime célèbre : « *Quæ temporalia sunt ad agendum, perpetua sunt ad excipiendum* », et permettre à l'interdit ou à ses ayant-cause de refuser l'exécution d'un acte vicieux lors même qu'ils ne peuvent plus prendre l'initiative de le faire annuler? Cette dernière doctrine nous paraît préférable. L'art. 1304 n'établit un délai que contre l'*action* en nullité : mais la nullité peut être invoquée aussi sous forme d'exception, et aucun délai n'est alors fixé pour l'emploi de ce moyen de défense. De droit commun, le défendeur actionné en exécution d'une obligation est toujours à temps pour opposer les vices inhérents à cette obligation.

On a soutenu que la maxime précitée n'avait plus de raison d'être dans notre droit. Si l'exception était perpétuelle à Rome, c'est que, dans la circonstance qui avait surtout donné naissance à ce principe, dans le cas de dol, le débiteur ne pouvait pas prendre les devants pour faire mettre à néant la convention. Ne possédant que son exception, il était obligé d'attendre que son adversaire demandât l'exécution du contrat. Il fallait donc laisser toujours entre ses mains la seule arme dont il pût se servir pour échapper à une injuste attaque : autrement, le créancier aurait laissé s'écouler le délai fatal assigné à l'exception du débiteur, et aurait ensuite intenté son action en toute sécurité. Eh bien, a-t-on dit, aujourd'hui il n'en est plus de même; le débiteur, au lieu de rester sur la défensive, peut réclamer l'annulation de tout contrat vicieux : dès lors, s'il ne prend pas cette initiative, c'est qu'il renonce implicitement à se prévaloir de la nullité. Dans notre espèce, au bout de dix ans, on doit le

tenir comme ratifiant les actes passés en temps d'incapacité (1).

Un tel système se fonde plus sur la théorie que sur
l'examen des faits et sur des considérations pratiques.
S'il est conforme à la logique pure, il manque de pré-
voyance et rendrait souvent illusoire la protection des
incapables. Si le Code l'avait consacré, toute personne
pourrait circonvenir l'insensé, lui faire souscrire un engagement, garder l'acte bien soigneusement caché, laisser s'écouler dix ans après la mainlevée de l'interdiction
ou la mort de l'interdit, et produire ensuite la pièce
constatant sa créance, sans qu'on puisse opposer le
vice dont elle était affectée. L'aliéné qui n'a sans doute
conservé aucun souvenir de l'acte intervenu pendant sa
folie, ou ses héritiers qui n'en ont jamais eu connaissance, se trouveraient ainsi pris dans un véritable piège.
Nous ne saurions croire que le législateur ait consenti à
un pareil résultat (2).

La prononciation de la nullité a pour effet de remettre les parties dans l'état où elles seraient si l'obligation n'avait jamais existé. Si l'obligation n'a pas été exécutée, elle ne le sera pas dans la suite.

Mais si elle a été exécutée, chaque partie se trouve
tenue de restituer tout ce qu'elle a reçu en vertu de l'acte,
principal et accessoires. Il existe pourtant une restriction
concernant l'incapable. Tandis que la personne capable

______

(1) Marcadé, t. IV, art. 1304, 3° ; Colmet de Santerre, V, 265 *bis*,
VI à VIII.

(2) En ce sens, Aubry et Rau, VIII, p. 424 ; Demolombe, XXIX, 136
et 137 ; Cass., 7 janvier 1868.

qui a traité avec l'interdit est obligée par le jugement d'annulation de restituer tout ce qu'elle a reçu en exécution du contrat, le remboursement de ce qu'a reçu l'interdit ne peut être exigé, « à moins qu'il ne soit prouvé que ce qui a été payé a tourné à son profit (art. 1312). »

Si un payement avait été fait à l'interdit en vertu d'une obligation antérieure à l'interdiction, ce paiement ne serait pas valable, et l'interdit pourrait en réclamer un autre, « à moins que le débiteur ne prouvât que la chose payée a tourné au profit du créancier (art. 1241). »

Nous pouvons résumer toute cette théorie en deux propositions :

1° Les actes faits par l'interdit ne sont, en principe, qu'annulables. Lui seul peut les attaquer, et son action est soumise aux règles de l'art. 1304.

2° On ne peut repousser cette action en démontrant que les actes ont été faits dans un intervalle lucide (art. 502).

Mais il nous reste à examiner deux questions très délicates. Ces deux propositions sont-elles absolues ?

Tous les actes de l'interdit sont-ils simplement annulables et régis par les art. 1125 et 1304 ? Tous les actes de l'interdit sont-ils régis par l'art. 502 et doivent-ils tomber, lors même qu'ils auraient été faits pendant un intervalle lucide ? N'y a-t-il pas, à raison de la nature de certains actes, des exceptions à admettre pour l'application de ces règles générales ?

1. *Étendue d'application des articles 1125 et 1304.* — Nous combattions tout à l'heure la doctrine qui permet à toute personne intéressée d'attaquer les actes de l'in-

terdit en prouvant la démence de leur auteur au jour précis de leur accomplissement. Cette théorie ne saurait être acceptée, car elle se heurte à l'art. 1125, et aussi à l'art. 502 qui a voulu trancher au moyen d'une présomption établie à l'avance toutes les difficultés qui auraient pu s'élever sur le point de savoir si l'interdit avait ou n'avait pas sa raison au moment même où il a passé l'acte. Mais si l'on ne doit jamais rechercher l'état d'esprit de l'interdit au moment où l'acte a été fait, n'existe-t-il pas certains actes juridiques qui, en raison de leur nature et par cela seul qu'ils émanent d'un interdit, doivent être regardés comme non avenus?

Des hésitations se sont produites surtout pour trois espèces d'actes :

1° L'acceptation d'une donation ;

2° L'acceptation d'une succession ;

3° Le compromis.

Acceptation d'une donation entre-vifs. — Si, contrairement aux exigences de la loi (art. 935), un interdit accepte lui-même la donation qui lui est faite, cette donation sera-t-elle affectée d'une nullité absolue, et le donateur même sera-t-il recevable à s'en prévaloir? Beaucoup d'auteurs l'ont pensé. L'art. 938, disent-ils, porte que la donation dûment acceptée est parfaite par le seul consentement des parties ; ce qui revient à dire que la donation qui n'a pas été dûment acceptée reste imparfaite malgré le consentement des parties. Or, par ces termes *dûment acceptée,* les rédacteurs du Code ont sans doute entendu une donation acceptée conformément aux règles prescrites dans les art. 934 à 937. Ils sont partis de l'idée que tout ce qui est relatif au mode d'acceptation des donations tient à la forme de ces actes juridiques, ou de ce principe que l'irrévocabilité des donations exige pour leur perfection une acceptation qui lie le donataire aussi bien que le donateur (1). Nous ne saurions, pour notre compte, nous rallier à cette solution. Autre chose est la forme de l'acte, autre chose la capacité des parties. L'acte notarié, avec minute, l'acceptation en termes exprès, voilà les conditions de forme : eh bien, nous les supposons remplies. Que reste-t-il donc ? Une question de capacité personnelle qu'on ne pourrait confondre avec les questions de formes sans méconnaître la vérité des faits et la nature même des choses. Il est vrai que la section qui renferme nos art. 934 et 935 est intitulée : « De la forme des donations entre vifs ». Mais il serait périlleux d'aller chercher des arguments dans la distribution des matièrs du Code civil.

La raison principale qui nous détermine à n'admettre, dans notre hypothèse, qu'une nullité relative, est la suivante : si une donation est radicalement nulle pour avoir été *acceptée* par l'interdit, il devrait en être de même de celle qu'il aurait *consentie* à un tiers. Or personne n'ose prétendre que la donation faite par un incapable est entachée de nullité absolue. Quelle inconséquence n'y aurait-il donc pas à déclarer que l'incapacité du donataire est un vice en quelque sorte constitutionnel, entraînant nullité absolue, et que l'incapacité du donateur est une simple cause de nullité relative ! Il n'y a dans les

_____

(1) Aubry et Rau, VII, p. 61 et 62 ; Demante, IV, n° 73 *bis* ; Cass., 14 juillet 1856.

deux cas qu'une question d'incapacité ordinaire qui doit
être réglée d'après le droit commun de l'art. 1125. A
moins d'une dérogation formelle et précise, les formalités
instituées dans l'intérêt des personnes incapables ne
doivent pas être retournées contre elles (1).

Acceptation d'une succession. — On a soutenu que l'acceptation d'une succession faite par l'interdit lui-même
contrairement aux règles prescrites en pareil cas par le
Code (art. 776) était frappée de nullité absolue (1). Mais
nous ne trouvons même pas, pour appuyer cette décision,
les arguments assez spécieux dont on faisait usage dans la
précédente hypothèse. L'acceptation d'une succession
est un acte qui n'a rien de solennel et où les questions de
forme jouent un rôle bien moins important que dans la
donation ; nous restons donc ici à plus forte raison sous
l'empire des principes de droit commun qui régissent
les actions en nullité. Or quels sont ces principes? Voici
comment les formulent MM. Aubry et Rau : « Les
obligations résultant d'actes juridiques que la loi a soumis dans l'intérêt des mineurs et des interdits à certaines
formalités spéciales sont, en cas d'inobservation de ces
formalités, frappées de nullité: mais cette nullité n'est
que relative. Les nullités de formes ne sont pas des nullités absolues lorsque les formes violées n'ont pas été
établies pour la régularité de l'acte juridique considéré
en lui-même, mais pour garantir d'une manière plus efficace les intérêts des personnes incapables de s'obli-

____

(1) En ce sens, Demolombe, IV, 348 et XX, 219 ; Marcadé, art. 935,
n° 5 ; Larombière, art. 1125, n° 5.

(2) Villey, *Des actes de l'interdit*, p. 93 et suiv.

ger (1). » L'art. 1125 ne doit pas être restreint aux contrats proprement dits : il domine toute la matière de l'incapacité des interdits. Le caractère tout spécial des donations et le formalisme qu'a porté le législateur dans leur réglementation ne nous ont même pas permis de faire une brèche à ces principes : pareille réserve nous est ici commandée plus impérieusement encore.

Compromis. — Un arrêt de la cour de Riom du 2 juillet 1846 avait décidé que le compromis fait par un mineur avec un majeur était frappé d'une nullité absolue dont les deux parties pouvaient se prévaloir. La Cour de cassation cassa l'arrêt (14 février 1849) et n'admit en cette espèce qu'une nullité relative. Cette solution, qui nous semble très juridique, devrait être évidemment appliquée à l'hypothèse du compromis fait avec un interdit. Il est vrai que l'art. 1004 du Code de procédure défend de compromettre sur aucune des contestations qui seraient sujettes à communication au ministère public ; mais précisément, parmi les contestations sujettes à communication, la loi elle-même distingue très explicitement, dans l'art. 83 du même Code, celles qui concernent l'ordre public des causes des mineurs et généralement de toutes celles où l'une des parties est représentée par un curateur. Le compromis passé sur les premiers serait nul d'une nullité absolue ; le compromis passé sur les secondes est nul d'une nullité relative, parce qu'elle ne concerne que l'intérêt privé de l'incapable. Aux termes de l'art. 1125, tout contrat passé par un incapable

(1) Aubry et Rau, IV, p. 250 et 251, note 14.

est entaché d'une nullité relative ; or le compromis n'est qu'un contrat d'une espèce particulière : pourquoi ne serait-il pas soumis au principe qui régit ses semblables (1)?

N'y a-t-il donc aucun acte qui, accompli par l'interdit, soit pour ce seul motif frappé d'une nullité absolue ?

Il en existe un seul, suivant nous : c'est le mariage (2). Nous développerons plus loin cette doctrine qui nous semble résulter des travaux préparatoires. L'art. 146 nous est indiqué comme régissant le mariage des interdits (3) ; or il prononce une nullité absolue que toute personne intéressée pourra faire valoir. Si on nous objecte que l'art. 180 détermine les personnes auxquelles appartient l'action en nullité, nous répondrons que ce texte s'occupe des cas où le consentement a été *vicié*, et non des cas où le consentement a été *nul*. Or, aux yeux de la loi, le consentement donné par l'interdit en cas de mariage est civilement non avenu. Nous chercherons à établir tout à l'heure ces différentes propositions. Les conventions matrimoniales suivront le sort du mariage dont elles sont un accessoire inséparable.

Les actions en nullité des conventions ou autres actes analogues de volonté se prescrivent par dix ans (art. 1304). Le délai de dix ans emporte une véritable prescription admise sur le fondement d'une confirmation présumée.

Ce principe étant posé, voyons dans quelle mesure il convient de l'appliquer aux actions qui pourront appartenir à l'interdit ou à ses héritiers.

(1) En ce sens, Demolombe, IV, 349 ; Larombière, art. 1125, n° 6.
(2) Marcadé, art. 146, I.
(3) Locré, *Lég.*, IV, p. 312, art. 3 ; p. 322, n° 12, *in fine*.

Quoique l'art. 1304 ne mentionne expressément que les actions en nullité ou en rescision de conventions, sa disposition ne doit pas être restreinte aux contrats proprement dits : elle s'applique de même à tous actes de volonté d'où résulte un engagement, une renonciation ou une décharge, et qui, opérant à l'instar d'un contrat lorsque le bénéfice en a été accepté par les intéressés, confèrent à ces derniers des droits irrévocables (1).

Ainsi la prescription de dix ans peut être opposée à l'action en nullité dirigée :

1° Contre un paiement ou une quittance (2) ;

2° Contre l'acceptation ou la répudiation d'une succession (3) ;

3° Contre une donation faite par l'interdit (4).

Notons-le : cette prescription ne peut être opposée qu'aux actions en nullité intentées par le ci-devant interdit ou par ses ayant-cause, et non à celles qui compèteraient à des tiers en leur propre nom : c'est pourquoi l'action en nullité ouverte *aux héritiers* contre un testament fait par leur auteur se prescrit, non par dix ans, mais par trente ans seulement à partir du décès de ce dernier (5).

Suivant MM. Aubry et Rau, il est toute une classe d'actes qui échapperait à l'application des principes généraux que nous venons d'exposer : ce sont les actes relatifs à l'état civil, le mariage, l'adoption, la reconnais-

(1) Aubry et Rau, IV, p. 274 et 275.
(2) Aubry et Rau, *ibid.*; Angers, 27 décembre 1815.
(3) Aubry et Rau, VI, p. 385 ; Grenoble, 6 décembre 1842.
(4) Aubry et Rau, VII, p. 48.
(5) Aubry et Rau, IV, p. 275 et 276 ; Bordeaux, 14 mars 1843.

sance d'enfant naturel. Aux yeux des deux éminents jurisconsultes, tous ces actes auraient été laissés par la loi en dehors des dispositions qu'elle édictait pour réglementer l'incapacité des interdits, et devraient être appréciés d'après l'état intellectuel de leur auteur au jour où ils ont été accomplis : pleinement valables ou absolument nuls, ils ne tomberaient pas plus sous l'application des art. 1125 et 1304 que sous le coup des art. 502 et 504 (1). Nous examinerons plus loin cette assertion. Disons dès à présent qu'elle nous paraît arbitraire et que nous ne voyons pas de raison pour soustraire ainsi l'ensemble des actes concernant l'état civil à la théorie générale des incapacités.

Rappelons toutefois que le mariage de l'interdit est, d'après notre opinion, régi par une disposition exceptionnelle et frappé d'une nullité absolue qui pourra être invoquée en tout temps par toute personne intéressée.

Enfin une question délicate se présente à propos du *partage*. Le partage fait avec un interdit est-il annulable ou reste-t-il valable dans le passé comme provisionnel, l'interdit ayant seulement le droit de réclamer un partage définitif ?

Nous supposons, bien entendu, que l'interdit a été seul en scène et n'a pas été représenté conformément à la loi.

Distinguons deux hypothèses :

1° Si les parties n'ont voulu faire qu'un partage de jouissance, ce partage est entaché d'annulabilité ; l'inter-

____

(1) Aubry et Rau, VI, p. 125, note 1.

dit pourra l'attaquer et conclure à la restitution des fruits perçus par chacun de son côté. Incapable de tous les actes de la vie civile, il ne pouvait pas plus valablement consentir lui-même un partage provisionnel qu'un partage définitif. Tous les cohéritiers peuvent d'ailleurs en pareil cas demander le partage de la propriété.

2° Si les parties ont entendu faire un partage définitif, quel sera le sort de cet acte? On est généralement d'accord pour déclarer que le partage est alors définitif à l'égard des cohéritiers maîtres de leurs droits ; mais, à l'égard de l'interdit, vaut-il comme provisionnel ou bien est-ce un partage définitif entaché d'annulabilité? Certes l'interdit peut obtenir un partage nouveau : mais le moyen à prendre pour parvenir à ce résultat est-il l'annulation du partage précédent ou l'exercice d'une simple action en partage définitif? La question est importante, car, si l'interdit jouit seulement d'une action en partage définitif, le premier partage restant valable comme provisionnel, l'interdit ne pourra demander la mise en commun des fruits qui auront été recueillis de part et d'autre : en revanche, son action durera trente ans.

Cette seconde doctrine a été soutenue: on a dit qu'en vertu de l'art. 840 le partage fait avec un interdit était *provisionnel* — et non pas annulable, — et que l'incapable avait dès lors un seul droit : celui de réclamer le partage définitif. L'art. 840 créerait donc une dérogation au principe général en vertu duquel l'interdit peut demander la nullité de tous ses actes (art. 1125). C'est, croyons-nous, exagérer le sens et la portée de l'art. 840.

Cet article nous semble bien (il le dit lui-même) avoir statué uniquement pour le cas où le tuteur, le mineur émancipé ou le représentant de l'absent aurait agi sans les *formalités* prescrites, par exemple aurait fait un partage à l'amiable : alors le partage sera provisionnel, mais non pas annulable. Tout autre est le cas où c'est l'interdit même qui a figuré au partage. Comment admettre que ce partage ait, à son égard, une valeur quelconque? Ne serait-ce pas se placer en opposition avec l'art. 1125, et pourquoi l'art. 840 aurait-il introduit cette règle exceptionnelle? Nous ne saurions trop insister sur cette idée qu'il s'agirait ici de reconnaître une exception, et la rédaction même de l'article qu'on invoque nous paraît y répugner.

Nous nous croyons donc autorisé à formuler les trois propositions suivantes:

1° L'interdit ne pourra demander un nouveau partage qu'après avoir fait prononcer l'annulation du premier;

2° Il devra agir à cet effet dans les dix ans à dater du jour où son incapacité aura cessé (art. 1304);

3° Quand l'annulation aura été prononcée, tous les fruits perçus devront être remis dans la masse (1).

Au résumé, le partage fait avec un interdit doit être régi, suivant nous, par les art. 1125 et 1304.

Étendue d'application de l'art. 502. — L'interdit ne peut-il pas accomplir valablement certains actes pendant ses intervalles lucides ?

-----

(1) En ce sens, Duranton, VII, n° 179 ; Demante, III, n° 170 *bis* ; Villey, *des Actes de l'interdit*, p. 95 et suiv. ; *Contra*, Aubry et Rau, VII, p. 543.

La question est relativement nouvelle, et pendant de longues années personne ne se serait avisé de soutenir que l'interdit pût faire, pendant ses intervalles lucides, un acte juridique quelconque. L'art. 502 est formel : « Tous actes passés par l'interdit, postérieurement au jugement d'interdiction, sont nuls de droit. » Les motifs de cette disposition sont bien connus : elle a pour but de couper court aux procès qui s'élevaient sans cesse autrefois alors que, pour apprécier les actes d'un aliéné, même interdit, il fallait reconstituer en quelque sorte rétrospectivement l'état d'esprit de cet individu, tel qu'il était au moment des actes. On aurait vraiment pu dire d'une telle législation : *Tradidit insanum disputationibus.* Il est facile d'imaginer quelles intrigues, quelles convoitises malsaines, quelles discussions passionnées elle favorisait. L'aliéné n'était-il pas interdit ? Jusqu'à preuve contraire, ses actes étaient réputés valables ; on ne pouvait les faire tomber qu'en établissant la folie de leur auteur au jour même de leur date : tâche souvent bien difficile et devant laquelle échouaient maintes fois les héritiers ou l'aliéné lui-même, laissant ainsi aux tiers qui avaient abusé d'une esprit affaibli ou égaré le fruit de leur indélicatesse. Ce résultat était inévitable lorsque le fou n'était pas sous l'empire d'une aliénation habituelle et que le caractère accidentel de sa maladie empêchait de le soumettre à une présomption d'incapacité permanente : il en est encore de même aujourd'hui, et, pour les personnes non interdites, on en est réduit nécessairement à ce travail d'investigation rétroactive qui s'opère au milieu de l'obscurité et à travers mille obstacles.

Mais l'insensé était-il interdit? Avait-on judiciairement constaté son état accoutumé d'aliénation mentale? Il semblait que toute intrigue fût désarmée, toute controverse prévenue. Non pas. L'interdit était bien réputé, jusqu'à preuve contraire, hors d'état de consentir valablement un acte quelconque, mais, en vertu d'une législation traditionnelle, on pouvait détruire la présomption d'incapacité qui le couvrait, et, à l'aide d'une démonstration toujours très aventureuse, faire maintenir ses actes comme accomplis dans une période de raison. La discussion, qu'on avait cru empêcher désormais, reparaissait aussi vive qu'auparavant, et l'on voyait surgir à nouveau ces procès si embarrassants dont la solution, quelle qu'elle fût, était elle-même presque toujours l'objet de violentes contestations.

Le Code a voulu mettre fin à cet état de choses. Un individu est-il bien et dûment convaincu d'être, en fait, incapable de diriger sa personne et ses biens? A la suite d'une minutieuse expertise et d'une longue procédure, a-t-on acquis la certitude que, d'après l'état habituel de son intelligence, il ne saurait plus accomplir valablement les différents actes de la vie civile? Le tribunal, conformément à la loi, le place alors dans une condition fixe et durable d'incapacité complète. Dorénavant, on ne le discutera plus. Il est à l'abri de tous les entraînements par lesquels il pourrait compromettre la dignité de sa famille ou ses intérêts pécuniaires. On ne pourra plus profiter d'une situation intellectuelle toujours au moins bien suspecte, pour obtenir de lui un acte quelconque, mariage, adoption, testament ou contrat, et soutenir ensuite qu'il a donné son consentement en pleine liberté pendant un intervalle de bon sens. Ces débats obscurs et souvent inextricables ont été résolûment écartés à l'avance par le législateur. La condition de l'interdit est bien nette, bien clairement définie, elle est uniforme et continue.

Telles sont les réflexions toutes naturelles que suggère la lecture de l'art. 502 ; le souvenir des précédents historiques, dont les rédacteurs du Code connaissaient et voulaient éviter les inconvénients, vient encore les confirmer.

Nous pensons donc que l'interdit ne peut faire valablement aucun acte pendant ses intervalles lucides.

Suivant nous, il est généralement vrai de dire, même en matière de commentaires juridiques, que le premier mouvement est le bon. Le sens le plus simple, celui qui se présente spontanément à l'esprit après une lecture des textes, non pas superficielle, mais attentive et sérieuse, ce sens-là est, selon toute vraisemblance, conforme à l'intention du législateur. Il y a là, nous semble-t-il, un premier préjugé en faveur de notre intérprétation.

Nous ajouterons qu'elle fut universellement admise par les premiers commentateurs du Code civil, et c'est encore là un argument que nous ne voulons pas dédaigner. Pendant de longues années, tous les jurisconsultes furent d'accord pour attribuer à l'art. 502 un sens absolu, et, placés encore tout près des discussions législatives au milieu desquelles s'était élaboré le Code, ils se trouvaient dans les meilleures conditions pour connaître et exprimer les idées dont il s'était inspiré. Quand, au bout de quarante ans, à force de retourner un texte en tous sens, on finit par lui trouver un aspect que personne n'avait d'abord aperçu, on risque fort d'obéir plus à son imagination qu'à l'évidence même de la vérité.

Nous sommes cependant obligé de convenir que notre doctrine, après avoir longtemps régné sans rivale, tend à perdre beaucoup de son crédit, et qu'une série d'usurpations successives, de la part des auteurs et de la jurisprudence, a considérablement restreint la portée de l'art. 502. Si nous osons nous servir de ce mot, l'ancienne interprétation se trouve aujourd'hui un peu démodée, et un nouveau système, dont les partisans offrent d'ailleurs le spectacle d'une singulière discorde, s'élève en invoquant des raisons de sentiment et d'humanité auxquelles il s'efforce de donner un caractère juridique. Examinons donc les prétentions de nos adversaires; nous espérons ensuite les réfuter, et démontrer que l'explication primitive de l'art. 502, pour être plus conforme aux textes et aussi, suivant nous, à l'intention du législateur, n'est pas autant qu'on veut bien le dire contraire à la raison et à l'équité.

La jurisprudence donna la première le signal des dérogations au principe de l'incapacité générale des interdits. Choquée de cette déchéance complète qui privait l'aliéné de ses droits les plus chers et les plus précieux alors même qu'il était, en fait, capable de les exercer, elle lui concéda la faculté de reconnaître un enfant

naturel (1), et de se marier (2) pendant un intervalle
lucide. La Cour suprême prêta à cette dernière décision
l'appui de sa haute autorité (3).

Enfin une théorie se forma qui voulut généraliser ces
exceptions et en faire une règle nouvelle auprès de la règle déjà posée par l'art. 502.

Cette proposition peut être énoncée en ces termes :
« L'interdit est, pendant les intervalles lucides, capable
d'accomplir tous les actes pour lesquels il ne peut être
représenté par son tuteur. »

Voici les arguments principaux sur lesquels s'appuient
les défenseurs de cette opinion :

1° La science constate les intervalles lucides, le Code
lui-même en admet l'existence (art. 489). Pendant ces
intervalles, l'interdit est naturellement capable de consentir. Que la loi ne tienne pas compte de ce consentement pour les actes dans lesquels son tuteur le représente, on le comprend : l'interdit continue à jouir de
ses droits, l'exercice seul en passe au tuteur. Mais, pour
les actes qui n'admettent pas la représentation, décider
que l'interdit ne peut les accomplir, c'est décider qu'ils
ne pourront pas être accomplis du tout ; c'est priver à la
fois l'interdit de l'*exercice* et de la *jouissance* de certains
droits ; c'est éteindre en sa personne des droits qui sont
précisément ceux auxquels il doit tenir le plus : par
exemple, c'est l'empêcher de se marier, d'adopter ou de
reconnaître un enfant, de faire son testament ; c'est

(1) Caen, 29 janvier 1843.
(2) Caen, *ibid*.
(3) Cass., 12 novembre 1844.

transformer l'interdiction, mesure essentiellement protectrice, en une véritable mesure pénale, et rétablir en
quelque sorte la mort civile.

2° La rédaction de l'art. 502 qui paraît imposer à l'interdit une incapacité générale et continuelle n'a réellement pas la portée qu'on lui attribue. Comment s'exprime ce texte? « *Tous actes*, dit-il, passés après le
jugement par l'interdit ou sans l'assistance du conseil
seront nuls de droit. » Il est question de tous actes passés
par l'interdit, puis de tous actes passés par la personne
pourvue d'un conseil judiciaire sans l'assistance de ce
conseil. Évidemment, dans le second cas, les mots *tous
actes* sont pris dans un sens restreint : il s'agit des actes
énumérés en l'art. 499 qui ne peuvent être faits sans
l'assistance du conseil. Appliqués à l'interdit, ces mêmes
termes peuvent avoir une signification plus étendue,
mais rien ne fait croire que cette signification, restreinte
dans la seconde partie de la phrase, soit absolue dans la
première. Il faut donc chercher ailleurs l'explication des
mots *tous actes*.

L'art. 509 peut nous aider à la découvrir : « L'interdit
est assimilé au mineur, dit-il, pour sa personne et pour
ses biens ; les lois sur la tutelle des mineurs s'appliqueront à la tutelle des interdits. » Sans doute il ne faudrait
pas conclure de là que la capacité de l'interdit est identique à la capacité du mineur. L'art. 509 doit être ainsi
entendu : l'interdit est assimilé au mineur pour sa personne et pour ses biens *en ce sens* que les lois sur la tutelle des mineurs s'appliqueront à la tutelle des interdits.
Mais, dans cette mesure, l'assimilation est incontestable.

Il y a donc lieu d'appliquer au tuteur de l'interdit l'art. 450 du Code civil : or, que porte cet article? « Le tuteur prendra soin de la personne du mineur et le représentera dans tous les actes civils. » On le voit : les art. 502 et 450 se servent absolument des mêmes termes. Eh bien, tout le monde reconnaît que ces mots *tous les actes* ne doivent s'entendre, dans l'art. 450, que des actes pour lesquels le mineur peut être représenté par son tuteur, et qu'ils ne s'appliquent pas à certains actes d'un ordre particulier qui n'admettent pas de représentation : l'indivisible corrélation qui existe entre cet article et l'art. 502 exige que, dans cette dernière disposition, les mêmes mots soient interprétés de la même manière.

3° Il a toujours été de tradition que, pendant ses intervalles lucides, l'aliéné recouvrât sa capacité, au moins pour accomplir les actes essentiellement personnels comme le mariage ou le testament : les législations antérieures ont en effet toujours compris la nécessité de ne pas retourner contre le fou lui-même la protection qu'elles lui accordaient, et de ne point paralyser en sa personne la jouissance des droits qu'il était en fait capable d'exercer.

Tels sont les arguments généraux au moyen desquels on cherche à établir la théorie nouvelle que nous avons signalée (1). Nous verrons tout à l'heure qu'on s'efforce de trouver, à propos des différents actes personnels, des raisons spéciales permettant à l'interdit de les accomplir

_____

(1) Demolombe, VIII, 633 à 648; Villey, *op. cit.*, p. 125 et suiv.

valablement pendant ses intervalles lucides, et nous constaterons alors que certains de nos adversaires, effrayés des conséquences où les entraîne la logique, créent eux-mêmes des exceptions à la règle qu'ils viennent de poser.

Mais disons d'abord pourquoi la formule dogmatique qu'on prétend élever à côté de l'art. 502 ne nous paraît pas acceptable. Nous répondrons successivement aux trois arguments qu'on a invoqués en sa faveur :

1° Il est, dit-on, certains droits dont vous ne pouvez enlever l'*exercice* à l'interdit sans lui en retirer par là même la *jouissance*. Or la règle est formelle (art. 8) : « *Tout Français jouit des droits civils.* » Une condamnation pénale peut seule mutiler sa capacité.

N'y a-t-il pas là une véritable pétition de principes ? La question est justement de savoir si la loi elle-même n'a pas diminué en certains cas cette jouissance de droits civils que l'art 8 reconnaît à tout Français. Or, nous avons un texte formel, l'art. 502, qui a suspendu pour les interdits l'exercice de tous les droits civils, sans excepter ceux dont la jouissance deviendrait dès lors impossible. Faut-il s'en étonner et regretter avec nos contradicteurs que la loi ait ainsi éteint chez l'interdit les droits auxquels il devait tenir le plus ? A cette question, nous ferons deux réponses.

Tout le monde convient que l'interdit, fût-il millionnaire, ne touchera pas un sou de ses revenus, qu'il ne pourra acheter le moindre objet, car son tuteur refusera d'acquitter la dépense. Dans le langage juridique, il jouit de ces derniers droits, mais il est privé de la jouissance de fait, et cette privation lui sera souvent plus sensible que la privation du droit d'adopter ou de tester.

Mais nous voulons que ces droits dont on nous parle soient pour l'interdit les plus chers et les plus précieux! Nous ajouterons alors qu'ils sont aussi les plus périlleux, et, loin d'être surpris que le législateur en ait dépouillé provisoirement l'aliéné, nous dirons qu'il a donné par là une grande preuve de sagesse. Quoi de plus grave, de plus compromettant pour l'interdit qu'un mariage, une adoption, une reconnaissance d'enfant naturel, une donation, un testament? Comment! on reconnaît que l'incapacité de l'interdit est permanente à ce point qu'il ne pourrait faire le plus petit acte d'administration même pendant ses intervalles lucides, et la loi lui permettrait de faire des actes beaucoup plus importants, de se marier par exemple et de disposer de ses biens à titre gratuit! « On arriverait ainsi, dit très justement Marcadé, à ce résultat curieux que la loi, pour protéger l'interdit, l'empêche de vendre son bien, de l'échanger, de le louer même, dans la crainte qu'il ne fasse de mauvais marchés, mais ne l'empêche pas de le donner! » De même encore, il ne peut constituer une rente viagère de 100 francs ; mais il serait libre d'adopter quelqu'un et de lui conférer ainsi vocation héréditaire à l'ensemble de son patrimoine!

Il est vrai que, dans notre système, les différents actes personnels seront pour l'interdit tout à fait impossibles. Mais n'est-ce pas fort heureux? Nous ne saisissons pas bien comment l'interdiction pourra devenir une véritable *mesure pénale* parce qu'elle garantira complètement l'insensé contre ses propres égarements. A ce compte, il

.faudrait qualifier aussi de mesures pénales l'institution de la réserve en matière de donation et testaments, et toutes les dispositions légales qui restreignent la capacité du mineur! Ne l'oublions jamais : nous avons affaire à un homme chez qui l'on a reconnu *un état habituel d'aliénation mentale*, et il a lui-même le plus grand intérêt à être mis en garde contre des actes de la plus haute importance, qu'il pourrait accomplir sans la liberté d'esprit voulue et dont il se repentirait cruellement plus tard.

Nous ne contestons pas qu'il y ait, en fait, des intervalles lucides dans les maladies mentales; mais, quoi qu'on en puisse dire, ils seront toujours d'une appréciation très délicate : spécialement, chez les personnes atteintes d'une folie *habituelle*, il seront à la fois exceptionnels et incertains, et à ce double titre le Code a pu les négliger pour protéger l'interdit d'une façon plus étroite et plus sûre.

De deux choses l'une. Ou bien on remarque chez un individu sujet à des accès d'aliénation, de longues et incontestables périodes de santé, et alors on ne le soumettra pas à l'interdiction ; voici comment s'exprime sur ce point M. Tardieu : « S'il fallait entendre par intervalles lucides les rémissions franches, les intervalles de retour à la raison, les intermittences parfois périodiques qui marquent certaines formes de la folie, la question ne serait pas difficile à résoudre, car il est clair que *jamais* un médecin ne conclura à la nécessité d'interdire un individu qui, entre deux attaques de la plus cruelle maladie, retrouve toute la rectitude de son jugement, la parfaite sanité de son esprit, l'entière conscience de ses actes (1). »

Ou bien au contraire un individu est presque toujours privé de l'usage de son intelligence ou de sa volonté ; alors on l'interdira, et quant aux lueurs, quant aux éclairs de raison qui peuvent se manifester chez lui, la loi fait bien de n'en pas tenir compte, car leur constatation serait périlleuse et compromettrait gravement le régime protecteur que l'interdiction a créé pour l'aliéné. Rien n'est plus contestable que l'existence d'un intervalle lucide chez un tel malade : ainsi pour le monomane, voici ce que dit M. le docteur Billod : « Il existe, c'est vrai, des intervalles pendant lesquels l'aliéné cesse de se révéler comme aliéné, pendant lesquels il n'exprime aucune conception délirante. Mais il convient de se demander si le délire pendant ce temps cesse d'exister, si le malade a reconnu l'erreur de ses conceptions. Il est bien évident pour tout le monde qu'il n'en est rien. Il y a lucidité sans doute, mais elle est intercurrente, elle coexiste avec le délire qui, pendant certains intervalles, reste intérieur. Il ne serait pas plus exact de dire que le monomane cesse d'être monomane dans ces intervalles que de soutenir qu'un mathématicien cesse d'être mathématicien quand il ne fait pas de mathématiques (2). » En présence des conditions pathologiques où se trouve alors le fou, on ne peut admettre que la validité ou l'invalidité de ses actes soit laissée à la merci de preuves plus ou moins équivoques, de témoins plus ou moins sincères.

(1) Tardieu, *op. cit.*, p. 35 et 36.
(2) Billod, *op. cit.*, p. 288,

2° Sentant combien le texte de l'art. 502 nous était favorable, nos adversaires par un ingénieux détour ont cherché à éviter l'argument qu'il nous fournissait : nous ne pensons pas qu'ils y aient réussi.

Si les mots *tous actes*, appliqués à l'individu pourvu d'un conseil judiciaire, n'ont pas un sens absolu, ce n'est pas une raison pour que les mêmes mots appliqués à l'interdit doivent être aussi entendus dans un sens restreint. Quelle est la signification naturelle de ces expressions : *tous actes?* Il est à peine besoin de l'indiquer, elle est générale et sans restrictions. Comment expliquer que le législateur ait employé cette formule qui ne convenait pas également aux deux cas qu'il prévoyait? L'histoire va nous l'apprendre. L'art. 502, dans sa rédaction primitive, ne s'occupait que de l'interdit et portait simplement : Tous actes passés postérieurement à l'interdiction par l'interdit seront nuls de plein droit. Sur la demande du Tribunat, on inséra dans notre article une disposition relative aux actes de l'individu pourvu d'un conseil judiciaire; mais la formule première ne fut pas modifiée. Au résumé, elle subsiste, quant aux actes de l'interdit, avec son autorité, avec sa portée originelles; c'est elle qui s'était présentée spontanément à l'esprit du législateur quand il s'était agi de statuer sur la capacité civile de l'interdit : c'est elle qui nous indique le principe adopté en cette matière par le Code civil (1). Les termes de l'art. 502 doivent donc être pris dans leur sens naturel : en ce qui concerne la personne pourvue d'un conseil

______

(1) Aubry et Rau, VII, p. 14 et 15, note 6.

judiciaire, l'art. 499 a, il est vrai, déterminé limitativement quels étaient *tous ces actes* auxquels la nullité s'appliquait ; mais, pour ce qui regarde l'interdit, le Code
n'a rien fait de pareil, et, en l'absence de toute restriction, le texte doit conserver son entière portée.

Quant à vouloir éclairer l'art. 502 par l'art. 450, c'est
ce qui nous paraît singulièrement arbitraire, et c'est aller
chercher bien loin une explication qui ne nous semble
pas exiger tant d'efforts. L'art. 450 s'occupe des fonctions
du tuteur ; l'art. 502 de la capacité des interdits : nous ne
saurions donc voir entre ces deux dispositions légales la
corrélation qu'on a prétendu trouver. D'ailleurs, la loi a-
t-elle jamais mis en vedette comme elle l'a fait pour l'interdit ce principe formel : « Tous actes passés par le
mineur seront nuls de droit? » Voilà dans quel cas une
assimilation avec le mineur aurait pu être faite par les
commentateurs ; dans l'état actuel de choses, cette assimilation doit être restreinte aux règles concernant la
délation et l'administration de la tutelle : et encore serait-il facile de montrer que l'identité est loin d'être
complète.

Au surplus, l'exposé des motifs fait au Corps législatif
par le conseiller d'État Emmery, dans la séance du 28
vendémiaire an XI, ne laisse pas de doute sur l'intention
du législateur. On peut en juger par les passages suivants : « L'interdiction et la nomination d'un conseil
produisent leur effet à l'égard des tiers du jour du jugement. Tous actes postérieurs passés par l'interdit sont
nuls de droit ; il en est de même de ceux qu'il est défendu
de faire sans l'assistance d'un conseil si la défense n'a pas

été respectée... — Vous apercevrez, législateurs, la différence notable qui existe entre l'interdiction absolue et le simple assujettissement à prendre dans certains cas spécifiés l'avis d'un conseil. Ceux auxquels on donne un conseil ne sont pas incapables des actes de la vie civile ; mais en général ils sont habiles à contracter, ils peuvent se marier, ils peuvent faire un testament, *ce que ne peuvent pas les interdits pour cause d'imbécillité, de démence ou de fureur* (1). »

Peut-on nous objecter, comme on a coutume de le faire pour tous les arguments tirés des travaux préparatoires, que ces paroles étaient simplement l'expression d'un avis personnel ? Évidemment non. Emmery déposait, comme représentant du gouvernement, un exposé de motifs adopté au Conseil d'État ; c'est sur cet exposé que le Corps législatif a voté le projet de loi qui forme au Code civil le titre XI du livre Ier : le langage officiel d'Emmery est donc le commentaire le plus autorisé des textes relatifs à l'interdiction. Or il nous indique, sans qu'on puisse s'y méprendre, ce que la loi a voulu dire : n'est-ce pas précisément ce qu'elle a dit en réalité, et ses intentions dès lors bien démontrées pouvaient-elles se traduire dans une formule plus claire et plus impérative pour établir l'incapacité générale et permanente de l'interdit ?

3° Quant à l'argument tiré par nos adversaires des précédents historiques, il ne saurait nous arrêter bien longtemps ; en effet, le droit romain et l'ancien droit français fournissent plus d'armes contre le système que

____

(1) Locré, VII, p. 354 et suiv,

nous combattons que contre le nôtre. A Rome, il n'y avait pas d'interdiction pour les insensés : le fou était incapable de tous les actes pendant sa folie, pleinement capable de tous les actes pendant ses intervalles lucides. De même l'interdiction de notre ancien droit ne supprimait pas la capacité de l'interdit pendant ses intermittences de raison. Est-ce à dire que le Code ait suivi ces errements ? Personne n'a jamais osé le soutenir, tout le monde s'accorde à penser au contraire qu'il a voulu par l'interdiction telle qu'il l'organisait rompre avec le passé et mettre fin aux discussions sur la survenance des intervalles lucides. L'interdiction a pour but d'empêcher tout procès sur l'état intellectuel de la personne bien et dûment convaincue d'aliénation mentale habituelle ; quant aux intervalles lucides, si la loi en admet la possibilité effective, elle n'en tient juridiquement aucun compte. C'est ce qui résulte de l'art. 489 et des paroles par lesquelles l'orateur du Tribunat justifiait cette disposition :

« Les lueurs équivoques de la raison, qui reparaissent quelquefois chez les insensés et les furieux, n'étaient pas un motif suffisant pour modifier l'interdiction ou pour en interrompre la continuité. » (Discours du tribun Tarrible au Corps législatif.) — Ainsi donc, à la différence des législations antérieures, notre Code a élevé pour l'interdit une présomption légale d'incapacité contre laquelle la preuve contraire n'est pas admise (art. 1352). En présence de ce principe, comment oser diviser les actes de l'interdit en deux classes : les uns pour lesquels la preuve des intervalles lucides serait possible, les autres pour lesquels cette preuve serait non recevable ?

Dira-t-on que la présomption établie par la loi va se trouver, dans notre doctrine, retournée contre l'interdit lui-même, et que c'est là un résultat condamné par toutes les traditions? Nous avons déjà répondu que cette présomption invincible nous semblait au contraire fort utile à la sauvegarde de l'aliéné : elle est précisément un des avantages du régime nouveau organisé par la loi, et, en permettant de la détruire pour des actes d'une importance capitale, on rendrait souvent illusoire la protection qu'on a voulu accorder à l'interdit.

Nous venons de voir par quels arguments généraux nos contradicteurs essayent d'établir une grande distinction entre les actes personnels et ceux que peut faire le tuteur, et nous croyons avoir répondu à ces arguments d'ensemble. Mais nos adversaires ne s'en tiennent pas là ; ils prétendent trouver, à propos des différents actes rebelles à toute représentation, des motifs particuliers de décider en leur faveur. Nous verrons du reste qu'ils ne sont pas d'accord sur tous les points, et que plusieurs reculent devant telle conséquence logique de leur théorie.

D'autre part, certains auteurs qui n'acceptent pas comme un principe la distinction de M. Demolombe ont admis à notre doctrine absolue quelques dérogations.

Examinons donc les raisons spéciales que l'on fait valoir au sujet des divers actes personnels pour les permettre à l'interdit : nous espérons montrer qu'en les prenant ainsi un à un, on n'y peut vraiment trouver aucune exception juridiquement démontrée à la règle de l'incapacité générale et continue.

Il est d'abord trois actes pour lesquels le système de la capacité intermittente paraît avoir plus de succès que pour tous autres : nous voulons parler du mariage, de la reconnaissance d'enfant naturel et de l'adoption. Sans même proclamer la règle dogmatique de nos adversaires, on a soutenu que ces actes étaient possibles pendant les intervalles lucides, à titre tout exceptionnel et pour des raisons toutes particulières.

Mariage. — Le mariage est peut-être l'acte à propos duquel nos contradicteurs ont trouvé les arguments les plus spécieux ; et cela est si vrai que la jurisprudence et certains auteurs, tout en répudiant la formule générale qui permet les actes personnels à l'interdit, ont cru devoir autoriser le mariage de l'interdit pendant ses intervalles lucides. Les motifs qu'on a fait valoir en ce sens sont-ils donc irréfutables ? Nous ne le pensons pas.

1° On dit d'abord que le titre *du Mariage* forme un tout se suffisant à lui-même et n'ayant rien à emprunter aux autres parties du Code. Ce titre est muet sur le mariage de l'interdit. Seul l'art. 146 a décidé : « Il n'y a pas de mariage lorsqu'il n'y a pas de consentement. » *A contrario,* lorsqu'il y a consentement exprimé par l'interdit pendant un intervalle lucide, il y a mariage valable.

En admettant qu'il n'existe au titre *du Mariage* aucun texte qui frappe de nullité l'union contractée par l'interdit à raison de son interdiction seule, est-il absolument certain que nous ne puissions chercher ailleurs l'existence d'une telle disposition ? Et si un article du Code, sans viser tout spécialement le mariage, s'exprime dans des termes tels que cet acte s'y trouve compris, devons-nous négliger ce texte uniquement parce qu'il ne figure pas au titre *du Mariage* et qu'il ne s'applique pas exclusivement *au mariage?* Quand on nous dit : « En fait de mariage, on ne peut admettre d'autres nullités que celles qui sont littéralement établies par la loi, » et quand on ajoute : « L'art. 502 est évidemment inapplicable à la matière qui nous occupe (1), » on pourrait être accusé de résoudre la question par la question. Est-il aussi évident qu'on veut bien le dire que l'art. 502 soit complètement étranger au mariage de l'interdit? L'exposé des motifs du titre *de l'Interdiction*, où le mariage se trouve mentionné avec les divers autres actes défendus à l'interdit, et la généralité des expressions employées par l'art. 502 pourraient au moins donner quelques doutes sur ce point. Mais nous voulons bien concéder que l'art. 502 n'est pas le texte fondamental sur la matière qui nous intéresse. Nous verrons tout à l'heure que nous en tirerons une puissante présomption en notre faveur : négligeons-le toutefois pour l'instant, et voyons si au titre même *du Mariage* ne se trouverait pas un texte s'appliquant au mariage de l'interdit.

L'art. 146 porte qu'il n'y a pas mariage quand il n'y a pas consentement. Eh bien, nous disons qu'il s'agit là de consentement civilement valable, que l'interdit est incapable, de par la loi, de donner un pareil consentement, et qu'en conséquence l'union contractée par lui n'existe pas. Il en résultera ce fait assez bizarre que dans notre hypothèse la nullité sera, non plus relative, mais

____

(1) Voy. Aubry et Rau, V, p. 91, note 6. — Voy. aussi l'arrêt de la Cour de cassation du 12 nov. 1844 (Sirey, 45, 1, 246).

absolue. Quelque singulière que puisse sembler cette décision, nous la préférons encore à la décision de ceux qui laissent subsister le mariage d'un interdit et réservent toute leur sollicitude pour protéger l'aliéné contre les baux ou les achats qu'il a pu faire.

L'art. 146 est donc applicable à notre espèce. Ce qui nous détermine à y voir le texte principal régissant le mariage de l'interdit, c'est le fait suivant que nous a rapporté l'histoire de la confection du Code : le projet contenait une disposition par laquelle l'interdit pour cause de démence ou de fureur était déclaré incapable de contracter mariage. Cette disposition fut retranchée sur la demande du consul Cambacérès qui en fit remarquer l'inutilité en présence de la règle générale qui exige pour le mariage un consentement valable (1). C'était bien placer le mariage de l'interdit sous le coup de l'art. 146. Et en effet qu'est-ce que l'interdiction ? C'est la présomption invincible d'une incapacité de fait où tout consentement sérieux est réputé impossible. Aux yeux de la loi, l'interdit ne peut consentir, car il est légalement dans un état permanent d'aliénation mentale. N'est-ce pas là l'idée qui domine toute la matière de l'interdiction, et le législateur n'a-t-il pas été conséquent avec lui-même en en faisant application au cas de mariage ? Sans doute, l'art. 146 ne s'explique pas formellement sur l'union contractée *par un interdit :* mais peut-on prendre ainsi une partie du Code, l'isoler de toutes les autres, et ne pas chercher à en éclairer les dispositions par l'étude

______

(1) Locré, *Lég.*, IV, p. 312, art. 3 ; p. 322, n° 12, *in fine.*

des théories voisines? C'est ici que nous avons, non seulement le droit, mais le devoir de consulter l'art. 502. Le renvoi à l'art. 146 qui résulte des travaux préparatoires ne nous a pas permis de voir dans l'art. 502 le texte fondamental sur la question qui nous occupe; mais nous devons y chercher l'esprit général du législateur relativement à l'interdiction, et de précieux renseignements sur le principe qui régit l'ensemble de la capacité des interdits. C'est ce qu'exprime très bien M. Pont, l'un des défenseurs les plus autorisés de notre doctrine : « Ainsi, dit-il, nous avons placé la question en dehors du titre de l'interdiction, et par là nous avons répondu à la pensée de l'arrêt de 1844 qui considérait comme étrangère au mariage la disposition de l'art. 502. Mais si nous renfermons la question dans le titre *du Mariage,* si ce titre nous semble se suffire à lui-même et à la solution de la difficulté, ce n'est pas à dire que l'art. 502 ne doive exercer aucune influence. Il exerce au contraire une influence morale dont il faut grandement tenir compte : il est le principe d'un argument *a fortiori* qui vient fournir le plus puissant appui aux inductions qui se tirent des art. 146 et 180 (1). »

2° Chose singulière! On a cru trouver dans un texte du Code, que nous invoquons précisément en faveur de notre thèse, la preuve que le mariage de l'interdit était possible.

L'art. 174 donne à certains collatéraux majeurs, en l'absence de tout ascendant, la faculté de former opposi-

____

(1) M. Paul Pont, *Revue de législation,* 1845, III, p. 239.

tion au mariage, lorsque le consentement du conseil de
famille requis par l'art. 160 n'a pas été obtenu, et lorsque
l'opposition est fondée sur l'état de démence du futur
époux : cette dernière opposition, dont le tribunal peut
prononcer mainlevée pure et simple, n'est jamais reçue
qu'à la charge par l'opposant de provoquer l'interdiction
et d'y faire statuer dans un délai fixé par le jugement.
L'art. 175 porte : « Dans les deux cas prévus par le précédent article, le tuteur ou curateur ne pourra pendant
la durée de la tutelle ou curatelle former opposition
qu'autant qu'il y aura été autorisé par un conseil de
de famille qu'il pourra convoquer. » Il s'agit là, dit-on,
d'une opposition au mariage d'un interdit. S'il était
question du mariage d'un mineur, le conseil de famille
n'aurait qu'à refuser ou à retirer son consentement, et
l'opposition fondée sur le premier paragraphe de l'art. 174
suffirait pleinement. Pour donner un sens à l'art. 175,
il faut absolument supposer un individu qui puisse se
marier sans le consentement d'un conseil de famille :
quel peut être cet individu sinon le majeur interdit,
pendant ses intervalles lucides ?

Nous ne saurions admettre ce raisonnement. L'opposition pour démence n'est reçue qu'à charge de *provoquer
l'interdiction :* nos deux articles ne se réfèrent donc pas
au mariage d'une personne déjà interdite. Cet argument
nous paraît péremptoire. De plus, comme l'a très bien
fait remarquer M. Valette, est-il probable que l'art. 175
ait voulu employer le mot *tuteur* dans un sens limité au
cas d'interdiction, tandis que le nombre des mineurs en
tutelle est incontestablement bien supérieur à celui des

interdits? Reste à expliquer dans quel cas le tuteur d'un mineur non émancipé ou le curateur d'un mineur émancipé aura à former opposition pour démence. Il s'agit sans doute d'une démence dont le conseil de famille n'était pas instruit lorsqu'il a donné son consentement ou qui est survenue par la suite. Mais, dira-t-on, le conseil ne peut-il pas retirer son consentement? Dans l'incertitude où il est peut-être sur la réalité de la maladie mentale du mineur, il est possible que le conseil, sans vouloir retirer son consentement, autorise le tuteur à s'opposer au mariage sous sa responsabilité personnelle (1). On peut encore supposer que la majorité du futur époux est proche, et va bientôt faire cesser l'empêchement résultant du défaut d'autorisation du conseil de famille.

Les art. 174 et 175 nous suggèrent une réflexion sur laquelle nous voulons insister. M. Valette, qui, après avoir défendu l'opinion que nous soutenons ici, en est devenu plus tard l'adversaire, relève très justement la place toute particulière attribuée par le législateur au cas de démence dans la théorie des oppositions : « Pourquoi ces deux seuls cas, dit-il, dans lesquels certains collatéraux et le tuteur ou le curateur ont droit de former opposition ? Est-ce que le défaut d'âge compétent, la parenté rapprochée, etc., qui mettent obstacle au mariage, ne devraient pas être des causes d'opposition, tout aussi bien que la démence alléguée et le défaut d'autorisation du conseil de famille (2)? » Est-ce bien au moment

(1) Valette, sur Proudhon, t. I, chap. XXII, sect. VI.
(2) Valette, *Explic. somm.*, p. 102.

où l'on constate ainsi l'importance extrême attachée par la loi à la folie du futur époux, qu'il faut venir revendiquer pour l'interdit le droit de se marier valablement ? Le Code a hautement manifesté son vif désir d'empêcher le mariage de l'insensé ; on signale et on fait ressortir cette préoccupation : ne se met-on pas dès lors en contradiction avec soi-même et avec l'esprit de la loi quand on refuse de voir un empêchement au mariage dans l'état de démence judiciairement présumé par l'interdiction ?

3° On a objecté le malheur de l'interdit qui, avec notre système, ne pourra chercher dans une union régulière les soins affectueux dont il a besoin, les consolations les plus légitimes à sa cruelle infirmité. Certes nous ne voulons nier aucun dévouement ; mais il est permis de penser que le mariage sera bien souvent un piège tendu à l'aliéné et qu'il y trouvera plus de désillusion que de bonheur. Peu de personnes consentiraient à unir leur sort pour toujours à celui d'un malheureux habituellement fou, si un sentiment tout autre que la tendresse ou la charité ne les inspirait pas. La loi qui défend le mariage à l'interdit est pour son intérêt même une loi protectrice : elle le met à l'abri de convoitises coupables et d'amères déceptions plutôt qu'elle n'aggrave son infortune.

D'ailleurs, en admettant que l'intérêt personnel du fou ne soit pas contraire à son mariage, l'intérêt général n'est-il pas là qui s'oppose impérieusement à une telle union ? Le caractère héréditaire de l'aliénation mentale n'a jamais été contesté par personne ; or la société ne doit-elle pas empêcher autant qu'il est en son pouvoir la naissance d'êtres voués presque fatalement à la plus terrible maladie? Si de tels enfants viennent au monde en dehors du mariage, elle n'y peut rien; mais elle ne doit pas encourager leur procréation en leur assurant d'avance, s'ils sont issus d'un mariage, le rang et les prérogatives d'enfants légitimes.

Nous ne saurions mieux clore ce débat qu'en reproduisant les paroles suivantes émanées d'un écrivain qui n'est pas suspect de partialité en faveur de notre thèse. M. Laurent, tout en admettant le mariage de l'interdit pendant les intervalles lucides, déclare accepter cette solution bien malgré lui, sans même être certain qu'elle fût dans l'esprit du législateur, et uniquement faute d'une prohibition légale formelle dont il est le premier à déplorer l'absence : « Permettre le mariage à l'interdit, n'est-ce pas répandre ce terrible mal qu'il faudrait arrêter plutôt à sa source? Il ne nous est pas prouvé que telle n'ait pas été l'intention des auteurs du Code Napoléon. C'était certainement l'avis de ceux qui formulèrent le projet du Code; c'était l'avis du Tribunat; et, au sein du Conseil d'État, pas une voix ne s'éleva en faveur du mariage de l'interdit. Il y a une disposition dans le Code qui augmente notre incertitude : aux termes de l'art. 174, les collatéraux peuvent former opposition au mariage en la fondant sur l'état de démence du futur époux; dans ce cas, ils doivent immédiatement provoquer l'interdiction. On s'est prévalu de cette disposition pour décider que l'interdit est incapable de contracter mariage. C'est aller trop loin; l'art. 174 ne dit pas cela; mais il implique au moins la pensée que l'interdiction forme un empêchement au mariage. C'est ce que l'orateur du

Gouvernement, qui a exposé les motifs du titre *de l'Interdiction* a dit en toutes lettres. Cela prouve que le Tribunat avait raison de vouloir que la question fût décidée en termes formels (1). »

Ces aveux ne sont-ils pas précieux à enregistrer sous la plume même d'un de nos adversaires ?

Nous maintenons donc notre proposition d'après laquelle l'interdit est toujours incapable de contracter mariage (2).

Cette solution nous dispense de rechercher si l'interdit peut faire valablement un contrat de mariage, soit seul, soit avec l'emploi des formalités prescrites par l'art. 511, ou si au contraire un tel acte tomberait sous le coup de l'art. 502. Le mariage de l'interdit et les conventions matrimoniales qui en forment l'accessoire sont également, à nos yeux, non avenus.

Reconnaissance d'enfant naturel. — La reconnaissance d'enfant naturel doit être faite par acte authentique, soumis comme tous actes à une manifestation non équivoque de volonté, exigeant plus que tout autre un consentement sérieux et mûrement donné. La loi s'est bien gardée d'excepter cette reconnaissance de la nullité générale prononcée par l'art. 502 à l'égard de tous les actes de l'interdit. La reconnaissance d'enfant naturel émanée d'un interdit sera donc, suivant nous, nulle de droit. Cette décision est vivement combattue par la plupart

(1) Laurent, II, p. 367.
(2) En ce sens, Marcadé, I, p. 459 ; Pont, *Revue de législation*, 1845, III, p. 257 et suiv. ; Dalloz, *Répert.*, vº *Mariage*, nº 217 ; Massé et Vergé, sur Zachariæ, I, p. 170.

des auteurs, et la jurisprudence s'y montre hostile.

On allègue d'abord que la reconnaissance est non pas une convention, un engagement, mais l'aveu d'un simple fait, et qu'elle échappe ainsi aux effets d'une incapacité artificielle restreinte par la loi aux seules obligations. Notre réponse sera simple : a-t-on jamais démontré que l'art. 502 s'appliquât seulement aux contrats, et si un aveu en justice était fait par un interdit, croit-on qu'il serait valable ?

On ajoute que cet aveu est l'acquittement d'une dette naturelle, qu'une faute a été commise, et que la loi n'en saurait empêcher la réparation. Mais la question est précisément de savoir si l'aliéné s'est réellement rendu coupable de cet acte immoral dont on nous parle et s'il doit cette réparation. Nous ne le nions pas : la reconnaissance a, en principe, pour objet d'acquitter une dette naturelle ; mais comment prouver dans notre hypothèse qu'il y a vraiment une dette ? En déclarant *a priori* la reconnaissance fondée ! Le pouvons-nous, alors qu'elle émane d'une personne légalement présumée folle et placée dans un état d'incapacité complet ? Comme il arrive souvent, les arguments moraux invoqués à défaut d'arguments juridiques se retournent ici contre la cause qu'ils prétendent servir. On plaint le sort de ces enfants que leur père ne pourra reconnaître, et on oublie que le système contraire serait généralement une arme entre les mains de quelque intrigante pour mettre à la charge de l'insensé des enfants dont il ne serait pas le père.

Adoption. — L'adoptant et l'adopté doivent se pré-

senter devant le juge de paix du domicile de l'adoptant
« pour y passer acte de leurs consentements respectifs »
(art. 353). Il est difficile de trouver des termes plus directement atteints par la nullité de l'art. 502. L'interdit
ne peut donc, par application des principes généraux,
adopter ni être adopté, et nous ne voyons pas sur quoi se
fondent MM. Aubry et Rau pour soutenir que l'adoption,
comme les autres actes relatifs à l'*état civil*, reste en dehors de la théorie légale sur l'incapacité des interdits (1).

C'est sans le moindre regret que nous refusons à l'interdit le droit de se créer une descendance adoptive. Son
intérêt semble, à première vue, exiger qu'il soit capable
d'être adopté : mais on se souviendra que l'adoption engendre des obligations réciproques (art. 349), qu'elle peut
donc être un calcul de la part de l'adoptant, et qu'il
n'y a aucune raison pour retirer alors à l'interdit cette
garantie de la présomption invincible que lui assure la
loi pour tous les autres actes.

Testament. — On dit que la capacité de disposer par
testament est réglée par l'art. 901. « Pour faire une donation entre vifs ou un testament, il faut être sain d'esprit. » L'interdit est sain d'esprit pendant les intervalles
lucides, il peut donc faire alors une donation ou un testament : tel est le sens que le législateur a voulu donner
à l'art. 901. C'est une dérogation volontaire et formelle
à l'art. 502. Si les rédacteurs du Code n'avaient pas entendu attribuer cette portée à l'art. 901, pourquoi au-
raient-ils pris la peine d'exprimer ce principe banal et

(1) Aubry et Rau, VI, p. 125, note 1.

naïf, qui d'ailleurs n'est pas spécial aux donations et aux testaments, qu'il faut être sain d'esprit pour faire un acte de disposition ?

Ce raisonnement spécieux n'est pourtant pas sans réplique. En exigeant expressément que le testateur fût sain d'esprit, l'art. 901 voulait déroger, non pas à l'art. 502, mais à l'art. 504 et aux règles rigoureuses qu'il édicte sur la preuve de la démence des personnes décédées non interdites. Nous avons déjà traité ce point précédemment. Les travaux préparatoires nous apprennent que l'art. 901 a été inspiré par une pensée de faveur pour les héritiers du défunt et par le désir de leur faciliter, en matière de dispositions à titre gratuit, la preuve de la folie de leur auteur même non interdit. C'est au cas de non-interdiction que se réfère ce texte ; mais, quand l'interdiction a été prononcée, la preuve de la démence se trouve toute faite, et la loi, qui prohibe d'une manière générale la preuve des intervalles lucides (art. 502), n'avait dans l'espèce aucun motif pour s'écarter de son principe. L'article 901, fait pour favoriser les héritiers, tout le monde en convient, peut-il être en même temps une disposition exceptionnelle à leur détriment ?

MM. Aubry et Rau signalent à juste titre la grave inconséquence où tombe la doctrine que nous combattons. « Les rédacteurs du Code sont partis, en rédigeant l'art. 901, de cette idée qu'il faut, pour disposer à titre gratuit, une capacité plus certaine et plus complète que pour passer une convention à titre onéreux, et qu'ainsi la position des héritiers doit être plus favorable lorsqu'ils attaquent un acte à titre gratuit fait par leur auteur en état de démence que lorsqu'ils demandent dans les mêmes circonstances la nullité d'un acte à titre onéreux. Aussi est-il généralement admis que l'art. 901 déroge dans ce sens à l'art. 504. Comment dès lors comprendre qu'on pût opposer à une demande en nullité dirigée contre un testament fait par un interdit, c'est-à-dire par un individu dont l'état habituel de démence se trouve judiciairement constaté, un moyen de défense que la loi déclare inadmissible lorsque l'acte argué de nullité est une convention à titre onéreux (1) ? »

Donation entre vifs. — L'art. 901 étant commun au testament et à la donation entre vifs, les mêmes arguments peuvent être produits et réfutés de la même manière. Il existe pourtant certaines raisons particulières pour défendre absolument à l'interdit de faire une donation même pendant un intervalle lucide. Ces raisons sont tellement frappantes que plusieurs jurisconsultes, sans craindre de manquer aux lois les plus élémentaires de la logique, refusent à l'interdit le droit de donner, tout en lui permettant de faire un testament (2). Si l'on accorde à l'interdit le droit de faire pendant les intervalles lucides des donations entre vifs, on s'expose par là-même à voir une ingérence regrettable se produire dans l'administration de la tutelle. Tous les biens sont dans les mains du tuteur : comment admettre que l'interdit puisse

---

(1) Aubry et Rau, VII, p. 14, note 6. — Voy. aussi, en ce sens, Troplong, II, 461 et 462; Demante, IV, 17 *bis*, III.

(2) Telle est la doctrine que M. Demolombe avait d'abord enseignée (*de la Minorité*, II, 647). Voy. aussi Massé et Vergé, sur Zachariæ, III, p. 25 et 26; Coin-Delisle, art. 901, n° 10; Lallement, *De la condition des aliénés*, p. 151.

à sa guise détourner de cette administration légale la partie de ses biens qui lui conviendra? Supposons que l'interdit donne un immeuble; la donation est transcrite, puis le tuteur, que rien n'a averti, afferme l'immeuble donné. Si l'on admet la validité de la donation, l'amodiataire évincé aura certainement droit à des dommages-intérêts, et l'interdit se trouvera doublement lésé. On peut dire hardiment que la tutelle n'est pas possible si le pupille a la faculté de disposer de ses biens par donation.

D'autre part, nous verrons que le tribunal peut, sur une demande d'interdiction, se borner à nommer un conseil judiciaire s'il trouve que le désordre et la faiblesse d'esprit ne vont pas jusqu'à la folie : l'individu qui n'aura pas été jugé assez dépourvu de raison pour être interdit et qui aura été seulement l'objet d'une demi-interdiction, sera, personne n'en doute, constamment incapable do faire une donation sans l'assistance de son conseil, quelle que soit d'ailleurs sa situation d'esprit; et l'on voudrait que l'interdit, chez qui l'on a constaté un état mental beaucoup plus grave, pût accomplir le même acte, seul et sous son autorité personnelle! Le Code ne peut avoir commis une telle inconséquence.

Que penser enfin d'une loi qui, en organisant un système de protection pour les insensés, aurait précisément omis de mettre un obstacle aux donations entre vifs et aurait laissé, entre les mains des malheureux qu'elle déclarait incapables, le plus sûr moyen de dissiper leur patrimoine (1)?

____

(1) En ce sens, Aubry et Rau, VII, p. 14 et 15; Toullier, V, 57; Duranton, VIII, 154, 163; Marcadé, art. 901, II; Demante, IV, 17 *bis*, III.

— Nous avons donc répudié toute espèce d'exception au principe général de l'art. 502, et nous espérons avoir montré les dangers du système doctrinal formulé par M. Demolombe. Un jour peut-être on complétera cette doctrine arbitraire en permettant à l'interdit de faire remise de dette, de compromettre, de vendre un immeuble de gré à gré, car dans tous ces actes l'interdit ne peut être représenté par son tuteur. On arrivera à décider que le contrat passé avec un interdit pendant quelque intervalle lucide doit être maintenu s'il est établi qu'il renferme une libéralité déguisée. Autant vaudrait supprimer franchement l'interdiction.

Avant de quitter l'art. 502, disons qu'on est d'accord pour en appliquer le principe aux actions judiciaires intentées soit par l'interdit, soit contre lui. Il résulte clairement de la combinaison de l'art. 509 du Code civil avec les art. 464 et 465 du même Code et les art. 398 et 444 du Code de procédure que l'interdit n'a point, soit en demandant, soit en défendant, l'exercice des actions judiciaires. C'est le tuteur qui doit adresser et recevoir, aux lieu et place de l'incapable, toutes assignations ou significations. On a donc jugé à bon droit que les procédures dirigées contre l'interdit personnellement étaient frappées de nullité (1). Il s'agit, bien entendu, de procédures commencées depuis l'interdiction, car les procédures commencées auparavant ne sont pas interrompues par elle : l'interdiction est un des cas de changement d'état prévu par l'art. 345 du Code de procédure. Seulement

(1) Riom, 14 février 1842.

si l'interdiction est prononcée avant que l'affaire soit en état, c'est-à-dire avant le dépôt des conclusions à l'audience, et si le tuteur ne prend dès lors en mains la cause de l'interdit, celui ne se trouvera pas valablement défendu, et le jugement qui interviendrait contre lui serait susceptible d'être attaqué par voie de requête civile au cas où il serait rendu en dernier ressort (art. 480 et 481 du Code de procédure). Il est d'ailleurs admis que, dans ces différents cas, le principe de l'art. 1125 serait applicable et que l'interdit seul pourrait invoquer la nullité des sentences judiciaires (1).

La signification d'un jugement, adressée à la personne d'un interdit, ne saurait faire courir contre lui les délais d'appel (art. 444 du Code de procédure).

Nous venons de voir que l'interdit est soumis, même pendant ses intervalles lucides, à une incapacité sans restriction. Faut-il aller jusqu'à dire que, pendant ses périodes de raison, il ne peut, par ses délits ou quasi-délits, s'obliger à aucune réparation civile? Si loin que l'on pousse la présomption de l'art. 502, il nous semble impossible de l'étendre à l'hypothèse des actes dommageables. D'abord l'art. 502 ne parle que des actes *passés* par l'interdit : or les délits ne se passent pas, ils se commettent (2). D'autre part, on est généralement d'accord pour penser que l'interdit est responsable devant la justice répressive des actes délictueux qu'il a pu commettre durant un intervalle lucide. L'art. 64 du Code pénal justifie cette solution. Eh bien, si l'irresponsabilité cesse en

(1) Villey, *op. cit.*, p. 83.
(2) Demante, II, n° 274 *bis*, V.

même temps que la démence devant la loi criminelle, comment ne cesserait-elle pas aussi devant la loi civile? — Ajoutons qu'un puissant argument d'analogie nous est fourni par l'art. 1310. — Enfin, ne serait-il pas bien rigoureux d'empêcher un tiers, lésé peut-être gravement dans ses intérêts ou son honneur, de demander réparation à qui l'a offensé ou appauvri, si l'auteur du dommage était en fait conscient et responsable de ses actions? On conçoit que pour toutes les relations juridiques auxquelles les rapports sociaux peuvent donner naissance, l'interdit soit protégé par une incapacité continue : le tiers qui passe avec l'interdit un acte quelconque est prévenu et doit s'en prendre à lui-même si cet acte est plus tard anéanti ; mais peut-on, en cas de délit, priver les personnes auxquelles l'interdit porte préjudice et qui n'ont rien à se reprocher, des dédommagements qui leur sont dus (1)?

Nous connaissons maintenant la théorie de la loi sur le sort des actes passés par l'interdit. Deux points nous restent à examiner.

A partir de quelle époque et sous quelles conditions les actes de l'interdit sont-ils frappés de nullité? *A quel moment commence l'incapacité de l'interdit?* L'art. 502 nous répond en ces termes : « L'interdiction ou la nomination d'un conseil aura son effet du jour du jugement. » C'est du jour du jugement, c'est-à-dire du moment où l'interdiction est prononcée à l'audience, que commence l'incapacité générale de l'interdit. Dès ce moment, l'incapacité a pris naissance et n'est pas suspendue par l'appel.

(1) En ce sens, Aubry et Rau, IV, p. 747, note 5; Larombière, V, art. 1382-1383, n° 20.

L'appel en effet n'est suspensif que pour les actes d'exécution proprement dits, tels que la nomination du tuteur ; il ne l'est pas pour l'incapacité qui résulte du jugement d'interdiction et qui commence, aux termes de la loi, dès le jour même de ce jugement. Cette incapacité n'est pas un acte d'exécution de la sentence ; elle en est une conséquence légale, et la preuve, la voici : tout jugement ne peut être mis à exécution qu'autant qu'il a été signifié (art. 147, C. de proc.) ; et cependant l'incapacité frappe l'interdit indépendamment de toute signification (art. 502 du Code civil).

Quels seront les effets de l'arrêt rendu sur appel ?

1° La Cour confirme le jugement qui avait prononcé l'interdiction. D'après ce que nous venons de dire, l'interdiction aura produit ses effets du jour du jugement de première instance.

2° La Cour réforme en rejetant l'interdiction que le tribunal avait prononcée. L'incapacité est alors censée n'avoir jamais existé.

3° La Cour réforme en prononçant l'interdiction que le tribunal avait rejetée. Dans ce cas, il ne peut être question de nullité pour les actes passés antérieurement à l'arrêt, et il est évident que les effets de l'indiction datent, non du jour du jugement, mais du jour de l'arrêt.

4° Enfin la Cour réforme en donnant simplement un conseil judiciaire à celui que le tribunal avait interdit. Dans ce cas, celui que le tribunal avait interdit et auquel la Cour donne un conseil, se trouve rétroactivement n'avoir été incapable que dans les limites de l'art. 499 : tous les actes faits par lui, qu'un individu pourvu d'un conseil judiciaire peut faire seul, sont et demeurent valables. Telle est la doctrine enseignée par Marcadé (art. 502, 1°), et par M. Valette (*Explic. somm.*, p. 465).

Après avoir établi quelle est en droit l'époque où commence la nullité générale, il faut préciser les moyens par lesquels on déterminera si les actes ont une date antérieure ou postérieure à cette époque. La jurisprudence a d'abord admis que les actes qui n'ont pas acquis date certaine avant le jugement d'interdiction sont censés avoir été faits pendant l'interdiction (1). Le motif invoqué est que les personnes qui voudraient abuser de la situation de l'interdit ne manqueraient jamais d'antidater les actes qu'elles arracheraient à sa faiblesse. Cette doctrine est aujourd'hui presque universellement rejetée. Elle devait tomber en effet devant le syllogisme suivant : de la combinaison des art. 1322 et 1328, il résulte que l'acte sous seing privé fait foi de sa date entre les parties ; c'est seulement à l'égard des *tiers* que l'acte sous seing privé qui n'a pas date certaine ne fait pas foi de sa date ; — or, l'une des parties ne peut pas, apparemment, être considérée comme un tiers relativement à l'acte qu'elle a souscrit ; donc l'acte sous seing privé fait foi de sa date à l'égard de l'interdit, qui ne peut dès lors, ni par lui-même ni par son tuteur, proposer la nullité sous le seul prétexte que la date n'était pas certaine lors du jugement d'interdic-

____

(1) Cass., 9 juillet 1816 ; Amiens, 15 février 1823 ; Rouen, 22 juillet 1828.

tion. Le fait d'antidate constituerait d'ailleurs une véritable fraude à la loi : or, la fraude ne se présume pas. Nous conclurons donc en disant que l'acte sous seing privé portant une date antérieure à l'interdiction ne tombe pas sous l'application de l'art. 502, par cela seul que cette date n'était pas devenue certaine au jour du jugement. Et qu'on ne nous accuse pas de rendre dès lors illusoires les bienfaits de l'interdiction : nous réservons, en effet, la question de fraude; la preuve de l'antidate pourra être administrée par tous les moyens possibles, témoins ou simples présomptions, et sera généralement facile à établir d'après les circonstances mêmes de la cause (1).

A quelles conditions les actes de l'interdit sont-ils frappés de nullité? — En d'autres termes, la nullité est-elle soumise à l'accomplissement des diverses formalités légales prescrites en matière d'interdiction ?

On est à peu près d'accord sur un premier point. Les tiers qui ont traité avec un interdit ne peuvent se prévaloir de l'omission des formalités préalables à l'interdiction, pour soutenir que la personne avec laquelle ils ont contracté ne se trouvait pas légalement frappée d'incapacité ; ces formalités n'ont été établies que dans l'intérêt de l'interdit, lui seul peut donc se prévaloir de leur non-accomplissement (2).

La question est plus délicate lorsqu'il s'agit des formalités de publicité prescrites par l'art. 501. La loi veut

(1) En ce sens, Aubry et Rau, VIII, p. 250 ; Demolombe, XXIX, 512 et 513 ; Cass., 8 mars 1836.

(2) Aubry et Rau, I, p. 516.

que tout jugement portant interdiction soit inscrit dans les dix jours sur les tableaux qui doivent être affichés dans la salle de l'auditoire et dans les études des notaires de l'arrondissement. On a soutenu que l'application de l'art. 502 était subordonnée à l'observation de l'art. 501, et que le jugement non publié dans les dix jours ne pourrait être opposé aux tiers qui auraient contracté avec l'interdit. Mais cette doctrine, qui est d'ailleurs généralement repoussée, ne nous semble pas juridique. Rien ne démontre, dans les termes de l'art. 501, que le législateur ait entendu soumettre l'efficacité d'un jugement d'interdiction à l'accomplissement des formalités qu'il prescrit. Le contraire résulte même de l'art. 502, qui dispose d'une manière absolue qu'un pareil jugement produira son effet du jour où il aura été rendu, c'est-à-dire à une époque où il ne peut encore avoir été publié. Il n'entrerait dans l'esprit de personne de contester qu'un jugement, dûment publié dans les dix jours, n'opère tous ses effets à partir de sa prononciation, et ce, même au détriment des tiers qui ne l'auraient point connu. Pourquoi en serait-il autrement, si la publication n'avait eu lieu qu'après l'expiration des dix jours? Cette observation suffit pour démontrer que les formalités prescrites par l'art. 501 sont purement réglementaires, et que leur omission peut bien donner ouverture à une demande en dommages-intérêts contre ceux auxquels elle est imputable, mais non frapper d'inefficacité le jugement d'interdiction. Lorsque la loi veut attacher la nullité comme sanction à certaines mesures de publicité, elle ne manque pas de s'en expliquer catégoriquement : on n'a, pour s'en convaincre, qu'à lire l'art. 1445, relatif à la séparation de biens entre époux.

Enfin à quelle conséquence choquante n'aboutirait pas l'opinion de nos adversaires? En vertu de l'art. 502, l'interdiction a son effet du jour du jugement : or, supposons qu'immédiatement après, en sortant de l'audience, l'interdit vende ses biens, fasse des emprunts. Tous ces actes-là sont nuls : la nullité est acquise à l'interdit ; elle est, pour ainsi dire, dans son patrimoine. Eh bien, si l'on applique le système que nous combattons, on arrive à cet état de choses étrange que des actes, qui étaient nuls de droit quand ils ont été faits (art. 502), deviendront valables *ex post facto*, et cela parce qu'un tiers aura négligé de remplir les formalités que l'art. 501 lui imposait. On peut dire que c'est là une conséquence inadmissible, véritable condamnation de la théorie dont elle émane (1).

Notre conclusion est donc celle-ci : l'interdiction produit tous ses effets et les actes passés par l'interdit sont frappés de nullité, indépendamment de l'observation des formalités de l'art. 501 : le seul effet du défaut d'accomplissement de ces formalités est d'ouvrir aux tiers auxquels il aurait préjudicié un recours contre ceux qui sont en faute de les avoir négligées (2).

Par application des mêmes principes, et *à fortiori*, il faut décider que l'interdiction produit son effet encore que les formalités de publicité n'aient pas été accomplies

(1) Villey, *op. cit.*, p. 72 et 73.
(2) En ce sens, Aubry et Rau, I, p. 517 ; Demolombe, VIII, 550.

dans l'arrondissement du domicile du défendeur, parce que l'interdiction aurait été prononcée par un tribunal incompétent *ratione personæ*.

La nullité de l'art. 502 s'étend certainement au delà du ressort du tribunal qui a prononcé l'interdiction. Elle ne peut être limitée aux actes passés dans ce ressort, sous prétexte que la publicité n'a pas eu lieu en dehors (1). Il résulte de l'art. 3, *in fine* du Code civil que la nullité est applicable même aux actes passés en pays étranger par un Français interdit en France.

§ 2. — **Des actes passés avant le jugement d'interdiction.**

La cause de l'interdiction est toujours antérieure au jugement : le jugement ne fait que la constater et la reconnaître. Aussi l'interdiction ne produirait-elle souvent pour l'aliéné qu'un avantage insuffisant si son influence protectrice ne s'étendait point dans le passé. D'autre part, il ne faut pas sacrifier arbitrairement les droits que les tiers ont pu acquérir en traitant de bonne foi avec un individu qui, se trouvant déjà dans un état d'aliénation mentale susceptible d'entraîner l'interdiction, n'était cependant pas encore interdit. L'art. 503 du Code civil est venu concilier les intérêts de l'interdit avec les intérêts des tiers, et la disposition qu'il contient est empreinte d'une grande sagesse : « *les actes* « *antérieurs à l'interdiction pourront être annulés si la* « *cause de l'interdiction existait notoirement à l'époque où* « *ces actes ont été faits.* »

(1) Cass., 29 juin 1819.

Supposons qu'avant l'interdiction, le fou, déjà notoirement atteint d'aliénation mentale habituelle, ait traité
avec uu tiers. Si l'on agissait conformément au droit
commun, les contractants pourraient bieu demander la
nullité de l'acte en prouvant l'absence de consentement
d'après les art. 1108 et suivants. Mais la preuve de la
démence au moment précis de la confection d'un acte
est le plus souvent difficile à fournir; en l'absence de
cette preuve, et si l'interdiction n'avait uu certain effet
rétroactif, l'acte devrait être déclaré valable. Considérant combien il est probable que cet acte a été fait par
l'insensé sous l'empire de cet état habituel de folie constaté depuis lors par le jugement d'interdiction, l'art. 503
permet à l'interdit de demander l'annulation par cela
seul que sa démence était *notoire* au jour de l'acte. Voilà
pour la protection de l'aliéné.

Par contre, le juge n'est pas tenu de prononcer la
nullité; il appréciera les faits et jouira d'un pouvoir discrétionnaire pour maintenir ou annuler l'acte en question. La bonne ou la mauvaise foi du tiers sera un des
éléments de décision les plus sérieux. Si le cocontractant
parvenait à établir que, malgré la notoriété des causes
de l'interdiction, il a agi avec une entière bonne foi, ou
que, malgré l'état habituel de folie, l'acte a été passé
dans un intervalle lucide, les tribunaux pourraient ou
devraient suivant les circonstances maintenir cet acte (1).
Voilà pour la protection des tiers.

Il est du reste bien entendu que l'interdit, ainsi que

(1) Aubry et Rau, I, p. 523.

ses représentants ou ayant-cause, sont toujours admis à demander la nullité des actes passés par lui antérieurement à son interdiction, en établissant qu'il était, au moment précis de la passation de ces actes, privé de l'usage de ses facultés intellectuelles. Dans ce cas, le demandeur en nullité ne serait point astreint à la double preuve exigée part l'art. 503, et les tribunaux ne pourraient prendre en considération la bonne foi des tiers.

De la généralité des termes de l'art. 503 résulte-t-il que cet article soit applicable à tous les actes sans distinction? La question s'est présentée pour les jugements intervenus contre l'aliéné avant la sentence d'interdiction. L'interdit pourra-t-il faire tomber ces jugements en usant de la présomption de l'art. 503 ? Nous ne voyons pas pourquoi l'on créerait une exception à la règle générale posée par ce texte. L'art. 503 n'est qu'une conséquence de l'art. 502 et doit avoir par suite la même étendue d'application. Le jugement n'est autre chose qu'un contrat judiciaire (*judiciis quasi contrahimus*), et nous avons trouvé tout naturel de soumettre cette convention *sui generis* à la nullité de l'art. 502. Ne serait-il pas illogique de changer notre manière de voir quand il s'agit d'appliquer l'article suivant? Nous ne saurions donc nous associer à la décision de la Cour de Douai qui a refusé d'étendre aux sentences judiciaires des dispositions édictées seulement, d'après elle, pour les actes ordinaires de la vie civile (1).

En sens inverse, la Cour d'Aix nous semble avoir

______

(1) Douai, 18 février 1848.

commis une grave erreur juridique en déclarant que, pendant le temps qui a précédé l'interdiction et par l'effet rétroactif du jugement, la prescription s'est trouvée suspendue en faveur de l'aliéné (1). Le principe est formel : la prescription court contre toutes personnes, sauf celles qui se trouvent dans un cas d'exception positivement établi par la loi (art. 2251). Or il n'y a d'exception en faveur des aliénés que quand ils sont interdits (art. 2252). Les termes de l'art. 503 ne nous autorisent nullement à faire remonter dans le passé ce privilège exorbitant qui est une des conséquences les plus décriées du jugement d'interdiction. Faut-il forcer le sens d'un texte qui n'a certes pas prévu la question, pour multiplier les causes de suspension de prescription déjà bien assez nombreuses et si préjudiciables à la sécurité publique (2)?

·Notons, en terminant, que la nullité des actes passés dans les cas prévus par l'art. 503 est purement relative. Elle ne peut être proposée que par l'interdit relevé de son interdiction, par son tuteur, ou, après son décès, par ses héritiers. Elle est couverte par la ratification émanée, soit de l'ex-interdit, soit de ses héritiers, ou par la prescription de dix ans qui commence à courir à la fin de l'interdiction.

§ 3. — De quelques incapacités spéciales résultant de l'interdiction.

Sous ce titre, nous devons énumérer rapidement cer-

(1) Aix, 17 février 1832.
(2) En ce sens, Douai, 17 janvier 1845.

tains effets de l'interdiction, ayant tous, à un degré plus ou moins grand, trait à l'incapacité de la personne interdite, mais qu'il serait impossible de rattacher d'une façon précise à l'art. 502. Nous laisserons de côté tout ce qui a rapport au droit public, et nous ne signalerons que ce qui concerne le droit privé.

L'interdit ne peut être ni tuteur ni membre d'un conseil de famille (art. 442 du Code civil). Il ne peut être témoin instrumentaire, soit dans les actes de l'état civil (art. 37 et 509 C. civ.), soit dans les actes notariés (const. de l'an VIII, art. 5 et loi du 25 ventôse an XI, art. 980 C. civ.). Il ne pourrait non plus servir de témoin en justice, si ce n'est pour fournir de simples renseignements (1).

Il ne peut obtenir délivrance d'un permis de chasse (loi du 3 mai 1844, art. 7, 3°).

L'interdit ne peut avoir de domicile propre; il a celui de son tuteur (art. 108, C. civ.)

L'interdiction ne dissout point la communauté existant entre époux; elle n'est jamais *par elle-même* une cause de séparation de biens, telle est du moins l'opinion générale (2). L'interdiction du mari n'affranchit pas la femme de la puissance maritale, mais remplace seulement la nécessité de l'autorisation du mari par celle de l'autorisation de justice (art. 222, C. civ.). En pareil cas, la puissance paternelle sur les enfants passe à la mère; à ce titre, elle administrera les biens des enfants mineurs dont le père n'a pas l'usufruit et sera comptable des fruits envers les enfants; si le père a l'usufruit, elle

(1) Dalloz, *Répert.*, v° *Témoin*, n° 72.
(2) Lyon, 11 novembre 1869 ; Paris, 18 mars 1870.

n'administrera les biens et n'en percevra les fruits que si elle est tutrice : elle devra compte alors à son mari.

L'interdiction soit du mandant soit du mandataire met fin au mandat (art. 2003, C. civ.).

De même l'interdiction d'un associé opère dissolution de la société soit civile, soit commerciale (art. 1865, C. civ. ; art. 18, C. comm.). Toutefois, ce mode de dissolution ne s'applique ni aux sociétés à capital variable (loi du 24 juillet 1867, art. 54), ni aux sociétés anonymes, car ces sociétés sont des groupements de capitaux plutôt que des associations de personnes ; l'interdiction d'un actionnaire dans une société en commandite par actions ne dissoudrait pas non plus cette société. L'interdit ne peut être commerçant, car il n'a pas la capacité de faire des actes de commerce (art. 1, C. comm.). Il est donc impossible de le déclarer en faillite, à moins que l'interdiction ne soit postérieure à la cessation des payements.

Certaines protections spéciales sont encore accordées à l'interdit (voyez les art. 2206, C. civ. et 83 Proc. civ.). Nous rappelons ici celle qui est assurément la plus importante et qui, comme nous le disions tout à l'heure, a été le plus vivement critiquée : aux termes de l'art. 2252, C. civ., la prescription ne court pas contre les interdits. On peut reprocher à cette disposition d'entraver le développement du crédit, de faire planer sur la propriété une longue incertitude, de nuire enfin aux intérêts de la société tout entière. Aussi les législations étrangères qui se sont inspirées de notre Code civil ont-elles apporté sur ce point quelques modifications à la loi française : dans le Code du royaume d'Italie, par exemple, la prescription court contre les interdits, mais ne s'accomplit que par un double délai, par soixante ans.

Hâtons-nous d'ajouter que le principe écrit dans l'art. 2252 du Code civil est loin d'être absolu. L'interdit doit subir toutes les courtes prescriptions des art. 2271 et suiv., et en général toutes les déchéances résultant de l'expiration d'un délai fixe et invariable (art. 942, 1070, 1663 et 1676 du Code civil, 398 et 444 du Code de procédure).

Mais il faudrait suspendre en sa faveur les délais qui, d'après l'esprit de la loi, ne peuvent courir que du jour où l'intéressé a eu connaissance d'un fait : par exemple, le délai de l'action en désaveu qui doit avoir pour point de départ la certitude acquise par le mari de l'accouchement de sa femme (art. 316, C. civ.) (1).

CHAPITRE III

DES PERSONNES POURVUES D'UN CONSEIL JUDICIAIRE.

Entre la capacité légale et l'interdiction, entre la libre jouissance de tous les droits civils et la privation complète de leur exercice, il y a un moyen terme : le conseil judiciaire.

Sous le nom de *conseil judiciaire*, on désigne une personne choisie par le tribunal et chargée d'assister dans

(1) Caen, 14 décembre 1876.

certains actes celui qui n'est pas assez dépourvu de raison pour être interdit.

L'art. 499 est ainsi conçu : « En rejetant la demande en interdiction, le tribunal peut néanmoins, si les circonstances l'exigent, ordonner que le défendeur ne pourra désormais plaider, transiger, emprunter, recevoir un capital mobilier ni en donner décharge, aliéner ni grever ses biens d'hypothèques, sans l'assistance d'un conseil qui lui sera nommé par le même jugement. »

Il était prudent de ne pas mettre les tribunaux dans la rigoureuse alternative et de laisser à un homme la libre disposition de sa fortune et de sa personne, ou de le placer en tutelle comme un enfant. Pour interdire un individu, il faut qu'il y ait une nécessité manifeste; mais si cet homme est seulement d'une intelligence débile, si sa raison est bornée ou sa volonté chancelante, il suffit de mettre auprès de lui un conseiller qui l'éclairera de ses avis et le fortifiera par son assistance dans les principaux actes de la vie civile : en toute autre circonstance, le faible d'esprit pourra se conduire seul et faire usage de cette capacité de fait dont la nature ou la maladie ne l'a pas entièrement privé, de cette capacité juridique que la loi ne pouvait lui retirer sans injustice. L'institution du conseil judiciaire est éminemment secourable et bienfaisante, et n'a jamais pu encourir comme l'interdiction le reproche d'exagération et de sévérité.

Section I. — Dans quels cas un conseil judiciaire peut-il être nommé?

Nous n'avons pas à entrer dans le détail des différentes hypothèses où les tribunaux auront à faire application de l'art. 499. Ce que nous avons dit dès le début nous dispense de revenir longuement sur l'examen des nombreuses espèces pathologiques qui peuvent exiger des mesures de protection.

Quand on acquerra la certitude que l'altération intellectuelle, sans abolir l'entendement ou le libre arbitre de l'individu, peut néanmoins l'exposer à de fréquentes erreurs de conduite et en faire le jouet des plus dangereuses suggestions, la nomination d'un conseil sera à la fois utile et légitime. Il en sera ainsi, par exemple, lorsqu'il résulte des faits qu'à raison de son grand âge une personne a éprouvé un affaiblissement considérable de la mémoire, mais que cependant elle a conservé son bon sens (1); lorsqu'à une faiblesse d'esprit viennent se joindre des attaques d'épilepsie (2); lorsque des hallucinations, des terreurs chimériques et des pratiques d'une superstition extravagante peuvent entraîner à des actes déraisonnables et compromettants (3). L'ivresse très fréquemment renouvelée peut, par les désordres intellectuels qu'elle provoque et par certains actes de dissipation inconsidérée ou de prodigalité irréfléchie, conduire à la dation d'un conseil judiciaire, même lorsque l'intelligence est complètement recouvrée dans l'intervalle des

(1) Lyon, 2 prairial an XIII.
(2) Colmar, 2 prairial an XIII.
(3) Trib. de la Seine, 12 mai 1869 ; Paris, 10 juillet 1876.

excès alcooliques (1). Nous en dirons autant du délire partiel, tel que le fanatisme politique se traduisant par des actes plus ou moins ridicules et poussant celui qui en est tourmenté à toute espèce de sacrifices pécuniaires pour le triomphe de ses opinions exaltées (2). La monomanie des procès peut aussi motiver la nomination d'un conseil (3).

Les causes qui peuvent nécessiter cette nomination sont abandonnées à la prudence des tribunaux, et, aux termes d'un arrêt de la Cour suprême du 24 juillet 1838, leurs jugements ne sauraient donner ouverture à cassation. Les juges ont à ce sujet tout droit d'appréciation. Ainsi, bien qu'un certificat du préfet atteste qu'un individu a été exempté du service militaire pour imbécillité notoire et habituelle, qu'un rapport des gens de l'art établisse cet état, et qu'un jugement le constate, la Cour, saisie de l'appel, peut néanmoins décider que l'imbécillité n'est pas telle que l'on doive prononcer l'interdiction, et, se fondant sur les actes et faits de la cause, sans enquête nouvelle, elle peut juger qu'il y a lieu seulement à la dation d'un conseil judiciaire (4).

Du reste, le conseil peut être nommé, non seulement sur une demande d'interdiction, mais sur une demande directe de conseil judiciaire. Nous croyons également qu'en prononçant la mainlevée de l'interdiction, le tribunal est autorisé à pourvoir l'ex-interdit d'un conseil judiciaire.

(1) Rouen, 18 janvier 1865.
(2) Trib. de la Seine, 13 juillet 1837.
(3) Liège, 18 décembre 1851.
(4) Cass., 5 juillet 1837.

On peut nommer un conseil à toutes sortes de personnes, aux mineurs comme aux majeurs, aux femmes
comme aux hommes, aux individus sans fortune comme
à ceux qui possèdent un riche patrimoine.

On comprend l'intérêt qu'a le mineur faible d'esprit à
être assisté d'un conseil. Il se trouve, dans ce cas, dis-
pensé de prouver, comme l'exige l'art. 1305, qu'il a été
lésé, pour obtenir la rescision des obligations qu'il a
contractées : en vertu de l'art. 502, ces obligations sont
nulles de droit par cela seul qu'elles ont été consenties
sans l'assistance du conseil.

Il a été soutenu qu'on ne peut pas nommer de conseil
judiciaire à une femme mariée, sous prétexte que cette
nomination est inutile et contraire à l'autorité maritale :
inutile, puisque la femme ne peut faire aucun acte important de la vie civile sans l'autorisation de son mari;
contraire à l'autorité maritale, si l'on doit choisir un
conseil autre que le mari (1). Nous ne pensons pas que
cette idée soit admissible. Le conseil judiciaire sera fort
utile à la femme, non pas, il est vrai, si elle est mariée
sous le régime de communauté (car alors elle n'a l'administration d'aucun de ses biens), mais si elle est séparée
de biens, si le mari est absent, si le mari est lui-même
pourvu d'un conseil judiciaire. Objectera-t-on que cette
nomination est une atteinte illégale à l'autorité du mari?
Nous répondons qu'elle n'est prohibée par aucune disposition de la loi. D'autre part, n'est-il pas nécessaire de
confier l'administration des biens de la femme à un autre

(1) Voy. *le Droit* des 7 et 8 janvier 1856 (Plaidoirie de M⁰ Jules
Favre).

qu'au mari quand ce dernier est notoirement mauvais administrateur et quand il a été judiciairement déclaré incapable de remplir de telles fonctions? Peut-il alors se plaindre d'être lésé dans ses prérogatives? La jurisprudence décide avec nous que, quel que soit le régime adopté par les époux, la femme peut recevoir un conseil judiciaire (1).

SECTION II. — Quelles sont les conséquences juridiques de la nomination d'un conseil judiciaire sur la capacité civile du faible d'esprit?

L'incapacité du faible d'esprit est limitée aux actes pour lesquels l'assistance de son conseil lui est imposée. Elle est donc déterminée par l'énumération de l'art. 499. Les tribunaux ne pourraient même pas, en nommant un conseil judiciaire, prescrire son assistance pour des actes non prévus par cet article; par contre, ils ne seraient pas autorisés à restreindre les effets de la nomination du conseil dans des limites plus étroites que celles qui sont indiquées par la loi. Il s'agit ici d'une modification de la capacité civile; or une pareille modification ne peut avoir lieu qu'en vertu de la loi, et dans la mesure qu'elle a elle-même fixée (2).

Reprenons donc les termes de l'art. 499 que nous avons déjà reproduits plus haut.

Nous y voyons d'abord que le conseil judiciaire ne représente pas le faible d'esprit : il doit seulement l'assister

____

(1) En ce sens, Montpellier, 14 déc. 1841; Cass., 9 juin 1829; Rennes, 17 déc. 1840; Paris, 7 janvier 1856.

(2) Aubry et Rau, I, p. 569.

et, pour ainsi dire, le compléter. Cette assistance du conseil implique en principe l'idée de sa participation personnelle et directe aux actes pour lesquels son concours est requis. Néanmoins, si le conseil judiciaire, en consentant par acte séparé à une convention que se proposerait de passer le faible d'esprit, avait indiqué dans cet acte les clauses et conditions de cette convention, le vœu de la loi serait suffisamment rempli. En aucun cas, le consentement isolé du conseil judiciaire ne peut efficacement intervenir après coup ; mais rien ne s'opposerait à la confirmation simultanément consentie par le conseil et la personne à laquelle il a été nommé (1).

L'assistance du conseil ne pourrait être générale, porter sur une suite d'actes successifs ; elle ne saurait aller, par exemple, jusqu'à autoriser d'une façon générale le faible d'esprit à s'obliger, s'il veut être commerçant, pour tous les actes de son négoce. La présomption d'incapacité est assez grave ici pour qu'on ne restreigne pas à la légère les termes du Code, et il est bon de s'en tenir sur ce point à une interprétation très prudente (2). Il en résulte que, le conseil judiciaire ne pouvant ni donner une autorisation générale, ni assister dans chaque acte de commerce la personne dont il surveille les intérêts, celle-ci se trouve en fait incapable de faire le commerce (3), et, par suite, le mari pourvu d'un conseil judiciaire ne peut autoriser sa femme à être marchande publique (4).

(1) Cass., 6 juin 1860.
(2) Paris, 16 février 1861.
(3) Angers, 10 février 1865.
(4) Paris, 13 novembre 1866.

A moins d'être assisté par son conseil dans les conditions que nous venons d'indiquer, le faible d'esprit ne peut plaider, transiger, emprunter, recevoir un capital mobilier ni en donner décharge, aliéner, ni grever ses biens d'hypothèque.

La prohibition de *plaider* s'étend à la défense aussi bien qu'à la demande, ainsi qu'à l'exercice des voies de recours, telles que l'opposition, l'appel ou le pourvoi en cassation. Elle doit être observée quelle que soit la nature de la contestation, et régit aussi bien les procès qui concernent la personne que les procès relatifs au patrimoine. L'assistance du conseil judiciaire est donc nécessaire au faible d'esprit pour demander la mainlevée d'une opposition formée à son mariage et pour ester en justice en matière de séparation de corps. Toutefois on admet généralement, et la Cour de cassation s'est prononcée en ce sens (1), que la demande en interdiction d'un individu pourvu d'un conseil judiciaire peut être formée et suivie contre lui seul, sans qu'il soit nécessaire de mettre en cause son conseil. Cette décision est fondée sur ce que la nature et le but de la demande en interdiction, ainsi que les formes spéciales de la procédure, rendent inutile et sans objet le concours du conseil judiciaire.

Le faible d'esprit ne peut pas *transiger* sans son conseil, quelle que soit la nature de l'objet et l'importance de la transaction. Ainsi la Cour de cassation a jugé qu'il ne pourrait, sans l'assistance de son conseil, acquiescer

______

(1) Cass., 15 mars 1858.

à un jugement par défaut rendu contre lui (1). La défense de transiger entraîne virtuellement celle de compromettre.

La prohibition de recevoir un capital mobilier emporte
celle de céder un pareil capital, ainsi que celle de transférer des rentes soit sur particuliers, soit sur l'État, ou
des actions de la Banque de France, quel qu'en soit
d'ailleurs le montant.

L'assistance que doit prêter le conseil judiciaire
pour la réception d'un capital mobilier donne, suivant
nous, à ce conseil le droit d'exiger et de surveiller
l'emploi du capital reçu : car autrement la précaution
prise en pareil cas par la loi deviendrait complètement
illusoire.

Enfin, le faible d'esprit ne peut seul ni *aliéner*, ni
grever ses biens d'hypothèques.

La défense d'aliéner est aussi absolue que la défense
de plaider, et elle s'applique aux aliénations de meubles
comme aux aliénations d'immeubles. On pourrait croire,
en s'attachant à la lettre même du texte, que la défense
d'aliéner sans assistance n'est relative qu'aux immeubles :
car la défense d'aliéner est suivie de la défense de grever
les biens d'hypothèques, et il n'y a, comme on sait, que
les immeubles qui puissent être hypothéqués. Mais telle
n'est évidemment pas l'intention du législateur, qui a
voulu mettre les faibles d'esprit hors d'état de dissiper
leur fortune ou de la compromettre par des actes imprudents. Dans notre ancien droit, où l'on disait *vilis mobi-*

(1) Cass., 6 novembre 1867.

lium possessio, il était naturel que l'individu atteint d'interdiction partielle conservât la libre disposition de ses meubles : mais aujourd'hui que la fortune mobilière a acquis une importance égale et peut-être supérieure à celle de la fortune immobilière, il n'y a aucune raison pour ne pas protéger l'une avec autant de soin que l'autre. Il est permis de penser que les rédacteurs du Code n'ont pas commis cette inconséquence, et, dans le doute, nous sommes autorisés à adopter le système qui évite une aussi fâcheuse contradiction.

La défense d'aliéner comprend non seulement les aliénations directes, mais encore les aliénations indirectes : aussi croyons-nous que la personne pourvue d'un conseil judiciaire ne peut contracter aucun engagement susceptible d'être exécuté sur ses biens, meubles et immeubles, si ce n'est pour les actes d'administration qui lui sont permis.

Cette prohibition d'aliéner est encore absolue en ce sens qu'il n'y a pas à distinguer entre les aliénations à titre onéreux et les aliénations à titre gratuit. Elle s'étend à toutes les donations en général. Le faible d'esprit ne pourra donc faire, sans l'assistance de son conseil, aucune des libéralités suivantes :

1° Les donations par contrat de mariage, consenties par l'un des époux à l'autre, sans distinguer entre les donations de biens présents et les donations de biens à venir. Le concours du conseil sera même nécessaire au faible d'esprit pour passer toutes conventions matrimoniales dont l'effet serait de conférer à son conjoint des avantages actuels ou éventuels, simples ou réciproques, plus étendus que ceux qui résultent de la communauté légale, pour consentir par exemple une communauté universelle et des clauses d'ameublissement ou de partage inégal de la communauté. Ces propositions ont été contredites sous prétexte que le faible d'esprit, pouvant se marier seul, doit pouvoir aussi faire seul toutes les conventions relatives à son mariage : « *Habilis ad nuptias, habilis ad pacta nuptiarum.* » A cela nous répondrons qu'il n'existe aucun texte qui, soit en général, soit pour l'individu pourvu d'un conseil judiciaire, ait lié le sort du contrat de mariage au mariage même d'une façon si indissoluble. Il n'est nullement démontré que le maintien de l'union des personnes doive nécessairement emporter le maintien de leurs conventions matrimoniales : les deux actes diffèrent essentiellement, en ce que le mariage est une institution morale et d'ordre public qui, à ce double point de vue, est soumise à des règles particulières, tandis que le contrat de mariage ne règle ou ne crée que des intérêts purement civils et pécuniaires ; il reste donc, d'après son objet, soumis aux règles ordinaires qui régissent les actes relatifs au patrimoine et tombe, par suite, sous le coup de l'art. 499.

On a prétendu que le contrat de mariage est indivisible et qu'on ne saurait, en maintenant le régime que les époux ont adopté, annuler les donations qui s'y trouvent mêlées (1). Mais, quelque intime que puisse être le rapport de connexité entre le régime dont les époux ont

(1) Troplong, *Du contrat de mariage*, I, 97 ; Cass., 24 déc. 1856.

fait choix et les donations que l'un des époux peut faire à l'autre, ces différentes stipulations sont-elles donc vraiment inséparables? Nous ne le croyons pas, et nous ne voulons invoquer à l'appui de notre opinion qu'un fait bien certain : les donations contenues au contrat peuvent être annulées ou révoquées sans que pour cela le contrat tombe quant à son objet principal, et cet objet, c'est la détermination du régime matrimonial. Ainsi, qu'une constitution dotale faite en faveur d'un des époux soit annulée pour défaut de capacité dans la personne du constituant, ou révoquée pour survenance d'enfant, le régime adopté par les époux n'en subsistera pas moins sans modification. De même, il est incontestable que la donation faite par l'un des époux à l'autre est susceptible d'être annulée par application de l'art. 901, comme émané d'une personne qui n'était pas saine d'esprit : or, cela serait-il possible si les diverses dispositions contenues dans le contrat de mariage formaient un tout absolument indivisible? Nous ne voyons donc aucune raison suffisante pour permettre au faible d'esprit de faire, sans son conseil, des donations par contrat de mariage (1).

2° Les donations entre époux pendant le mariage. Il est en effet de principe que, sauf certaines exceptions, les dispositions par actes entre vifs faites entre époux pendant le mariage restent, quant à leur validité intrinsèque et quant à leurs effets, soumises aux règles ordinaires sur les donations entre vifs. La révocabilité qui en forme le

____

(1) En ce sens, Aubry et Rau, V, p. 236, note 12.

caractère distinctif ne leur enlève pas la nature de donations, et ne permet pas de les assimiler à des dispositions testamentaires qui, comme nous le verrons, seraient
affranchies de l'assistance du conseil. Les donations de
cette espèce opèrent des effets actuels et instantanés :
c'en est assez pour qu'on les entoure des précautions
prises dans l'intérêt du faible d'esprit par l'art. 499.

3° La constitution de dot, même en faveur d'un de
ses enfants. On a critiqué cette solution en disant que
la constitution de dot n'est, de la part d'un père, que
l'accomplissement d'une obligation naturelle. Ce n'est
pas une raison, suivant nous, pour s'écarter ici des règles
auxquelles la loi soumet toutes les aliénations consenties
par le faible d'esprit. Certes, il est très louable de doter
un enfant, et le Code voit cet acte avec faveur. Mais s'il
est juste de donner, il est dangereux de donner avec
exagération; l'individu dont l'état mental a nécessité la
nomination d'un conseil judiciaire peut être entraîné
par la violence de ses passions ou par la faiblesse de sa
volonté au delà des bornes qu'un homme raisonnable
imposerait à sa générosité. Pourquoi enlever à cette intelligence débile le secours qui lui est adjoint pour des
actes bien moins importants et bien moins dangereux?

4° L'institution contractuelle en faveur d'une personne quelconque. Cette libéralité étant irrévocable et
emportant renonciation à la faculté de disposer, soit par
donation entre vifs, soit par testament, des biens auxquels elle s'applique, on doit, en ce qui concerne les
conditions de capacité à exiger de l'instituant, l'assimiler
plutôt à une donation entre vifs qu'à un legs. Lors même

que la disposition serait faite au bénéfice d'un de ses enfants par le faible d'esprit, les motifs que nous venons
d'exposer plus haut exigeraient, à notre avis, l'assistance
du conseil judiciaire.

La prohibition d'aliéner, jointe à celle d'emprunter,
emporte, pour l'individu soumis à un conseil judiciaire,
incapacité de s'engager par des actes qui, considérés en
eux-mêmes ou dans leur objet, ne présenteraient plus le
caractère d'actes de simple administration : c'est ainsi
qu'il ne pourrait sans son conseil accepter ou répudier
une hérédité. S'il lui est défendu de s'obliger seul par
voie d'emprunt, à plus forte raison doit-il lui être interdit de s'obliger par l'acceptation d'une succession ; et,
s'il ne lui est pas permis d'aliéner ses immeubles à titre
onéreux, comment aurait-il la faculté d'aliéner à titre
gratuit une universalité juridique?

Nous ne croyons pas non plus que le faible d'esprit
puisse faire un partage de succession sans l'assistance de
son conseil. D'après l'art. 883, chaque cohéritier est
censé avoir succédé seul et immédiatement à tous les objets compris dans son lot. Mais c'est là une pure fiction,
et en réalité chacun abandonne sa part indivise pour
recevoir en échange, dans les objets qu'on lui attribue,
les parts de ses cohéritiers. Le partage doit donc s'analyser en une véritable aliénation, et c'est pourquoi nous
voyons la loi le ranger plutôt parmi les actes de disposition que parmi les actes de simple administration
(art. 818, 838 et 840). Peut-on admettre dès lors que le
législateur ait autorisé le faible d'esprit à y procéder
sans le concours du conseil judiciaire?

Aux termes de l'art. 2222, « celui qui ne peut aliéner ne peut renoncer à la prescription acquise. » L'individu pourvu d'un conseil judiciaire ne pourra donc sans son conseil renoncer à la prescription.

En dehors des actes textuellement ou virtuellement compris dans l'art. 399, le faible d'esprit conserve le libre exercice de ses droits.

Il peut d'abord faire seul tous les actes relatifs à la personne, se marier, adopter, être adopté, reconnaître un enfant naturel. Il peut établir son domicile partout où bon lui semblera ; il peut être membre d'un conseil de famille, car l'art. 442 en exclut seulement les interdits. Nous ne pensons pas qu'il puisse être tuteur, car l'art. 444 refuse la tutelle à tous ceux dont la gestion atteste l'incapacité ; il serait bizarre qu'une personne pourvue d'un conseil judiciaire pût toucher seule les capitaux d'un mineur quand elle n'est pas même autorisée à recevoir seule ses propres capitaux.

Le faible d'esprit peut, en se mariant, adopter, soit expressément, soit tacitement, le régime de communauté légale, ou faire telles autres conventions matrimoniales qui lui laisseraient, dans une mesure plus grande que ce régime, la propriété, la jouissance et l'administration de son patrimoine.

M. Demolombe enseigne, au contraire (III, 22, et VIII, 740), qu'il ne peut ni d'une manière expresse, ni d'une manière tacite se soumettre, sans l'assistance de son conseil, au régime de communauté légale, et que c'est au régime de séparation de biens que doivent être nécessairement ramenées les conventions matrimoniales qu'il aurait passées sans cette assistance ; le régime de communauté légale emporte, du moins dans une certaine mesure, aliénation du mobilier des époux : or, aux termes de l'art. 499, la personne pourvue d'un conseil judiciaire est incapable d'aliéner.

Nous ne saurions nous ranger à cette manière de voir. L'argument dont elle s'inspire dénature, suivant nous, la pensée du législateur : quand ils ont déclaré le faible d'esprit incapable d'aliéner, les redacteurs du Code n'avaient certainement en vue que les aliénations qui pourraient résulter du penchant à la dissipation ou qui compromettraient imprudemment les intérêts de l'individu soumis à un conseil judiciaire. Eh bien, l'adoption de la communauté légale ne constitue évidemment pas une aliénation de cette espèce. Le législateur a érigé cette communauté en régime de droit commun ; il a voulu qu'en l'absence de conventions matrimoniales expresses, les futurs conjoints fussent censés s'y être tacitement soumis : il l'a donc considérée, à tort ou à raison, comme étant la plus conforme à la nature du mariage et comme réglant de la façon la plus heureuse les intérêts pécuniaires des époux. Ne serait-il pas inconséquent de reconnaître au faible d'esprit la faculté de se marier et de lui refuser en même temps la capacité nécessaire pour choisir le régime matrimonial du droit commun, ce régime qui est la suite naturelle et légale de tout mariage valable ? Ajoutons qu'il serait contraire à tous les principes d'imposer aux époux, contre leur volonté, le régime de séparation de biens qui est tout exceptionnel et qui ne peut résulter que d'une convention explicite (1).

L'assistance du conseil judiciaire, indispensable pour les actes de disposition, n'est pas requise pour les actes d'administration. En conséquence, le pauvre d'esprit pourra recevoir ses revenus au fur et à mesure de leur échéance, et en donner quittance, prendre ou donner à bail des meubles ou des immeubles, passer des traités pour la conservation ou l'amélioration de ses biens, et faire tels achats qu'exigera son entretien, le tout dans la juste limite de ses besoins et de sa fortune.

Enfin il conserve le droit de tester sans l'assistance de son conseil. Cette faculté ne lui est nullement retirée par la défense d'aliéner que porte l'art. 499, car, à proprement parler, celui qui rédige son testament n'*aliène* pas, il fait seulement un acte destiné à dépouiller plus tard ses héritiers présomptifs. Notons d'ailleurs que le testament d'un individu pourvu d'un conseil judiciaire pourra toujours être annulé s'il est reconnu, d'après les circonstances, que la faiblesse d'esprit du testateur justifie l'application de l'art. 901.

Les actes pour lesquels la loi exige l'assistance du conseil judiciaire sont frappés de nullité, lorsque, passés postérieurement à la nomination de ce conseil, ils l'ont été sans son assistance (art. 502). La loi ouvre en pareil cas une action semblable à celle qui compète à l'interdit pour faire tomber ses actes : le faible d'esprit et ses héritiers pourront seuls l'intenter ; ils n'auront, pour réussir, à prouver l'existence d'aucune lésion ; enfin après la mort ou

(1) En ce sens, Aubry et Rau, I, p. 573, note 24 ; Limoges, 27 mai 1867.

après la mainlevée du jugement qui avait produit l'incapacité, la nullité sera couverte, soit par une ratification expresse, soit par l'expiration d'un délai de dix ans.

Il nous reste à signaler deux différences importantes entre l'interdit et la personne pourvue d'un conseil judiciaire :

1° Les actes passés par le faible d'esprit antérieurement à la nomination du conseil ne peuvent être attaqués sous prétexte que la cause qui a motivé cette nomination existait déjà notoirement à l'époque de leur passation. L'art. 503 n'a désigné que l'interdit et ne pouvait désigner que lui. L'état habituel de démence, de fureur ou d'imbécillité qui donne naissance à l'interdiction est, par sa nature, généralement connu ; il constitue une situation bien tranchée qui laisse peu de place au doute et à l'erreur. La faiblesse d'esprit est, au contraire, quelque chose de fort équivoque, et presque jamais on ne pourra dire qu'elle est notoire. Il était donc prudent de ne pas ouvrir la porte à des procès où la mauvaise foi des tiers contractants serait très difficile à constater et où l'on courrait risque de les dépouiller injustement du bénéfice légitime qu'ils comptaient retirer de leur convention.

2° La prescription, suspendue en faveur de l'interdit, continue à courir contre la personne pourvue d'un conseil judiciaire. Ce principe nous est d'abord imposé par les textes (art. 2251) : nous ajouterons qu'il est justifié par les motifs qui ont fait établir le conseil judiciaire. Que craint-on pour le faible d'esprit ? les engagements déraisonnables, les aliénations imprudentes ; et c'est contre de telles erreurs qu'on a voulu le protéger. Mais y a-t-il lieu de redouter qu'il ne laisse, par inaction et négligence, une créance s'éteindre, un tiers s'emparer de ses biens? Il n'est pas comme le mineur et l'interdit dans une impossibilité matérielle d'agir, et il n'y avait pas de raison pour lui accorder cette extrême faveur d'échapper à la prescription.

CHAPITRE IV

DES PERSONNES PLACÉES DANS UN ÉTABLISSEMENT D'ALIÉNÉS.

Nous avons déjà indiqué en quelques mots à quels besoins répondait la loi du 30 juin 1838.

Il ne rentre pas dans notre sujet d'insister sur les avantages qu'elle peut présenter au point de vue du traitement des aliénés et de la sécurité publique, ni sur les périls auxquels elle peut exposer la liberté individuelle. Rappelons seulement le but qu'elle s'est proposé.

Multiplier les asiles d'aliénés, jusqu'alors trop peu nombreux, et organiser leur surveillance; favoriser le placement des fous dans ces établissements sans qu'il soit besoin de recourir préalablement à l'interdiction et sans qu'on puisse craindre d'encourir le reproche de séquestration arbitraire, tels sont, d'une façon très générale, les résultats que le législateur de 1838 s'est efforcé d'atteindre.

Pour y parvenir, voici les principales mesures qu'il a prises.

1° Chaque département est tenu d'avoir un asile public d'aliénés qui sera dirigé par l'autorité publique. Les établissements privés seront sous la surveillance de cette même autorité (art. 1 à 3). L'art. 4 charge un certain nombre de fonctionnaires de visiter ces différentes maisons.

2° Suivant que la folie est inoffensive ou de nature à compromettre la sûreté des personnes et l'ordre public, la loi laisse aux particuliers le soin de faire placer le malade dans un asile, ou charge au contraire l'autorité de faire enfermer d'office l'aliéné pour éviter les accidents que sa folie pourrait produire.

Le placement dans les asiles est donc *volontaire* ou *ordonné par l'autorité publique*.

La loi prend ses précautions pour que le placement volontaire ait lieu seulement au cas où cette mesure serait reconnue nécessaire ou utile par le témoignage d'hommes compétents, et pour cela elle exige un certificat de médecin (art. 8, 2°) ; elle assure d'autre part le contrôle de ces séquestrations en exigeant que, lors de l'admission de chaque aliéné, un bulletin d'entrée soit envoyé au préfet de police à Paris, au préfet dans les départements (art. 8, *in fine*). Dans les trois jours qui suivent la réception du bulletin, le préfet doit prévenir les procureurs de la République du domicile de la personne séquestrée et de la situation de l'établissement ; il doit aussi, dans le même délai, charger un ou plusieurs médecins de visiter la personne internée et de faire un rapport immédiat sur son état mental (art. 9 et 10). Enfin, l'art. 11 prescrit, dans les quinze jours, un nouveau rapport médical.

Quant au placement d'office, il est ordonné par le préfet de police ou par le préfet toutes les fois que la folie peut être un danger pour la sécurité publique. Ces ordres sont motivés et énoncent les faits qui les ont rendus nécessaires (art. 18). Dans le premier mois de chaque semestre, un rapport médical tient le préfet au courant de l'état de tous les malades retenus dans l'asile (art. 20). Aucun d'eux ne peut en sortir définitivement si ce fonctionnaire s'y oppose par un ordre motivé et énonciatif des circonstances (art. 21).

Supposons maintenant le malade bien et dûment admis dans une maison d'aliénés. Quels seront les effets de cette situation sur sa capacité civile ?

Posons d'abord une première règle. Pour que la séquestration dans un établissement d'aliénés produise des effets juridiques à l'égard de la personne qui y est renfermée, il est indispensable que l'établissement ait une existence légale. Les personnes qui seraient traitées dans des maisons de santé non autorisées n'éprouveraient dans leur condition juridique aucune modification. Il a été également décidé que le Français, placé hors de France dans un établissement d'aliénés, ne subissait par ce fait aucun changement d'état (1). La loi ne peut attribuer d'effets qu'au placement dans des maisons qui lui inspirent confiance et où ses prescriptions sont respectées.

En dehors de ces deux hypothèses, quand l'admission d'une personne dans un asile d'aliénés est devenue définitive, sa condition se trouve modifiée ; sa personne

(1) Douai, 18 février 1848.

et ses biens sont soumis aux règles introduites par la loi de 1838.

Si l'aliéné avait été interdit antérieurement, ou s'il est encore mineur non émancipé, sa situation restera la même ; car il se trouve placé sous un régime plus protecteur que celui de la loi de 1838.

Mais, si nous supposons que l'aliéné avait été seulement pourvu d'un conseil judiciaire, ou qu'il avait conservé la libre disposition de sa personne et de son patrimoine, il se trouve atteint dans ce double droit : on institue dans son intérêt une sorte de pouvoir tutélaire (art. 31 et suiv.), et, pour prévenir les dilapidations par lesquelles il pourrait consommer sa ruine, on institue à son égard une incapacité particulière dont nous aurons à déterminer l'étendue et les conséquences (art. 39).

Cette dernière question rentrant seule dans le cadre que nous avons attribué à notre travail, nous nous bornerons à donner un aperçu rapide des pouvoirs organisés par la loi pour la protection de l'aliéné.

La personne enfermée dans un asile peut avoir, suivant les circonstances, un administrateur provisoire, un notaire commis pour la représenter dans certains actes, un mandataire spécial pour la représenter en justice (mandataire *ad litem*), enfin un curateur à la personne.

L'idée générale que nous devons retenir, c'est que l'aliéné perd la faculté d'administrer ses biens. Cette mission est confiée à un tiers soit par la loi elle-même, soit par le tribunal.

L'aliéné est-il placé dans un établissement *public* ? la loi défère l'administration provisoire de ses biens à la commission administrative ou de surveillancede cet établissement ; la commission doit désigner un de ses membres pour remplir les fonctions d'administrateur provisoire (art. 31). Toutefois, la nomination d'un administrateur judiciaire peut être demandée au tribunal par la commission, par les parents ou le conjoint de l'aliéné, enfin par le ministère public.

L'aliéné est-il dans un établissement *privé ?* l'administration provisoire est toujours judiciaire.

Sans entrer dans le détail des fonctions qui appartiennent à l'administrateur provisoire, disons qu'elles se bornent en général à prendre des mesures conservatoires, à faire et à passer les actes qui présentent un caractère d'urgence (1). Plusieurs attributions lui sont nommément accordées par les art. 31, 35 et 36. Mais, en dehors des pouvoirs qui sont inhérents à sa qualité et de ceux que la loi lui confie formellement, l'administrateur provisoire est à considérer comme dépourvu de mandat. Les actes de disposition ou d'administration définitive qu'il passerait, même avec l'autorisation de justice, ne lieraient pas son administré. Pour rendre possible la passation des actes de cette nature, il faudrait absolument recourir à l'interdiction.

Les pouvoirs de l'administrateur provisoire sont un peu différents, suivant qu'il s'agit d'administrateur légal ou judiciaire :

1° Si l'administrateur est légal, il n'a pas le maniement des sommes que recouvre l'aliéné ; les fonds sont

---

(1) Aubry et Rau, I, p. 530.

versés directement entre les mains du receveur comptable de l'établissement ; c'est donc ce dernier qui doit rendre compte et qui doit garantie, son cautionnement est affecté par privilège à la restitution des dites sommes. Si l'administrateur est judiciaire, c'est lui qui remplit l'office de comptable, il reçoit directement les sommes recouvrées et il en est responsable. Pour assurer que cette responsabilité sera efficace, la loi autorise le tribunal à constituer une hypothèque générale ou spéciale sur les biens de l'administrateur judiciaire, mais, dans tous les cas, jusqu'à concurrence seulement d'une somme déterminée. Cette hypothèque ne peut être établie que par le jugement même qui nomme l'administrateur ; elle ne prend rang que du jour où elle a été inscrite (art. 33).

2° C'est à l'administrateur judiciaire, quand il y en a un, que doivent être adressées les significations faites à l'aliéné par des tiers. Celles qui sont faites au domicile de l'aliéné ou directement à l'aliéné lui-même ne sont pas nulles de droit, mais annulables selon les circonstances et abandonnées à l'appréciation du tribunal (art. 35). Ces dispositions ne s'appliquent pas au cas où l'administrateur est légal : la loi ne lui donne pas alors mandat de recevoir les significations.

L'administrateur provisoire n'est point, à ce titre, chargé de réprésenter en justice l'individu dont il est appelé à gérer les biens. Cette mission est donnée, s'il y a lieu, à un mandataire *ad litem* désigné spécialement pour chaque litige par le tribunal du domicile de l'aliéné (art. 33).

Lorsqu'il n'existe pas d'administrateur provisoire, le président du tribunal commet, à la requête de la partie

la plus diligente, un notaire pour représenter les personnes non interdites placées dans les établissements
d'aliénés, dans les inventaires, comptes, partages et liqui-
dations dans lesquelles elles seraient intéressées (art. 36).

Enfin le tribunal peut nommer un curateur à la personne de tout individu non interdit placé dans un établissement d'aliénés.

Le curateur a une double mission ; il doit veiller : 1°
à ce que les revenus du malade soient employés à adoucir
son sort et accélérer sa guérison ; 2° à ce que ledit in-
vidu soit rendu au libre exercice de ses droits aussitôt que
sa situation le permettra (art. 38).

Voyons maintenant en quoi se trouve modifiée la capacité juridique de la personne admise dans un établissement d'aliénés.

Le placement dans une maison d'aliénés entraîne, pour
l'individu auquel on applique cette mesure, la suspension
de certains droits de famille. Il devient incapable de
remplir les fonctions de tuteur (art. 444) et de membre
d'un conseil de famille (arg. d'anal. art. 442), d'exercer
sur la personne de ses enfants ou de sa femme les droits
de puissance paternelle ou maritale (art. 149, 150, 222).

Il perd le droit d'ester en justice, soit en demandant,
soit en défendant. Ce dernier point résulte à notre avis
de l'ensemble des dispositions de l'art. 34 de la loi de
1838 qui suppose évidemment que l'individu retenu dans
un établissement d'aliénés ne peut ester en justice que
par l'intermédiaire d'un mandataire spécial. Ajoutons toutefois, avec MM. Aubry et Rau (1), que la partie adverse

(1) Aubry et Rau, I, p. 535, note 34.

ne peut opposer ce défaut de qualité que comme un fin de non-procéder jusqu'à régularisation de la procédure ; et, si elle ne l'a pas fait valoir, elle n'est pas admise à attaquer pour ce motif le jugement rendu contre elle.

La personne placée dans un établissement d'aliénés est en outre soumise à une sorte d'incapacité générale, établie en ces termes par l'art. 39 de la loi de 1838 :

« Les actes faits par une personne placée dans un établissement d'aliénés, pendant le temps qu'elle y aura été retenue sans que son interdiction ait été prononcée ni provoquée, pourront être attaqués pour cause de démence, conformément à l'art. 1304 du Code civil. »

On peut tout d'abord constater que cet article ne reproduit pas la règle écrite dans l'art. 503 du Code civil. Tandis qu'on a le droit d'attaquer les actes faits avant l'interdiction si l'état habituel de folie existait notoirement au jour où ces actes ont été passés, il n'en est pas de même lorsque l'aliéné a été simplement séquestré dans un asile. Nous avons donc là une première et importante différence à relever entre les effets de l'interdiction et ceux du placement dans une maison d'aliénés : ce placement n'a aucune influence rétroactive sur les actes antérieurs. Ils restent soumis au droit commun et sont réputés valables, à moins que la preuve de la démence au moment de leur confection ne soit rapportée, auquel cas ils sont absolument nuls.

D'autre part, notre art. 39 déroge à l'art. 504 et rapproche ainsi, sur un point très remarquable, les effets du placement et ceux de l'interdiction. D'après l'art. 504, on ne peut en principe attaquer pour cause de démence les actes d'une personne *décédée* dont l'interdiction n'a été ni prononcée ni provoquée. La loi de 1838 n'a pas limité à la mort de l'aliéné le droit d'attaquer les actes passés par lui depuis sa séquestration : on doit donc en conclure que, comme le jugement d'interdiction, l'internement du fou permettra de contester ses actes *même après son décès*.

En résumé, l'art. 39 s'appliquera aux actes passés par l'insensé depuis le jour de son admission dans l'établissement, sans distinguer si l'action en nullité est intentée de son vivant ou après sa mort.

Le renvoi que fait la loi à l'art. 1304 du Code civil indique suffisamment la nature de la nullité ; comme celle qui s'attache aux actes de l'interdit, elle est relative : l'aliéné ou ses héritiers peuvent seuls la proposer, et elle peut être couverte soit par une rectification expresse, soit par l'expiration d'un délai de dix années.

Mais une différence capitale existe entre cette action en nullité et celle qui aboutit à la rescision des actes de l'interdit. Quand l'annulation des actes de l'interdit est demandée au tribunal, les juges n'ont pas à entrer dans l'examen des faits : cette annulation s'impose par cela seul que les ayant-droit l'ont sollicitée en temps utile. Si, au contraire, il s'agit des actes d'une personne placée dans un établissement d'aliénés, les juges recouvrent leur droit d'appréciation ; suivant les termes mêmes de la loi, ils *peuvent* prononcer la nullité, ils n'y sont pas contraints.

Est-ce à dire que l'art. 39 établisse une présomption de démence susceptible d'être combattue par la preuve contraire? Ou bien faut-il penser que, conformément au droit commun, l'acte est présumé valable et ne peut tomber que si l'on démontre l'existence de la folie au jour de sa confection? En d'autres termes, à qui incombe la charge de la preuve? La personne séquestrée devra-t-elle venir prouver qu'elle était en état d'aliénation mentale au moment où l'acte a été fait? Ou bien, si elle réclame la nullité, sera-ce au défendeur à établir, contre une présomption légale de folie, que le demandeur était, au moment de l'acte, en possession de sa raison?

La question est délicate et assez embarrassante, car le texte de l'art. 39 ne fournit pas à lui seul les éléments voulus pour la résoudre. Les travaux préparatoires ne sont guère propres à diminuer nos perplexités.

En effet, par le renvoi que contient l'art. 39 à l'art. 1304 du Code civil, il semble que les rédacteurs de la loi de 1838 aient entendu établir tout au moins une grande analogie entre l'action de l'aliéné séquestré et l'action de l'interdit : or ce dernier jouit d'une présomption d'incapacité qui le dispense de prouver rétrospectivement sa folie à l'époque des actes qu'il attaque. N'est-il pas vraisemblable que, dans l'esprit du législateur de 1838, une présomption d'incapacité devait aussi exister en faveur du fou séquestré ? Eh bien, cependant, les discussions qui ont eu lieu à propos du projet de loi paraissent trancher la question contre l'aliéné.

A la Chambre des pairs, M. Laplagne-Barris avait proposé un amendement dont l'adoption aurait résolu définitivement la difficulté de la façon la plus juste et la plus heureuse. Il était ainsi conçu : « Les actes faits par un individu placé dans un établissement d'aliénés pendant qu'il y aura été détenu, seront nuls, sauf toutefois à la partie à laquelle sa nullité sera opposée de prouver que cet individu était sain d'esprit au moment où l'acte a été passé (1). »

Nous ne saurions mieux montrer combien cet amendement était sage qu'en reproduisant les propres paroles par lesquelles son auteur le défendait : « La rédaction de la commission oblige l'aliéné sorti de l'établissement ou ses héritiers à prouver deux choses : la première, qu'il était dans la maison d'aliénés au moment où cet acte a été passé ; la seconde, qu'il était dans un état d'aliénation complète qui le privait de l'usage de sa volonté. Or cette seconde preuve est presque impossible. Je dis plus : il serait cruel de l'imposer. C'est déjà beaucoup que cette nécessité où se trouve placé un individu, lorsqu'on lui oppose un acte, de venir dire devant un tribunal : J'étais fou, je demande la nullité de cet acte. Si vous ajoutez encore à cette nécessité l'obligation de prouver qu'au moment où cet acte fut passé, tel ou tel accès de folie pouvait être reproché au malheureux qui forme la demande, il arrivera peut-être souvent que, pour ne pas se soumettre à établir par témoins les détails de son aliénation, il payera une dette qu'il n'a pas contractée, et subira les conséquences d'un acte frauduleux ; c'est là ce que je veux empêcher. La commission suppose que la probabilité est du côté de l'acte ; moi je pense le contraire. » L'honorable orateur ajoutait une considéra-

(1) Séance de la Chambre des pairs, du 13 février 1838 (Voy. le *Moniteur* du 14 février 1838).

tion qui nous semble encore plus concluante : « Quelle est donc la situation d'une personne qui va trouver dans une maison de fous un individu, qui lui fait signer un acte de vente, d'emprunt, une quittance? La présomption de bonne foi est-elle de son côté, ou plutôt la présomption contraire n'est-elle pas évidente ? »

Quelque puissantes que fussent ces raisons, l'amendement de M. Laplagne-Barris fut rejeté.

Mais un fait important est à relever dans la discussion : le rapporteur, M. de Barthélemy, tout en combattant l'amendement au nom de l'intérêt des tiers, accorda que « dans la pratique les tribunaux ne se montreraient pas très difficiles sur les preuves à faire pour justifier que, lorsque l'acte a été souscrit, l'individu était en état de démence. » C'est là, en effet, qu'est, suivant nous, la réponse à la question qui nous occupe.

Devant le rejet de l'amendement que nous venons de rappeler, on ne saurait nier que le législateur ait refusé d'établir en faveur de l'interné une présomption légale de démence. Mais, en réalité, le séjour du demandeur dans une maison de fous sera pour les juges une présomption de fait d'une grande valeur. Les précautions les plus minutieuses ayant été prises par la loi de 1838 pour empêcher qu'un individu sain d'esprit ne soit indûment placé ou retenu dans un établissement d'aliénés, la séquestration dans un pareil établissement doit rendre plus que probable la démence de tous ceux qui s'y trouvent soumis. Les juges apprécieront le plus ou moins de gravité de cette présomption, à l'aide des circonstances particulières à chaque espèce, et d'après les moyens invoqués par l'une et l'autre des parties pour en corroborér ou en atténuer les effets.

Ainsi, la question de savoir si la preuve de la folie résulte (sauf à être combattue) du fait même de la séquestration, n'est pas tranchée *a priori* par le législateur. Cette question est abandonnée au tact et à la sagacité des tribunaux qui jouiront, pour la résoudre, d'un pouvoir discrétionnaire.

En soumettant aux règles de l'art. 1304 la nullité des actes de la personne séquestrée, l'art. 29 fixe à dix ans le délai pendant lequel l'action en nullité peut être intentée, et il ajoute : « Les dix ans de l'action en nullité courront, à l'égard de la personne retenue qui aura souscrit les actes, à dater de la signification qui lui en aura été faite, ou de la connaissance qu'elle en aura eue après sa sortie définitive de la maison d'aliénés ; et, à l'égard de ses héritiers, à dater de la signification qui leur en aura été faite ou de la connaissance qu'ils en auront eue, depuis la mort de leur auteur. Lorsque les dix ans auront commencé de courir contre celui-ci, ils continueront de courir contre les héritiers. »

C'est là une nouvelle dérogation aux règles ordinaires de l'action en nullité. Tandis qu'en général le délai de dix ans commence à courir dès la cessation de l'incapacité, ici le délai court seulement du jour où l'acte a été signifié soit à la personne sortie de l'établissement, soit à ses héritiers, ou bien du jour où ces personnes ont obtenu de quelque autre façon connaissance de l'acte. Le motif de cette disposition est très équitable ; le plus souvent l'aliéné n'aura pas eu conscience ou du moins

n'aura pas gardé le souvenir de l'acte qu'il aura souscrit ; ses parents l'auront également ignoré ; il est juste
que la prescription décennale, fondée sur une ratification tacite, ne coure pas tant que dure l'ignorance de
l'acte.

Il est regrettable que le même bénéfice n'ait pas été
accordé aux interdits. Pourquoi la personne non interdite, mais retenue dans un établissement d'aliénés, jouit-
elle pour attaquer ses actes d'un délai plus long que
l'interdit dont cependant la démence a été judiciairement constatée et n'en est ainsi que plus certaine ?

— Il se peut qu'un interdit ait été placé dans une maison
d'aliénés, et alors se pose la question de savoir si les
actes qu'il y aura souscrits seront régis par l'art. 1304
ou par l'art. 39 de la loi de 1838.

C'est à ce dernier parti que se range M. Demolombe.
Une telle doctrine est en effet très séduisante ; car il paraît incompréhensible que, parmi les individus placés
dans un asile, une distinction soit faite, que toute une
catégorie d'aliénés soit moins bien traitée que l'autre, et
que ce soit précisément celle des interdits. Quoi qu'il en
soit, le texte est formel : l'art. 39 ne vise que les personnes non interdites, et nous ne nous croyons pas autorisés à étendre une règle exceptionnelle au delà des
limites que le législateur lui a fixées. Ajoutons d'ailleurs,
avec MM. Aubry et Rau, que cette inconséquence, si
choquante en théorie, n'est pas de nature à entraîner
dans la pratique de très graves inconvénients. Si l'acte
souscrit pendant la durée de l'interdiction a été suivi
d'exécution, il est assez difficile de supposer que le ci-

devant interdit n'en obtienne pas connaissance lorsque, après la levée de l'interdiction, il recevra son compte de tutelle et reprendra l'administration de sa fortune. Si cet acte, au contraire, n'a pas été exécuté, le ci-devant interdit pourra toujours, quand l'exécution en sera demandée contre lui, l'attaquer par voie d'exception, conformément à la règle : « *Quæ temporalia ad agendum, perpetua sunt ad excipiendum.* »

Au résumé, l'art. 39 de la loi du 30 juin 1838 n'a pas établi une incapacité bien nette et bien tranchée. La situation qui est faite aux aliénés est, suivant l'expression de M. Demolombe, équivoque, indécise, et pour ainsi dire mitoyenne entre la capacité et l'incapacité. La personne placée dans un établissement d'aliénés peut donc, si elle est dans un intervalle lucide, traiter, contracter, et même agir en justice, si le tribunal apprécie qu'elle se trouve dans un état d'esprit satisfaisant (1).

Cependant la présomption de folie qui résulte de la séquestration est si forte en fait, sinon en droit, que les notaires de Paris refusent de venir instrumenter dans les maisons de santé spéciales aux aliénés (2).

(1) Cass., 25 janvier 1839.
(2) Mémoire de M. Isambert, conseiller à la Cour de cassation (*Ann. d'hyg. et de médec. lég.*, 1852).

POSITIONS

DROIT ROMAIN.

I. Le fils du *mente captus* pouvait, en vertu de la constitution de Marc-Aurèle, se marier sans l'autorisation de son père : il n'en était pas de même pour le fils du *furiosus*.

II. Le fils de famille fou peut être adopté.

III. Dans le droit de Justinien, en matière de tutelle ou de curatelle, la folie avec intervalles lucides n'est qu'une excuse temporaire.

IV. Le fou dont le bien a été usucapé par un tiers peut demander la *restitutio in integrum*.

V. Le fou ne peut être tenu d'une obligation naturelle (*non obstat* L. 25, D., *De fidejuss.*, 46, 1).

VI. Les délais pour demander la *bonorum possessio edic- talis* sont suspendus pendant la folie de l'héritier (*non obstat* Const. 1, C., *De succ. edicto*, 6, 16).

VII. La curatelle légitime subsiste encore sous Justinien.

VIII. Le curateur ne peut exercer les actions de là loi ni accomplir les *actus legitimi* au nom du fou.

ANCIEN DROIT FRANÇAIS.

I. Les actes faits par l'insensé étaient frappés d'une nullité absolue.

II. Les actes faits par l'interdit pendant un intervalle lucide étaient en principe valables.

DROIT CIVIL.

I. Le mariage contracté en état de démence peut être attaqué par toute personne intéressée et en tout temps (*non obstat.* art. 180, C. civ.).

II. Les engagements contractés en état de démence par une personne non interdite sont frappés d'une nullité absolue et perpétuelle.

III. Le mineur peut être interdit dans les cas prévus par l'art. 489.

IV. Le délire partiel peut être, mais n'est pas nécessairement une cause d'interdiction.

V. Les actes mêmes qui ne sont pas susceptibles d'être faits par représentant ne peuvent être valablement accomplis par l'interdit pendant un intervalle lucide.

VI. La donation acceptée par l'interdit lui-même, contrairement à l'art. 935, ne peut être attaquée comme nulle en la forme par le donateur.

VII. Le partage où figure l'interdit en personne est, non pas provisionnel, mais annulable.

VIII. L'interdit s'oblige par les délits ou quasi-délits qu'il commet pendant ses intervalles lucides.

IX. L'individu pourvu d'un conseil judiciaire ne peut faire, sans l'assistance de son conseil, des donations par contrat de mariage.

X. L'individu pourvu d'un conseil judiciaire qui se marie sans contrat de mariage se trouve soumis au régime de communauté légale.

XI. L'assistance du conseil judiciaire n'est pas nécessaire au faible d'esprit pour défendre à une instance en interdiction.

XII. L'art. 39 de la loi de 1838 n'est pas applicable aux interdits.

DROIT CRIMINEL.

I. L'individu frappé d'interdiction légale peut se marier, reconnaître un enfant naturel, faire son testament.

II. L'ivresse, lorsqu'elle a complètement oblitéré la raison, doit être considérée comme supprimant la responsabilité pénale.

DROIT INTERNATIONAL.

I. Le jugement rendu par un tribunal étranger, même contre un Français, a force de chose jugée en France : le tribunal français n'a pour mission que de lui donner force exécutoire.

II. La femme étrangère a une hypothèque légale sur les biens de son mari situés en France, si cette hypothèque lui est accordée par sa loi nationale.

II. Lorsqu'une convention est passée entre deux personnes de nationalité différente, tout ce qui concerne la formation et les effets juridiques de cette convention est régi par la loi du pays où elle est intervenue ; tout ce qui concerne l'accomplissement du contrat est réglé d'après la loi du lieu où l'obligation doit être exécutée.

Vu par le Président de la Thèse :

Albert Desjardins.

Vu par le Doyen :

Ch. Beudant.

Vu et permis d'imprimer :
Le vice-recteur de l'Académie de Paris,

Gréard.

CORBEIL. — TYP. ET STÉR. CRÉTÉ.